RECHERCHES LITTÉRAIRES MÉDIÉVALES

COMITÉ DE DIRECTION

Alvaro Barbieri, Francis Gingras,
Giovanni Palumbo et Richard Trachsler

31

Accomplissement de l'amour, mort de l'amour ?

Rüdiger Schnell

Accomplissement de l'amour, mort de l'amour ?

Le paradoxe amoureux et l'amour courtois

Traduction de Sandra Debot

PARIS
CLASSIQUES GARNIER
2021

Rüdiger Schnell (né à Berlin en 1942) a étudié les lettres germaniques, le latin et la philosophie à Bâle et Tübingen. Il a enseigné en université (Pays-Bas, Allemagne), avant d'être titulaire de chaire en philologie germanique à l'université de Bâle. Ses publications portent notamment sur le discours amoureux, les *gender studies*, droit et poésie, l'histoire des émotions ainsi que de la sexualité.

ISBN 978-2-406-12156-5 (livre broché)
ISBN 978-2-406-12157-2 (livre relié)
ISSN 2108-5900

PRÉFACE

La recherche actuelle sur la poésie des troubadours, mais aussi sur le *Minnesang* allemand, offre une image pour le moins déconcertante. En effet, les approches, perspectives et thèses les plus diverses des cent dernières années s'y côtoient, le plus souvent sans être mises en relation les unes avec les autres. Une des principales lacunes réside à mon sens dans le fait que des problématiques anciennes – comme par exemple la question des facteurs ayant présidé à la naissance de la poésie des troubadours sur les plans historico-littéraires, socio-historiques et en matière d'histoire des idées – aient été reléguées à l'arrière-plan sans que les hypothèses formulées à l'époque n'aient pour autant disparu. Bien au contraire, on les 'trimbale' dans un contexte de recherche complètement différent. Ainsi, on étudie de nos jours en détails l'esthétique, l'intertextualité et la médialité de la poésie des trouvères et troubadours, mais quand il s'agit de proposer un ancrage historico-culturel des phénomènes « poésie des troubadours » et « amour courtois », on recourt encore et toujours aux anciens modèles explicatifs. L'un de ces modèles encore en vigueur aujourd'hui est celui de Leo Spitzer (1944). Se pencher sur la thèse de Spitzer sera l'occasion de mettre à nu les entrelacs déconcertants qui relient, dans la recherche sur les troubadours, des éléments variés, et, dans le même temps, d'établir une nouvelle vue d'ensemble des approches scientifiques qui souvent se côtoient sans entrer en interaction.

Cette étude a pour objet principal la poésie des troubadours. Cependant, nombre de réflexions s'appliquent également au *Minnesang* allemand : d'une part, parce que ce dernier a été largement influencé par la poésie des troubadours ; d'autre part, parce que la recherche sur le *Minnesang* au sein des lettres germaniques a longtemps subi l'emprise des explications proposées par les romanistes pour tout ce qui touche à la genèse de la poésie d'amour médiévale.

Rüdiger SCHNELL
Août 2020

Je remercie Sandra Debot pour la traduction française de ce texte paru en allemand en 2018.

INTRODUCTION

Quelles sont les conséquences de la (première) union sexuelle entre deux amants sur leur relation ? Voilà une question sur laquelle certains auteurs antiques et médiévaux se penchaient déjà. Les réponses apportées furent, comme nous le verrons, des plus variées. Toutefois, la recherche sur la poésie courtoise médiévale n'a retenu qu'une seule de ces nombreuses réponses : celle postulant que l'accomplissement du désir (masculin) signifie la fin dudit désir et, partant, la mort de l'amour. On a prêté aux troubadours un renoncement volontaire à l'accomplissement de l'amour par crainte que le désir, qui, semble-t-il, leur aurait procuré une jouissance particulièrement intense, ne s'évanouisse une fois l'acte charnel consommé. La présente étude se propose d'éclaircir si, et, le cas échéant, dans quelle mesure, il est convaincant d'expliquer de la sorte la cour indéfectible faite par le troubadour à une dame apparemment inaccessible. Je procéderai en trois étapes. Il me semble tout d'abord nécessaire de présenter dans son exhaustivité le discours prémoderne traitant des conséquences de l'union sexuelle sur la relation amoureuse, afin d'éviter tout ancrage discursif par trop hâtif de la poésie des troubadours. Dans un deuxième temps, il s'agira de soumettre à une analyse critique les textes de la poésie des troubadours qui se rapportent à cette thématique. Enfin, nous verrons que les approches scientifiques plus récentes sur la poésie courtoise médiévale, à savoir les approches s'intéressant à l'intertextualité, à la médialité, à l'esthétique, à la performativité et à la fonctionnalité, invitent à renoncer dans son intégralité à une vision de la poésie courtoise psycho-historique et portant de façon unilatérale sur la vie des auteurs. Toutefois, à l'encontre des tendances répétées de la médiévistique à la spiritualisation et à l'asexuation de la poésie des troubadours, force sera de reconnaître que la joie trouvée dans le plaisir sexuel n'était aucunement étrangère aux chansons des troubadours.

LE PARADOXE AMOUREUX : QU'EST-CE QUE C'EST ?

Depuis plusieurs décennies, la recherche sur la poésie courtoise médiévale, tout comme celle sur l'amour dit courtois (*höfische Liebe*, *fin'amor*, *courty love*)[1] est dominée par l'idée d'un paradoxe amoureux[2]. Suite à la parution de l'étude de Leo Spitzer sur l'amour lointain (1944) chez Jaufré Rudel au plus tard, on a pris l'habitude de qualifier l'amour tel qu'il s'articule dans la poésie courtoise médiévale de paradoxal[3]. De nombreuses études portant sur ce sujet se réfèrent, et ce, jusque de nos jours, à la caractérisation de la poésie des troubadours établie par Spitzer. Toutefois, elles recourent ce faisant toutes à une sémantique différente, de sorte que parler de « paradoxe amoureux » aujourd'hui ne saurait guère être considéré comme une description pertinente de l'amour tel qu'il s'articule dans la poésie courtoise. C'est pourquoi il paraît opportun d'inventorier les différentes conceptions du paradoxe amoureux existantes, de les comparer les unes avec les autres et d'interroger leur cohérence.

---

1 Je ne reviendrai pas ici sur la querelle au sein de la recherche pour savoir si l'amour courtois a réellement existé et, le cas échéant, comment on doit le définir. Voir à ce sujet, entre autres, Newman (éd.), 1968 ; Utley, 1972 ; Uitti, 1972 ; Frappier, 1973 ; Boase, 1977 ; Schnell, 1985, p. 77-184 notamment ; Schnell, 1989a ; Pulega, 1995 ; Hult, 1996 ; Fajardo-Acosta, 2010, en particulier p. 42-49 ; Wollock, 2011, p. 31-45 notamment. Mon texte ne vise pas à définir ce qu'est l'amour courtois. Il cherche seulement à déterminer dans quelle mesure la thèse très répandue selon laquelle la conception de l'amour formulée dans la poésie courtoise médiévale, et notamment dans la poésie des troubadours, à savoir que l'accomplissement du désir sonne le glas de la relation amoureuse, est réellement pertinente.

2 D. Rieger, 1976, p. 260 (« *das die Trobadorlyrik konstituierende ›paradoxe amoureux‹* » – [*Traduction*] « le paradoxe amoureux constitutif de la poésie des troubadours ») ; Kasten, 1986, p. 87 (Kasten ne parle pas uniquement en son nom quand elle écrit que le paradoxe amoureux constitue le cœur conceptionnel du service d'amour durant la période classique (« *den konzeptionellen Kern des Frauendienstes in der klassischen Periode bildet* »)) ; Kay, 2001, p. 2, 5 et 21 ; Neumeister, 2017, p. 140 *sq.* parle d'idéologie courtoise du renoncement à l'accomplissement sexuel (« *höfische Ideologie des Verzichts auf die sexuelle Erfüllung* ») et assimile cet amour courtois du renoncement (« *höfische Verzichtliebe* ») au paradoxe amoureux. On notera que Spitzer n'est pas évoqué une seule fois dans le manuel de Akehurst/Davis (éd.), 1995.

3 La présente étude se réfère uniquement à cette thèse de nature générale. C'est pourquoi je renonce ici à des différenciations et périodisations de la poésie courtoise aux XIIe et XIIIe siècles qui seraient, on l'admettra, souhaitables.

On constatera avec étonnement quelle diversité d'interprétations et d'explications antinomiques est attachée au terme de « paradoxe amoureux » sans que cette contradiction ait jamais été thématisée[4].

Pour Leo Spitzer, le paradoxe de l'« *amor de lonh* » (amour lointain) chez Jaufré Rudel, et, partant, dans l'ensemble de la poésie des troubadours, consistait en ce que l'homme amoureux désire d'une part ardemment que son amour s'accomplisse, mais soit, d'autre part, prêt à renoncer à cet accomplissement. Spitzer a également proposé une explication de ce paradoxe amoureux. Selon lui, le troubadour ne souhaitait pas 'posséder' la dame courtisée parce qu'il préférait jouir de l'état engendré par le désir, c'est-à-dire par l'absence de possession. Si l'on en croit Spitzer, les troubadours voulaient donc « avoir » et « ne pas avoir[5] ». Désirer l'accomplissement de l'amour mais y renoncer leur aurait procuré une jouissance ultime. Pensée jusque dans ses dernières conséquences, cette explication aboutit à la thèse selon laquelle les troubadours renonçaient à l'accomplissement de l'amour parce qu'ils craignaient que ce dernier implique la fin de l'amour et donc la fin du plaisir qu'ils trouvaient dans le désir[6]. L'amour semble alors être synonyme de désir. L'amour est désir.

Un peu plus loin dans son essai qui a fait date, Leo Spitzer a proposé une autre explication du paradoxe amoureux et, plus précisément, de la nécessité d'un amour inassouvi : les troubadours auraient combattu leurs envies sexuelles afin de ne pas être livrés aux turpitudes du désir charnel. Moyennant une grande maîtrise morale, ils auraient alors établi un équilibre parfait entre désir et non-accomplissement de ce dernier, évoluant toujours aux abords d'un abîme dans lequel ils menaçaient de sombrer chaque jour[7]. Cette explication fait donc d'une exigence morale

4 J'élude ce faisant le fait qu'il est souvent question de paradoxe amoureux dans la recherche sur la poésie amoureuse occidentale pour parler, par exemple, de contradictions dans le comportement des amoureux, *cf.* Bruckner, 2009, (entre autres sur le fait qu'en amour, joie et douleur, confiance et méfiance, espoir et désespoir, distance et souhait de fusion, sécurité et insécurité soient très proches). La présente étude porte toutefois uniquement sur la poésie courtoise du Moyen-Âge et sur le fait que l'amour tel qu'il s'y articule a été qualifié de paradoxe amoureux.

5 Spitzer, (1944), 1959, p. 364 : selon lui, l'amour des troubadours est un amour « qui ne veut posséder, mais jouir de cet état de non-possession, amour-*Minne* contenant aussi bien le désir sensuel [...] qui veut *have* and *not have* » [c'est Spitzer qui souligne] ; voir aussi Spitzer, *ibid.*, p. 397.

6 Denomy, 1953, p. 44, sans citer Spitzer, s'exprime ainsi : « In its purest form, it [courtly love] eschews physical possession because, once consummated, desire decreases and tends to vanish » ; voir aussi Kolb, 1958, p. 117-119 ; de Paepe, 1963, p. 34 *sq.* (la fin'amor exclurait l'union corporelle : « Minne is liefde van het verlangen, niet van de bevrediging ») ; Pollmann, 1966, p. 157 et 165.

7 Spitzer, *op. cit.*, p. 373.

– et non d'un raffinement psychologique – le moteur de l'attitude des troubadours[8].

La (première) interprétation de l'amour des troubadours proposée par Spitzer, cette idée d'un amour caractérisé par ce qu'il a défini comme un paradoxe amoureux (plaisir à la non-possession, plaisir au renoncement, état de tension indissoluble), s'est imposée jusqu'à aujourd'hui et continue d'influencer profondément la recherche sur le *Minnesang* médiéval et l'amour courtois[9]. Ainsi, la thèse selon laquelle l'amour courtois (amour des troubadours, *fin'amor*) serait un amour du désir qui s'éteindrait de lui-même s'il était accompli, fait, depuis de nombreuses années, largement consensus[10].

Cependant, le terme de « paradoxe amoureux » forgé par Spitzer a également connu d'autres interprétations sans que ces divergences n'aient pour autant été présentées comme telles.

---

8 Les deux positions ébauchées par Spitzer se mêlent dans l'histoire de la recherche sur la poésie courtoise médiévale et se renforcent mutuellement : on y présente l'accomplissement de l'amour comme mettant fin à ce dernier ; quant au vrai amour, il se caractériserait par l'abstinence sexuelle (seul un amour inaccompli serait un amour vrai).

9 *Cf.*, entre autres, Warning, 1979, p. 152 ; Kühnel, 1986, p. 261 *sq.* ; Kasten, 1995, p. 169-171 ; Kasten (éd.), 1995, p. 663, en commentaire à Rudolf von Fenis MF 80, 1 (« *In der Metaphorik kommt die für den lyrischen Liebesdiskurs so charakteristische Struktur des paradoxe amoureux im Sinne von Leo Spitzer [Romanische Literaturstudien, Tübingen 1959, p. 364 : "un amour qui ne veut posséder, mais jouir de cet état de non-possession"] exemplarisch zum Ausdruck* » : « Dans les procédés métaphoriques s'exprime de façon typique la structure hautement caractéristique du discours amoureux lyrique qu'est le paradoxe amoureux tel que l'a défini Leo Spitzer [*Romanische Literaturstudien*, Tübingen, 1959, p. 364], à savoir : "un amour qui ne veut posséder, mais jouir de cet état de non-possession" ») ; Haferland, 2000, p. 281 ; Meyer/Schneider, 2010, p. 18 ; D. Rieger, 2011, p. 111 ; Putzo, 2012, p. 128 *sq.* Voir aussi les notes de bas de page suivantes.

10 Kellermann, 1968, p. 385 (l'amant courtois y est défini comme un homme « qui désire le désir »). Wind, 1969, p. 1259 emploie la même formulation (« l'amant cultive le désir pour le désir, il ne peut couver son sentiment que dans l'inassouvi, puisque l'accomplissement du désir en signifie la déchéance ») ; pour Kasten, 1995, p. 169, il s'agit, dans les chansons de l'amour courtois, d'aimer l'amour (« *die Liebe zu lieben* »). Balladier, 1999, chap. VII et VIII, décrit de façon similaire l'amour courtois (comme un plaisir sans fin trouvé dans le désir). Je ne traiterai pas ici de la théorie du désir élaborée par Lacan selon laquelle le désir reste toujours inassouvi ; le désir tel qu'il s'articule dans l'amour courtois ne connaît, selon lui, pas non plus de fin, même si une union amoureuse a tout d'abord eu lieu. *Cf.* Žižek, 1996, en particulier p. 49 *sq.* Pour O'Donoghue, 2006, p. 13, il ne fait aucun doute que : « *Lacan's discussion [on courtly love] is probably the most lucid exposition of the* psychology [c'est nous qui soulignons] *of courtly love and the motivation behind it* ». La philosophie platonicienne de l'amour adopte une position similaire à celle de Lacan. *Cf.* Tullia d'Aragon, Zonta (éd.), 1980, p. 216 : « *Che Amore è infinito non in atto, ma in potenza, e che non si può amar con termine : cioè i disideri degli amanti sono infiniti e mai non si acquetano a cosa niuna ; perché dopo questo, vogliono qualche altra cosa, e, dopo quella altra, una altra, e cosí di mano in mano successivamente* ». Voir aussi *ibid.* p. 221 (aucun [véritable] amant n'atteint son but, car s'il l'atteignait, son amour s'éteindrait). Voir également ci-après p. 108 n. 22 sur Lacan.

I. La première variante par rapport à la définition de Spitzer (plaisir à la non-possession) réside dans la conception selon laquelle les hommes, dans le service d'amour (« *domnei* »), auraient renoncé à l'accomplissement de l'amour pour des raisons éducatives, considérant que ce dernier aurait mis fin à l'aspiration attribuée au désir amoureux, à savoir celle de faire accéder un être à la courtoisie, et, partant, à la perfection[11]. Cette interprétation ne met donc pas au premier plan l'idée du plaisir provoqué par un sentiment, mais celle d'un engagement visant au perfectionnement moral.

II. Le romaniste Erich Köhler, dans la thèse socio-historique qu'il a élaborée au fil de ses nombreux travaux au cours des années 1950-1970 et qui a longtemps joui d'une certaine influence, propose une tout autre acception du paradoxe amoureux. Il reprend de Spitzer la description de l'amour des troubadours comme celle d'un amour qui oscille entre désir et renoncement à l'accomplissement. Toutefois, il l'utilise pour appuyer sa thèse d'une homologie socio-psychologique entre la volonté d'évolution sociale de la classe des « chevaliers pauvres » et le fait que les troubadours cherchent la reconnaissance de la dame courtisée. Pour Köhler, le fait que les troubadours aient hésité entre désir et renoncement à l'accomplissement de l'amour est le reflet des ambitions socio-politiques de la classe sociale alors montante à l'encontre de la classe dominante de la haute noblesse. Selon lui, la première, tout en exprimant ses revendications, se présentait néanmoins comme un groupe social fidèle qui renonçait à son dû. Dans la perspective adoptée par Köhler, les troubadours se font donc l'écho d'ambitions socio-politiques[12]. Si Spitzer explique encore l'oscillation entre désir et renoncement comme la conséquence d'une *volonté* – renoncer à l'accomplissement de l'amour promettant une jouissance plus grande : *jouir de cet état de non-possession* –, Köhler y voit l'expression d'une contrainte socio-psychologique. Selon lui, les « chevaliers pauvres », dans leur recherche d'ascension sociale, voulaient certes exposer leurs revendications à la haute noblesse régnante mais ne pouvaient risquer de l'effrayer, c'est pourquoi ils essayaient dans le même temps de la gagner à leur cause en lui promettant la

11 Schaefer, 1977, p. 89 (expose, que, conformément au paradoxe amoureux, la dame, qui domine et éduque, devait demeurer inatteignable car son pouvoir d'ennoblissement se serait évanoui avec l'entrée en jeu de l'amour : « *immer unerreichbar bleiben* », « *da mit der Einführung der Liebe deren veredelnde Kraft verlorenginge* ») ; Frank-Rutger Hausmann, 1996, p. 182 *sq.* ; Neumeister, 2017, p. 134.

12 Köhler, 1964 ; Köhler, 1970. D. Rieger, 1983a, en particulier p. 234-248, va dans le même sens que Köhler ; D. Rieger, 2005, p. 66-73.

continuité de leurs fidèles services. Köhler, dans son argumentation socio-psychologique, ne répond pas à la question de savoir si – et, le cas échéant, dans quelle mesure – le paradoxe amoureux est le miroir d'un calcul de la part des « chevaliers pauvres » dans leur aspiration à l'ascension sociale ou bien d'une contradiction psychique involontaire. Si l'on opte pour la seconde option, la thèse de Köhler diverge de celle de Spitzer : Spitzer explique ce qu'il considère être un paradoxe amoureux par une jouissance accrue, alors que Köhler le considérerait comme la traduction littéraire d'une camisole de force socio-psychologique. Qu'une classe sociale ambitieuse, en quête d'ascension, ait 'joui' d'un tel état de flottement entre revendications (d'une part) et recherche des faveurs de la classe dirigeante (d'autre part) paraît fort peu probable. Elle en aurait bien plutôt souffert.

Mais le terme de paradoxe amoureux forgé par Spitzer a connu de tout autres interprétations encore.

III. Au sein de la médiévistique allemande, le paradoxe amoureux est depuis longtemps interprété comme suit : on considère que les *Minnesänger* renonçaient à l'accomplissement de l'amour afin de ne pas nuire à la réputation de leur dame, de ne pas amoindrir sa valeur (sociale)[13]. Toute rétribution aurait – selon cette interprétation – entraîné [*Traduction*] « la suspension du paradoxe amoureux, lequel est constitutif du modèle de l'amour courtois. Le paradoxe amoureux peut se résumer ainsi : les conditions pour qu'une dame soit courtisée et que l'on se mette à son service sont sa valeur et son attractivité, qu'elle perd dès lors qu'elle cède aux avances de son amant. [...] Accorder ses faveurs met fin au service d'amour ». Dans cette analyse, la dame ruine son

13 Wehrli, 1980, p. 349 *sq.*, voit dans le fait que l'amant désire ardemment être aimé de retour mais ne puisse cependant pas souhaiter remettre en question la vertu de la dame (« *die Tugend der Herrin in Frage [...] stellen* ») l'un des nombreux paradoxes de l'amour courtois ; Wehrli, 1988, p. 523 (dans le cas d'un amour assouvi, la dame ne pourrait plus incarner ce qu'il y a de plus beau et de plus élevé : « *könnte die Dame nicht mehr Inbegriff des Schönsten und Höchsten sein* »), p. 530 (le poète ne pourrait donc, au fond, pas souhaiter la réalisation de ce qu'il appelle de ses vœux : « *im Grund die Erfüllung seines Wunsches gar nicht wünschen* ») ; Eisbrenner, 1995, p. 274 *sq.* ; Hübner, 1995, p. 446 note 37 (fait état de cette thèse) ; Klein (éd.), 1999, p. 38 (selon elle, le paradoxe amoureux est lié à l'aspect de la valeur de la dame, valeur qui est irrémédiablement perdue si le salaire de l'amour est accordé : « *der Aspekt der Werthaftigkeit der Dame, die mit der Gewährung des Minnelohns unwiederbringlich verlorengeht* »), p. 41 et 229 (on trouve l'idée qu'une dame qui accorde la récompense de l'amour perd son statut d'idéal) ; Braun, 2013, p. 213 (pour lui, l'aspect paradoxal de la *fin'amor* s'exprime dans le fait que l'amant accepte ses souffrances parce qu'une femme qui y mettrait fin en se donnant à lui aurait perdu toute valeur à ses yeux à lui aussi : « *weil eine Frau, die es beendete und sich ihm hingäbe, auch für ihn selbst an Wert verlöre* »).

prestige, élément déclencheur de l'amour, dès lors que le but poursuivi par l'homme, à savoir l'union amoureuse, a été atteint. [*Traduction*] « C'est la raison pour laquelle [la dame] ne doit en aucun cas céder aux avances de l'homme[14] ». Le paradoxe amoureux consiste ici en ce que l'homme désire certes l'accomplissement de l'amour mais ne doit pas le réaliser, car il anéantirerait alors son idéal (féminin) et, par conséquent, son désir. Cette interprétation rappelle la définition du paradoxe amoureux donnée par Spitzer, en ce que les *Minnesänger* refusent l'accomplissement de l'amour. Toutefois, elle opère un changement de perspective : ce ne sont plus les aspirations de l'homme qui se trouvent au centre, mais les intérêts de la femme. La réputation et le prestige de cette dernière déterminent le comportement de l'homme. Ainsi, l'amant ne renonce – selon cette interprétation – pas tant parce qu'il recherche son propre avantage (psycho-affectif), mais afin de ne pas nuire au statut social de la dame.

On trouve effectivement cet argument (MF 165, 37)[15] dans une chanson (vers 1200) de Reinmar l'Ancien, dans laquelle celui-ci médite sur le dilemme suivant : doit-il souhaiter voir ses avances récompensées quitte à amoindrir le prestige de sa dame ou doit-il renoncer à la récompense de l'amour et préserver ainsi la valeur de cette dernière ? C'est la question de la valeur de la dame qui dirige ici les réflexions de l'homme[16]. On pourrait, en exagérant un peu, résumer ainsi l'argumentation de Reinmar : l'homme renonce à l'accomplissement de l'amour au nom de la dame. La perspective adoptée est différente de celle de Spitzer pour qui le paradoxe amoureux résulte d'une volonté de jouissance de la part

14 Klein (éd.), 1999, p. 41. Voir aussi Klein, 1998, p. 284.

15 *Des Minnesangs Frühling* (MF), p. 321 (MF 165, 37) ; voir ci-après p. 27 n. 12.

16 On trouve cette même idée chez Moshövel, 2009, p. 174 ; Haferland, 2000, p. 296 *sq.* (Haverland renvoie à un soi-disant parallèle chez Johannes Hadlaub (SMS, t. 1, N° 30, ch. 49 [!], str. V – on y chercherait toutefois en vain trace d'un dilemme, Hadlaub laissant bien plutôt entendre que ces deux aspects peuvent s'harmoniser) ; Haug, 2004, p. 47 (considère que la chanson de Reinmar MF 165, 37 *sqq.* peut même être considérée comme programmatique pour le *Minnesang* classique (« *geradezu als Programmlied des klassischen Minnesangs gelten* ») ; que son dilemme consiste en ce qu'il veut accéder par son amour à quelque chose qui n'est désirable que dans son inaccessibilité (« *etwas mit seiner Liebe erreichen zu wollen, was nur als Unerreichbares liebenswert ist* ») ; mais Haug constate aussi que le chanteur « s'élève » lui-même en élevant le personnage (« [*sich selbst*] *erhebt, indem er die Figur erhebt* », p. 48)) ; Kasten (éd.), 1995, p. 844 (estime que la strophe de Reinmar a eu une importance fondamentale et, en quelque sorte, programmatique pour le concept de *fin'amor* (« *das Konzept der* Hohen Minne *eine grundlegende, gleichsam programmatische Bedeutung* ») et note p. 845 que l'homme préfère souffrir les affres d'un amour non payé de retour qu'accepter que la dame perde en prestige (« *unter den Qualen seiner nicht erwiderten Liebe zu leiden, als eine Wertminderung der Frau [...] hinzunehmen* »)). Pour Albrecht Hausmann, 1999, p. 147, cette strophe exprime également un tel paradoxe.

de l'homme, jouissance qu'il trouverait davantage dans le renoncement que dans l'accomplissement.

Nous avons ici affaire à un paradoxe amoureux conçu sur un plan purement discursif. Le troubadour construit une image idéale de la femme et la présente comme l'objet de son amour. Cette image ne peut toutefois conserver l'idéalité qui lui a été attribuée que tant qu'elle demeure intouchée. Il conviendra de se demander par la suite[17] dans quelle mesure il est possible de comprendre le dilemme formulé par Reinmar dans cette strophe comme programmatique pour l'ensemble de la poésie courtoise.

IV. On trouve une approche sémantique du paradoxe amoureux encore différente dans les travaux qui placent la contradiction dans le fait d'« aimer sans être aimé en retour » (« *amor desamatz* »)[18]. Le romaniste Dietmar Rieger expose cette conception du paradoxe amoureux comme suit : [*Traduction*] « l'amour du troubadour est sans espoir, mais il lui faut aimer, sans obtenir récompense ni faveurs[19] ». Cette interprétation place la contradiction entre vouloir et devoir au cœur du paradoxe amoureux. La force de l'amour et l'attractivité de la dame amènent l'homme à aimer cette dame. Toutefois, et même s'il a conscience du caractère désespéré de sa cour, il lui faut, en quelque sorte contre sa volonté, persister dans son amour pour la dame qui le rejette[20]. Dans le paradoxe amoureux tel que le conçoit Spitzer, l'idée d'une décision volontaire prédomine alors que chez Dietmar Rieger, il est question de contrainte (intérieure)[21].

17 Voir p. 27, où l'on trouvera la citation de la strophe afférente.

18 D. Rieger, 1976, p. 258 ; D. Rieger, 1980, p. 264 ; D. Rieger, 1983a, p. 238. Voir aussi D. Rieger, 2005, en particulier p. 70-72. Pour Braun, 2013, p. 212, le caractère paradoxal du *Minnesang* s'exprime principalement dans la non-rétribution du service d'amour : l'homme, qui, dans les autres domaines, domine, sert ici la femme, et, qui plus est, en vain (« *und zwar vergeblich* ») ; là, où il cherche l'amour, il ne trouve qu'hostilité (« *findet er Feindschaft* »). Pour l'amant, se mettre au service d'une dame rime, toujours selon Braun, avec souffrir, mais il acquiesce à ses souffrances (« *doch bejaht er es* »).

19 D. Rieger, 1980, p. 264 : « *die Liebe des Trobadors ist hoffnungslos, und dennoch muss er lieben, ohne Lohn und ohne Gnade* ». Haferland, 2000, p. 281-302 partage cette vision (le paradoxe de l'amour courtois consiste pour lui en ce que le poète aime une dame qui le hait). Haferland attribue ce paradoxe à une situation de décision dilemmatique (« *dilemmatische Entscheidungssituation* », p. 286) : la dame craint d'être considérée uniquement comme un objet sexuel, c'est pourquoi l'homme doit prouver la sincérité de ses protestations amoureuses et la dame la mettre à l'épreuve en rejetant longtemps les avances qui lui sont faites. Afin de lever les soupçons de la dame, le soupirant se doit de poursuivre sa cour avec obstination.

20 On en trouve un exemple chez Bernart de Ventadorn, Appel (éd.), 1915, N° 31 (P./C. 70/31), str. 2 et 3.

21 Il faut bien reconnaître que l'antinomie entre Spitzer et D. Rieger disparaîtrait si l'on concevait cette persistance amoureuse moins comme l'expression d'un devoir que, aussi, – tel Spitzer – comme celle d'une volonté : le soupirant chercherait ainsi à se distinguer en n'éprouvant de l'amour que pour la femme la plus belle, la plus noble et la plus parfaite qui

Les interprétations proposées par Spitzer et Rieger s'excluent mutuellement pour une autre raison. Le *renoncement volontaire* du troubadour à l'accomplissement de l'amour postulé par Spitzer n'a plus cours dès lors que l'accomplissement de l'amour est, apparemment, voué à l'échec (« *amar desamatz* »)[22].

V. Il est une conception qui se rapproche davantage de celle de Spitzer. Elle dit que l'amour des troubadours, ou du moins la *Hohe Minne* telle qu'on la rencontre dans le *Minnesang* allemand classique, serait caractérisé/e par une intrication entre joie et douleur, qui pourrait d'ailleurs aller si loin que la douleur serait ressentie comme « douce[23] ». On notera toutefois que cette idée déguisée en oxymore, selon laquelle la femme aimée ou l'amour serait un *dulce malum*, un *süezes sûr*, n'est pas propre au Moyen-Âge mais qu'on la rencontre de l'antiquité à l'époque moderne[24]. Dans cette interprétation, l'aspect paradoxal est encore décuplé par rapport à la thèse de Spitzer[25]. Alors que selon Spitzer, les

soit, même si celle-ci l'éconduit sévèrement. Voir par exemple Raimon de Miraval « *Anc non attendiei de chantar* » (P./C. 406, 5), Kolsen (éd.), 1938, N° I, str. 2 et 3, p. 149 *sq.* ; Topsfield, 1971, N° XXX, p. 253-255 ; Daude de Pradas, Schutz (éd.), 1933, N° III (P./C. 126, 4) ; Melani (éd.), 2016, N° VI ; ainsi que D. Rieger, 1976, p. 258-260. Je comprends pour ma part l'énumération de tout ce qui manquerait au « je » du texte (prière et remerciement, joie et peur, chant, service d'amour, soupirs, aspirations et larmes) s'il ne faisait plus la cour à une dame inaccessible davantage comme une citation ironique de la tradition troubadouresque que comme une amplification de la conception troubadouresque de l'amour (« *Überspitzung der trobadoresken Liebeskonzeption* »), D. Rieger, *ibid.*, p. 258. D. Rieger, *ibid.* p. 258 et 260 pense que Daude de Pradas amplifie le paradoxe amoureux. Sur les références ironiques au service d'amour chez Daude de Pradas, voir aussi p. 72 notes 13 et 14.

22 La contradiction serait levée si l'on considérait que les deux interprétations sont exprimées dans des chansons différentes (voir ci-dessous).

23 Voir par exemple Bein, 2017, p. 127 au sujet d'une strophe de Reinmar (MF 166, 16 : « Der lange suozer kumber mîn ») : « In diesem Oxymoron [süezen kumber] verbirgt sich das Paradox der Hohen Minne. Der Mann leidet an einer unerfüllten Liebe, doch dieses Leid empfindet er als angenehm » : « Dans cet oxymore ["süezen kumber"] se cache le paradoxe de la fin'amor. L'homme souffre d'un amour inassouvi, mais il ressent cette douleur comme agréable ».

24 *Cf.* Ovide, *Amores* II 9b, v. 2 ; Gottfried von Straßburg, Ranke (éd.), 1963, v. 60 et 109-116 ; Bernart de Ventadorn, Appel (éd.), 1915, N° XXXI (P./C. 70/31), str. IV, 7 (« *e pois mos mals aitan bos m'es* ») ; définition latine dans une édition du XIIIe siècle : « *Dicam quid sit Amor : amor est insania mentis, ardor inextinctus, insatiata fames, dulce malum, mala dulcedo* [...] » (citée d'après Thomas, 1958, p. 796 ; voir aussi Walther (éd.), 1959, N° 4393) ; Daude de Pradas, Schutz (éd.), 1933, N° III (P./C. 124, 6), str. 1-4 ; Rudolf von Fenis, MF 81, 27 (« *diu nôt ist diu meiste wunne mîn* »). *Cf.* Rubio, 1996-1997 ; Percan, 2003. Les études portant sur la maladie d'amour fournissent également des informations sur l'amour conçu comme *dulce malum* ; voir par exemple Reichl, 1990.

25 Warning, 1979, p. 152, attire l'attention sur le fait que les troubadours, à la différence du *dulce malum* de la poésie d'amour antique, célébraient l'amour courtois comme un comportement instaurateur de normes (« *normsetzendes Verhalten* »). Selon lui, le topos du

troubadours renoncent délibérément à l'accomplissement de l'amour afin de pouvoir jouir du sentiment de non-possession – et c'est alors la joie qui domine –, l'expression *süeze sûr* signifie dans la majorité des textes conservés que l'amour cause une grande douleur mais que cette douleur est ressentie comme douce et agréable par la personne concernée : la joie et la douleur sont ici intrinsèquement liées[26].

VI. De nombreuses études réduisent le paradoxe amoureux au fait que, dans le *Minnesang* et l'amour courtois, désir et accomplissement s'excluent (soi-disant). L'amour courtois apparaît alors comme paradoxal dans la mesure où il serait un « amour inassouvi[27] » : un homme qui courtise une dame rechercherait certes l'accomplissement de l'amour, cependant ce but ne devrait [*Traduction*] « justement pas être atteint[28] ». L'amour en tant qu'amour

---

dulce malum n'est pas pertinent pour la légitimation de cette norme (« *der dulce-malum-Topos* [*bleibe*] *irrelevant* »). Pour lui, le phénomène de 'possession / non possession' comme cause du bonheur trouvé par les troubadours dans la douleur est un modèle de légitimation (« *Legitimationsmuster* ») emprunté à la pensée chrétienne. À mon sens, on ne saurait, à partir de l'ensemble du répertoire des troubadours médiévaux, convoquer sans plus de précautions le savoir sur l'amour transmis par les textes médicaux ainsi que la conception du *dulce malum* telle qu'on la trouve dans la poésie amoureuse antique.

26 On trouve chez André le Chapelain une autre interprétation du *dulce malum* : selon lui, douce est l'union amoureuse, amères l'incertitude quant à la poursuite de l'amour, la fébrilité, l'éventuelle jalousie, etc.

27 Neumeister, 1969, p. 131 (« *eine Grundgegebenheit der fin'amor [ist], dass die Liebe und ihre Erfüllung einander prinzipiell ausschließen* » : pour lui, une des composantes fondamentales de la *fin'amor* réside en ce que l'amour et l'accomplissement de ce dernier s'excluent *per se* l'un l'autre) ; Mölk, 1982, p. 32, fait état de trois paradoxes inhérent à l'amour courtois : jouissance dans le renoncement, éducation morale par l'adultère, fait de louer par la dissimulation (« *Genuß durch Entsagung, sittliche Bildung durch Ehebruch, Preisen durch Verheimlichen* »). L'accomplissement est, selon lui, *per se* impossible car la jouissance amoureuse (« *jauzir* ») mettrait fin à la tension érotique entre l'amant et la dame vénérée ainsi qu'au « *dezirier* » (désir) et, partant, au processus d'éducation à la courtoisie qui se nourrit du « *dezirier* » (« *prinzipiell nicht möglich* », *weil* « *der Liebesgenuß* (jauzir) *die zwischen Liebendem und verehrter Dame bestehende erotische Spannung, das* dezirier (›*Sehnsucht*‹), *und damit den höfischen Bildungsprozeß, der sich auf dem Nährboden des* dezirier *ereignet, aufheben (würde)* »). Le plaisir sexuel serait alors un *fals'amor*, tandis que l'amour qui trouve ses racines dans le « *dezirier* » aurait pour nom *fin'amor* (« *Liebe auf der Basis des* dezirier *heißt* fin'amor », Mölk, p. 33). Les trois paradoxes s'expliquent selon lui par le fait que la dame vénérée par le troubadour est pensée comme mariée (« *lassen sich auf den Umstand beziehen, daß die von dem Trobador verehrte Dame als verheiratet gedacht ist* », p. 32). Voir aussi Ißler, 2014, p. 54 : selon lui, les troubadours postulent expressément le caractère inaccessible de tout accomplissement de l'amour (« *ausdrücklich die Unerreichbarkeit jeder Liebeserfüllung* »). Le renoncement à l'accomplissement de l'amour qu'ils s'imposent à eux-mêmes (« *Der selbst auferlegte Verzicht auf Liebeserfüllung* ») est, toujours d'après lui, plus que contrebalancé par les marques de faveurs données par la dame (gestes, regards, sourires, paroles) et l'accomplissement de l'amour ferait disparaître immédiatement toute tension (« *mehr als aufgewogen, eine Erfüllung würde augenblicklich jede Spannung aufheben* »).

28 Kellner, 1997, p. 33 ; Neumeister, 1969, p. 120 et 131.

inassouvi est conçu comme un paradoxe ; paradoxe qui semble être connu de tous, au point que l'on ne cherche même plus à justifier pourquoi l'amour courtois reste inaccompli[29]. Souvent, on se contente de faire référence à la thèse de Spitzer[30], qui, comme nous l'avons vu, a cependant placé l'accent différemment de la plupart des personnes qui en appellent à lui.

VII. Enfin, on trouve dans la conception généralisante, selon laquelle le paradoxe amoureux consiste en l'« impossibilité *per se* de l'accomplissement de l'amour courtois[31] » une dernière interprétation dudit paradoxe. Ses partisans ne considèrent pas l'absence d'assouvissement de l'amour comme le résultat d'un renoncement conscient de la part du poète. Pour eux, cette dernière découle de ce que les troubadours recherchaient apparemment les faveurs d'une dame mariée ou socialement plus élevée[32]. Il ne s'agit donc pas d'un renoncement choisi librement – afin de jouir de la sensation de non-possession –, mais de l'impossibilité de l'union amoureuse en raison d'une contrainte externe[33]. Cette interprétation du paradoxe amoureux contredit la précédente dans la mesure où elle n'exclut pas un amour réciproque. Seule l'union amoureuse est impossible (en raison du statut de la dame).

Au discours sur l'impossibilité *per se* de l'assouvissement de l'amour des troubadours se mêle l'idée de l'inaccomplissement de l'amour courtois. La *Hohe Minne*, la *fin'amor*, l'amour courtois – selon le terme que l'on

29 Kellner, *ibid.*, p. 61, constate seulement ceci au sujet d'une chanson de Heinrich von Morungen (MF 145, 25-28) : la situation paradoxale, qui naît de cette forte aspiration à l'accomplissement d'un amour qui ne peut être assouvi, demeure (« *Die paradoxe Situation von Sehnsucht nach Erfüllung der Liebe und Unerfüllbarkeit bleibt bestehen* »). D'expérience, on ne trouvera aucunement paradoxal qu'un homme qui courtise une dame poursuive sa cour même après avoir été éconduit à plusieurs reprises. De telles constellations ne sont du moins pas étrangères à la littérature ou au genre du film d'amour. En fonction de la perspective adoptée, on qualifiera un comportement de ce type d'importun, d'opiniâtre, d'aveugle ou de vain, mais jamais de paradoxal. On considérera peut-être comme paradoxal le fait d'aimer quelqu'un qui nous hait. *Cf.* Gottfried von Straßburg, Ranke (éd.), 1963, v. 9897-9920 (le discours de la mère au sujet du sénéchal).

30 Bleumer, 2012, p. 70 *sq.* parle de l'attitude paradoxale (« *paradoxale Attitüde* ») de la *fin'amor*, sans expliquer la notion.

31 D. Rieger, 1980, p. 236 et 244. D. Rieger, 2014, adopte une position moins apodictique, voir notamment les pages 335-338 (il y écrit que le coït, l'*amor carnalis* n'est jamais occulté en tant que *origo* et *finis* de la poésie d'amour courtoise mais que l'accent porte sur l'entre-deux (« *Dazwischen* »)). On ne saurait le contredire.

32 Wechssler, 1909, p. 183 *sqq.* ; Boase, 1977, p. 102 ; D. Rieger, 1971, p. 228 (l'inaccessibilité de la dame (« *[Die] Unerreichbarkeit der Dame* ») résulterait de la distance sociale (« *aus der sozialen Distanz* ») ; D. Rieger, 1983a, p. 239.

33 On peut facilement concilier ces deux conceptions du paradoxe amoureux en appréhendant l'une (choix d'une femme mariée) comme la condition de l'autre (volonté de jouir de l'état de non possession). Il semblerait que ce soit le point de vue adopté par Monson, 2002a, p. 497.

choisira – se distinguerait alors des autres formes d'amour en ce qu'il/elle ne serait pas avili/e par l'acte sexuel. Le débat sur la spiritualité, qui anime la recherche depuis des décennies, de même que les connotations mystiques de l'amour courtois ont posé les jalons pour l'idée de l'inassouvissement de l'amour des troubadours et, ce faisant, étayé la conception de l'« impossibilité *per se* de l'assouvissement de l'amour ». Toutefois, il me semble qu'une certaine réserve s'impose à l'égard de telles conceptions[34].

Les interprétations contradictoires du paradoxe amoureux décrites ci-avant invitent à la conclusion suivante : il n'y a pas de conception du paradoxe amoureux qui rende justice à l'ensemble des chansons, mais plutôt différentes chansons qui présentent diverses facettes de ce paradoxe que l'on pourrait décrire de manière assez vague comme un désir inassouvi. Cependant, un amour vécu dans le désir et qui demeure inaccompli n'est pas obligatoirement paradoxal en soi. Cette forme d'amour du désir ne devient paradoxale que lorsque le renoncement à l'accomplissement de l'amour – et ce, quelle qu'en soit la raison – est volontaire. Toutefois, l'attrait du terme 'paradoxe amoureux' a été et est tellement grand que le terme a été et est employé pour des relations amoureuses que l'on ne saurait aisément qualifier de paradoxales (comme par exemple : courtiser une femme mais se voir éconduit ; désirer une femme avec laquelle, pour quelle que raison que ce soit, aucune union sexuelle n'est possible). Il reste encore à démontrer que la définition du paradoxe amoureux troubadouresque donnée par Spitzer, à savoir que l'objet du désir ne doit pas être obtenu sous peine de mettre un terme audit désir, est dénuée de pertinence pour le débat médiéval portant sur la relation entretenue par l'amour et l'accomplissement de l'amour[35]. Ce qui est constitutif de l'amour tel qu'il s'articule dans la poésie des troubadours, ce n'est pas l'*inaccomplissement*, mais bien plutôt les *circonstances* de l'accomplissement de l'amour.

---

34 Voir ci-après p. 23 à 102. Kablitz, 2016, p. 57-64, explique l'inassouvissement de l'amour des troubadours par le respect de la norme morale de l'Église (« *Respekt vor der moralischen Norm* [*der Kirche*] », p. 63). Selon lui, les verdicts de la morale chrétienne, et notamment la condamnation du plaisir sexuel, seraient la cause de ce rejet de l'union sexuelle (« [*bedingen*] *den Ausschluss sexueller Vereinigung* »). Tout ce qui empêche l'assouvissement du désir du poète (la distance spatiale, le fait que la dame soit mariée, etc.) ne serait donc rien d'autre que des représentants variables de la condamnation par la théologie morale du sexe (« *nichts anderes als variable Stellvertreter der moraltheologischen Ächtung des Sexus* », p. 58). À mon avis, Kablitz ne prend en compte ni la polyphonie du discours théologique chrétien sur la sexualité (*cf.* Schnell, 2002), ni la diversité des genres au sein de la poésie des troubadours.

35 La thèse de Spitzer selon laquelle l'accomplissement de l'amour engendre la mort de l'amour est inconciliable avec le fait que nombre de troubadours assurent fréquemment qu'ils mourraient si la dame courtisée *ne* leur laissait *pas* entrevoir l'accomplissement de l'amour comme possible. Sur cette affirmation dans la poésie des troubadours, voir Gaunt, 2006.

SUR QUEL(S) PLAN(S) RENCONTRE-T-ON LE PARADOXE AMOUREUX ?

La question de la définition du paradoxe amoureux a permis de présenter ci-avant les différentes interprétations et explications qui ont été proposées de ce soi-disant paradoxe. Cette pluralité des acceptions est notamment due au fait que le paradoxe amoureux a été appréhendé sur différents plans. Ainsi, telle conception en fait un phénomène déterminé par le vécu, telle autre le produit d'une tension discursive. Il s'agit maintenant de se pencher plus avant sur ce point.

LE PLAN DE LA BIOGRAPHIE INDIVIDUELLE, ANCRÉE DANS LE VÉCU

Le troubadour en tant qu'individu

Selon cette perspective, il faudrait comprendre le paradoxe amoureux (l'affrontement d'objectifs opposés) comme l'expression d'un conflit intérieur qui ronge les troubadours, conflit individuel et relatif au vécu[1]. Bien que la question quant aux possibles implications du paradoxe amoureux sur le plan de la biographie individuelle ne puisse générer que des réponses de nature spéculative, la recherche sur les troubadours a, dans la continuité de Spitzer, soutenu – et ce, en partie jusqu'à aujourd'hui – que le paradoxe amoureux résultait des états d'âme personnels et subjectifs des troubadours. Dans cette optique, les troubadours auraient certes désiré l'union amoureuse, mais auraient tout de même préféré y renoncer[2]. D'une telle lecture de la poésie

1 C'est ce que suggère l'interprétation de Spitzer.

2 Pour Ißler, 2014, p. 54, l'état de tension indissoluble qui résulte du renoncement à l'accomplissement de l'amour demeure productif poétiquement parlant (« *der* [...] *unauflösbare Spannungszustand* [*bleibt*] *permanent poetisch produktiv* »). C'est ce que nous appelons une explication de l'amour courtois médiéval *relevant du vécu* (« *lebensweltlich* »).

des troubadours orientée sur le vécu a par exemple résulté l'idée que l'amour des troubadours était masochiste, voire névrotique (plaisir à souffrir)[3]. On a étayé cette interprétation par l'argument suivant : les troubadours auraient consciemment choisi pour objet – inaccessible – de leur amour des femmes mariées ou de haute naissance afin de pouvoir jouir du sentiment d'un désir érotique détaché de la possession. On leur attribue donc, conformément à la thèse de Spitzer, une *volonté*[4]. Inversement, une autre explication, ancrée également dans le monde de la vie, propose l'argumentation suivante : le non-accomplissement de l'amour chez les troubadours résulterait du simple fait que les poètes, lors de leur séjour à la cour, seraient tombés amoureux des épouses et sœurs de leurs nobles bienfaiteurs ou de toute autre dame de statut social élevé, ce qui aurait rendu impossible l'accomplissement de l'amour. Le renoncement à l'accomplissement de l'amour ne serait alors pas volontaire mais imposé par les circonstances extérieures[5]. Tandis que, dans

3 Askew, 1965, pense que l'amour courtois présente « *the most monumentally neurotic structures in all literature* » (p. 19) et parle du « *neurotic character of the courtly lover* » (p. 23). La névrose transparaîtrait dans la posture ambivalente adoptée à l'égard de la gent féminine (amour passionnel, haine et peur dans le même temps) et dans la joie que la douleur procure à l'amant. Koenigsberg, 1967, p. 40, voit dans la « *masochistic submission* » de l'homme à la volonté de la femme « *a central psychological feature of Courtly love* ». Köhler, 1976, p. 8, décrit le fait que le « je » du texte soit prêt à supporter les affres d'une mort permanente de l'amour comme « *the masochistic aspect of courtly love* ». Voir aussi Duits, 2000 ; Haferland, 2000, p. 285 *sq.*, considère qu'il est possible de voir dans les traits bizarres de l'idéologie de l'amour courtois les suites d'une contamination sociale (« *in den bizarren Zügen der Minneideologie* [...] *die Folge einer sozialen Ansteckung* »). Faire de l'hostilité de la dame le moteur de l'amour pourrait être l'expression d'un masochisme épidémique ou du moins d'une forme de masochisme. Bein, 2017, p. 137, se fait l'écho de cette idée : selon lui, l'homme adopte une position paradoxale : il souffre mais accepte cette souffrance volontairement, et même s'en réjouit (« *Der Mann nimmt eine paradoxe Position ein : Er leidet, aber er nimmt dieses Leid willig auf sich, ja er erfreut sich geradezu daran* »). Néanmoins, il parle également d'un jeu de rôle (p. 138 : « *Rollenspiel* »).

4 On pourrait approfondir ici l'argumentation en adoptant de nouveau l'angle du vécu ou un point de vue psychologique et dire que les troubadours trouvaient plus d'attraits à un objet quasiment inaccessible qu'à un objet facile à obtenir. Afin d'augmenter leur désir, ils auraient donc choisi des objets qui n'étaient que très difficiles à atteindre. Il faudrait ici différencier ce qui relève de l'impulsion psychologique et du vécu de ce qui relève de l'argument discursif employé par les troubadours afin de faire comprendre à leurs auditeurs la durée de la cour amoureuse. *Cf.* Schnell, 1979. Mon argumentation ne s'inscrit pas sur le plan du vécu. Pour moi, le fait que les troubadours précisent être davantage attirés par une dame difficilement accessible que par une dame qui l'est facilement relève purement et simplement de la stratégie argumentative, cela leur permet d'expliquer au public leur persévérance dans un amour pour une dame parfaite mais qui repousse leurs avances.

5 Parallèlement à cette mise en perspective, on a débattu de savoir si les troubadours avaient jamais passé la nuit avec leur dame, *cf.* Paden, 1979 (De l'avis de Paden, les chansons

l'explication proposée par Spitzer, les troubadours n'auraient *pas voulu* l'accomplissement de l'amour, cette deuxième explication considère qu'ils n'auraient pas *pu* l'obtenir.

Quelle est la force de persuasion de cette approche explicative argumentant sur le plan du vécu (et relevant de la psychologie individuelle ou plus exactement du psycho-historique) ? Le scepticisme est de mise. Nous ignorons si les dames dont les troubadours ont chanté les louanges ont repoussé les avances de ces derniers parce qu'elles étaient mariées ou d'un rang social plus élevé[6]. Les troubadours ont-ils choisi pour objet de leur amour des dames inaccessibles afin de pouvoir jouir aussi longtemps que possible de l'état affectif du désir ? Nous l'ignorons également. L'union sexuelle était-elle fondamentalement impossible ? Nous ne pouvons que spéculer sur ce point. Mais, par-dessus tout, nous ne pouvons même pas affirmer avec certitude que les dames chantées et courtisées dans les chansons aient existé[7]. Toutes les tentatives d'explication du paradoxe amoureux par le quotidien biographique des troubadours, à savoir les lectures qui rendent les conditions de vie réelles responsables du non-accomplissement de l'amour ou qui déclarent que les troubadours auraient voulu jouir du sentiment de non-possession, relèvent de vagues suppositions[8].

LE PLAN SOCIO-PSYCHOLOGIQUE LIÉ AUX SPÉCIFICITÉS DU GROUPE

Auteurs et commanditaires

Le paradoxe amoureux serait, dans cette optique, l'expression des états d'âme socio-psychologiques d'un groupe ou d'une classe social/e. Il pourrait s'agir de l'ensemble des troubadours, mais aussi d'un groupe

des troubadours ne permettent pas de se prononcer sur ce point).

6 Il est quasiment impossible de vérifier si les relations amoureuses telles qu'on les trouve dans les *vidas* ou *razos* ont existé en l'état.

7 Wehrli, 1980, p. 350 ; Monson, 2002b, p. 506.

8 L'explication selon laquelle les troubadours auraient voulu empêcher l'identification directe de leur « *domna* » en taisant son nom (« *celar* ») – explication que l'on retrouve à maintes reprises dans la recherche sur les troubadours – se base elle aussi sur des conditions de vie *réelles* que nous ne pouvons appréhender. À mon sens, il est plus probant de parler d'un jeu littéraire, à savoir celui de divulguer un amour qui devrait, en principe, rester secret (mais qui est en soi fictif).

social dont les poètes se seraient faits les porte-paroles[9]. La recherche en sociologie historique a toutefois formulé un grand nombre d'objections face aux constructions socio-historiques de Erich Köhler et George Duby, lesquelles invitent, en définitive, à se demander si les fractions sociales introduites dans le débat par ces deux auteurs ont bien existé en tant que classe homogène[10].

LE PLAN DISCURSIF CONCEPTIONNEL

Si aucune preuve solide d'un paradoxe amoureux ne peut être produite dans le domaine de la psyché individuelle ou collective, on peut du moins concevoir l'existence de ce dernier sur le plan du *discours*. Avons-nous affaire, avec le paradoxe amoureux (compris ici comme renoncement volontaire ou forcé à l'accomplissement de l'amour – accomplissement pourtant fortement désiré), au noyau conceptionnel d'un *discours* portant sur le fait d'aimer comme il se doit ?

Des nombreuses interprétations du paradoxe amoureux présentées dans le premier chapitre, seule l'une d'entre elles peut être située sur le plan du discours : on a abordé ce paradoxe conceptionnel au détour d'une strophe du *Minnesänger* allemand Reinmar (MF 165, 37)[11]. Il consiste en ce que Reinmar (ou plus précisément le « je » dans la strophe en question) éprouve du désir pour une dame parfaite mais renonce à l'assouvir, car, selon lui, la dame devrait alors payer son abandon sexuel au prix fort d'une perte d'idéalité. Au contraire, le renoncement à toute relation sexuelle augmenterait, toujours d'après ce « je », le prestige (« *die wirdekeit* ») de la dame. Et il semblerait que cela soit plus important pour le « je » amoureux que l'assouvissement de ses propres ardeurs sexuelles. Ce faisant, le « je », en courtisant la dame, se laisse prendre au piège de sa propre logique : en corrélant l'idéalité de la dame à son

9 Erich Köhler suppose une homologie entre la classe sociale montante d'une part et les états d'âme psychiques des troubadours d'autre part, voir ci-avant p. 14 n. 12 sur Köhler.

10 Liebertz-Grün, 1977, voir notamment p. 97-111 ; Schnell, 1991 ; Kay, 1996 ; Peters, 2015.

11 Voir ci-avant p. 16 n. 16 portant sur MF 165, 37. Gert Hübner, 1996, t. 1, p. 110, est toutefois d'avis que cette strophe ne débat pas du paradoxe amoureux mais du dilemme suivant : le poète doit-il louer la dame sans restriction aucune ou doit-il subordonner les louanges au fait qu'elle ne remplisse pas son devoir d'offrir la joie ?

inaccessibilité sexuelle, le soupirant rend l'accomplissement de l'amour *per se* impossible. On pourrait prouver ainsi un paradoxe amoureux sur le plan discursif conceptionnel.

ich hân ein dinc mir fürgeleit,
daz strîtet mit gedanken in dem herzen mîn :
Obe ich ir hôhe werdekeit
mit mînem willen wolte lâzen minre sîn,
Alde obe ich wolte, daz si groezer sî
und si vil reine saelic wîp stê mîn und aller manne frî.
siu tuont mir beidiu wê :
ich enwirde ir lasters niemer frô ;
vergêt si aber mich, daz klage ich iemer mê. (MF 165, 37)[12]

« Je me suis représenté un cas qui lutte avec les pensées dans mon cœur : voudrais-je délibérément que sa grande valeur apparaisse amoindrie ou voudrais-je que celle-ci soit plus grande (encore) et qu'elle, la femme pure et que l'on ne peut que louer sans ambages, reste libre de moi et de tous les hommes. Les deux [options] me font mal. Je ne serais jamais heureux qu'elle soit souillée, mais qu'elle m'ignore, de cela, je me plaindrais à jamais. »

On peut toutefois se demander si l'on est en droit de faire du paradoxe amoureux constaté dans la strophe de Reinmar la base de notre compréhension de l'ensemble de la poésie courtoise. Si l'on recherche dans les textes médiévaux à notre disposition des témoignages similaires, force est de constater que le résultat est tout sauf grisant : on n'identifie en effet que peu de parallèles, et l'un d'eux semble se trouver chez Reinmar lui-même (MF 179, 30)[13].

Mir ist lieber, daz si mich verber,
und alsô sî mir doch genaedic sî,
danne sie mich und jean und iesen gewer ;
seht, sô wurde ich niemer mê vor leide vrî.
Nieman sol des gerende sîn,
daz er spreche « mîn und dîn
gemeine ».
ich will ez haben eine.
schade und vrome sî mîn. (MF 179, 30)

« Je préfère qu'elle m'ignore, mais de telle sorte qu'elle soit bien disposée à mon égard, plutôt qu'elle ne cède à mes avances et à celles de tel ou tel autre.

12 Cité d'après ms. B ; Reinmar, Schweikle (éd.), 1986, p. 134, X 4 ; Moser/Tervooren (éd.), *MF*, p. 321, propose cette phrase d'après le ms. E (manuscrit de Würzburg). Pour la traduction, je me réfère principalement à Schweikle, p. 135.

13 Kasten (éd.), 1995, p. 874 *sq.*, est d'avis que les deux strophes offrent des réflexions similaires.

Voyez, jamais plus je ne serais libre de souffrance (si tel était le cas). Nul ne doit désirer pouvoir dire : "le mien et le tien en commun". Je veux le posséder tout seul. Que pertes et bénéfices soient miens. »

Le « je » crée dans cette strophe une variante à MF 165, 37. L'accomplissement de l'amour d'une part, et la perte de valeur de la dame (qui s'ensuit) d'autre part, ont fait place dans la balance à un nouveau face-à-face. Le « je » pèse ici le pour et le contre entre, d'un côté, devoir partager l'abandon sexuel de la dame avec d'autres hommes et, d'un autre côté, se voir accorder une forme de distinction par la dame s'il était le seul prétendant qu'elle accepte. Le moment négatif ne se situe pas ici dans l'*atteinte à l'idéalité de la dame* qui résulterait de son abandon sexuel, mais dans le *fait désapprouvé par le soupirant* de devoir partager un potentiel abandon sexuel de la dame avec d'autres hommes.

On constate bien dans le premier extrait de Reinmar cité (MF 165, 37) une situation paradoxale : la satisfaction sexuelle de l'homme engendrerait pour la dame la perte de son crédit social et moral alors même que le désir éprouvé par l'homme y trouve son origine. S'abandonner sexuellement coûterait alors à la dame sa réputation. Dans le deuxième extrait cité (MF 179, 30), à une relation amoureuse exclusive mais inassouvie fait face un amour assouvi mais au prix d'un partage avec la concurrence sexuelle représentée par les autres soupirants. Ici, c'est le préjudice pour l'homme qui est placé au centre de l'argumentation. MF 179, 30 ne me semble donc pas présenter une situation comparable à celle de MF 165, 37. Peut-on même voir dans MF 179, 37 l'expression d'un paradoxe amoureux ou devrait-on plutôt parler de situation amoureuse dilemmatique ? Je choisis de laisser ici cette question en suspens.

La variante à MF 165, 37 proposée par Reinmar dans MF 179, 30 est vraisemblablement inspirée d'un partimen de Folquet de Marseille (P./C. 155, 24) qui esquisse une situation dilemmatique très similaire[14]. Folquet et (celui que l'on suppose être) Raimon de Miraval y débattent de la question suivante : vaut-il mieux être le seul amant d'une dame fidèle mais inaccessible, ou jouir de l'amour d'une dame qui accorde également cet accomplissement amoureux à d'autres hommes[15] ? Raimon met en avant la difficulté d'un choix car les deux options recèlent misère et tourment (« *que trop m'avetz partit greus plays, / qu'en cascun a trebalh et fays* », str. 2, 2 *sq.*) Toutefois, il est confiant dans son choix (« *pero si.n penray la melhor* », str. 2, 4). Il ne saurait éprouver de l'estime pour une dame s'il savait qu'il

14 *Cf.* Schnell, 1983, p. 3 *sq.* ; Bauschke, 2013, p. 53 *sqq.*
15 Folquet de Marseille (P./C. 155, 24), Harvey/Paterson (éd.), 2010, t. 1, p. 367-373.

avait des rivaux auprès d'elle. Il préfère donc une dame au cœur ni infidèle ni traître (str. 2, 5-10). Folquet au contraire est d'avis qu'une femme a plus grande valeur si elle prouve son amour et que les hommes doivent apprendre à vivre avec le fait que les femmes les trompent.

Reinmar (MF 179, 30) reprend sous une forme résumée l'étude du pour et du contre que l'on trouve dans le partimen de Folquet. Les positions contradictoires exposées par les deux poètes deviennent chez Reinmar le dilemme d'un seul cœur. Reinmar condense ce dilemme qui s'étend chez Folquet sur plusieurs strophes dans une unique strophe de sa chanson. Ce constat donne au moins un indice quant à une affinité thématique dans la poésie courtoise entre chansons, tensons et partimens. Il sera matière à plus amples réflexions au chapitre VI.

Il est un jeu-parti français qui débat également de la question alternative posée dans MF 179, 30 : [*Traduction*] « Que préféreriez-vous ? Obtenir avec votre rival les faveurs de votre dame ou devoir y renoncer en même temps que lui[16] ? ». L'un des poètes (Cuvelier) adopte une position 'ancrée dans le quotidien' et fait remarquer qu'aucun être humain ne peut se satisfaire d'une relation amoureuse qui ne lui procure aucun plaisir. Cependant, cette position est 'tout naturellement' contredite dans le jeu-parti[17].

Il n'existe que deux occurrences apparentées à la strophe MF 165, 37 de Reinmar (renoncement à l'accomplissement de l'amour afin de ne pas nuire au prestige de la dame) – mais qui toutefois s'en éloignent.

Dans un jeu-parti français, Jean de Bar et un certain Rolant débattent de ce qui est préférable[18] : que la dame aimée soit deux fois plus belle, raisonnable, parfaite et valeureuse qu'elle ne l'ait déjà mais qu'elle haïsse son prétendant, ou que les qualités de la dame soient réduites de moitié mais que l'amant jouisse de son amour. Jean soutient qu'il veut aimer sa dame de telle sorte qu'elle ne perde en rien en valeur. Cette position est 'tout naturellement' contredite dans le jeu-parti.

16 R. 909 ; A. Långfors (éd.), 1926, t. I, p. 238. Friedrich von Hausen (MF 50, 19) en propose une variante un peu plus éloignée : à l'idée d'avoir certes accès à la dame mais de devoir partager ses faveurs avec d'autres hommes qui pourraient potentiellement le déprécier auprès d'elle, le prétendant préfère une *surveillance* (« *Bewachung* ») totale de la femme aimée qui exclue pour lui aussi toute communication avec cette dernière.

17 Le dilemme « renoncer à l'accomplissement de l'amour / partager l'accomplissement de l'amour avec des rivaux » a également fait son entrée dans la littérature en prose à travers le livre de chants d'un ménestrel ambulant dont on trouve mention dans le célèbre manuscrit d'Oxford (Douce 308). Voir Steffens, 1900, p. 369 (N° 22) ; Fiset, 1906, p. 441 *sqq.* ; Neumeister, 1969, p. 31 et 66 note 141.

18 R. 941 ; A. Långfors (éd.), 1926, t. II, p. 255.

Dans un autre jeu-parti (R. 289), c'est le dilemme « dame de grande qualité – absence de faveurs amoureuses / dame de moindre qualité – accomplissement de l'amour » qui est au cœur du débat. Se pose alors la question de savoir qui utilise son temps le plus judicieusement[19] : celui qui sert une dame belle et intelligente sans obtenir ses faveurs mais qui toutefois nourrit quelque espoir de se les voir accorder ou celui dont la dame est certes de moindre valeur et stupide mais lui offre son amour ? L'argumentation de l'un des poètes (Symon) amène à inférer qu'il vaut mieux posséder une petite maison que spéculer sur un gros héritage qui n'arrivera jamais.

Dans les deux jeux-partis cités, on retrouve donc le paradoxe formulé par Reinmar à la strophe MF 165, 37 sous une forme édulcorée, dans la mesure où la moindre valeur de la femme n'y est pas conçue comme une conséquence de l'accomplissement de l'amour mais plutôt comme un fait antérieur à celui-ci. L'accomplissement de l'amour n'est pas considéré comme responsable de la perte de valeur de la dame et n'est donc pas *per se* connoté négativement[20]. Dans le cas des deux jeux-partis, je ne parlerais donc pas de paradoxe amoureux mais plutôt de dilemme. De plus, il convient de noter que dans les jeux-partis, comme d'ailleurs dans les tensons et partimens, il y a toujours une voix pour prendre le contrepied d'une autre voix, de sorte qu'il est possible d'y adopter une position provocante (coït avec une dame de moindre valeur). Dans la strophe de la chanson de Reinmar, en revanche, une seule et unique voix s'exprime et ce « je » est condamné à se mettre en scène en tant que prétendant exemplaire. Étant donné que ce « je » souhaite l'union sexuelle avec la dame, mais qu'un tel acte détruirait le préalable à son désir amoureux, à savoir l'idéalité de la dame, on peut parler, pour la strophe de Reinmar MF 165, 37, d'un paradoxe[21].

---

19 R. 289 ; A. Långfors (éd.), 1926, t. II, p. 127.

20 Il convient toutefois de noter dès maintenant qu'une corrélation entre valeur de la dame et prestige de l'accomplissement de l'amour s'établit sur le plan argumentatif (voir ci-après chap. VI). L'union charnelle avec une dame de moindre valeur jouit d'une faible renommée et est soumise à la critique ; il n'en va pas de même pour l'union avec une dame dont le prestige est grand.

21 Heinrich der Teichner (XIVe siècle) reprend certes le motif de la perte de prestige de la dame suite à l'union sexuelle, toutefois, il ne s'agit chez lui ni d'un dilemme ni d'un paradoxe, mais d'une leçon qu'il donne aux femmes : celles-ci pourraient reconnaître un admirateur parfait en ce que ses pensées ne seraient pas dirigées par la recherche du plaisir sexuel, mais par la question de leur honneur à elles. En conséquence, Heinrich der Teichner, Niewöhner (éd.), 1954-1956, t. 2, N° 521, p. 381 *sq.* et t. 3, N° 656, p. 242 *sq.*, conseille aux hommes de ne jamais placer leur propre plaisir au-dessus de la réputation de la dame : un prétendant qui nuirait au prestige de sa dame agirait selon lui comme

Pour autant, les quelques textes du corpus de la poésie courtoise occitane, française ou allemande faisant état d'un renoncement à l'accomplissement de l'amour ne suffisent pas à étayer la thèse selon laquelle les troubadours et les *Minnesänger* allemands auraient renoncé de façon catégorique et généralisée à l'accomplissement de l'amour[22].

Comme nous l'avons vu, il est fort vraisemblable qu'il s'agisse, dans les strophes de Reinmar MF 165, 37 et 179, 30, d'emprunts thématiques[23]. On ne saurait voir dans ces chansons ni le programme conceptionnel de la poésie courtoise dans son intégralité, ni un paradoxe amoureux à valeur générale[24]. Il me semble plutôt que nous avons affaire à la « trouvaille » d'un seul et unique poète (de langue romane)[25], qui a ensuite été reprise de manière isolée par d'autres auteurs. Cette « trouvaille », un dilemme sophistiqué, devait uniquement servir à allonger d'un nouveau motif la liste – déjà thématisée à satiété – des obstacles à l'accomplissement de l'amour. Dans le même temps, Reinmar, avec cette strophe (MF 165, 37), parvient, grâce à l'idée de renoncement à l'accomplissement de l'amour au nom de la réputation de la dame désirée, à revaloriser moralement la cour amoureuse entreprise par le « je ». Ce dilemme, que Reinmar qualifie de « trouvaille », permet au final de présenter sous un jour avantageux le « je » amoureux qui – c'est du moins ce qui est suggéré – ne saurait consentir à ce que la dame perde en prestige[26].

un second Judas. Ce qui est formulé chez Reinmar sous la forme d'une question ouverte, devient chez l'aphoriste une leçon de morale.

22 Par souci d'exhaustivité, on évoquera le fait que l'on assiste dans deux autres textes – le partimen entre un certain Guillem et un certain Arnaud (P./C. 201, 5, str. 5) et le jeu-parti d'Adam de la Halle (RS 1094 ; Långfors (éd.), 1926, t. II, p. 88-90) – à un amalgame des deux variantes proposées par Reinmar (MF 165, 37 : renoncer à l'accomplissement de l'amour par égard pour la réputation de la dame ; MF 179, 30 : préférer renoncer à la réalisation de l'amour plutôt que de partager les faveurs de la dame avec d'autres hommes). De plus, une des chansons de Bernart de Ventadorn présente un motif similaire mais difficilement classifiable (P./C. 70, 6, str. 5 ; pas de concomitance mais une succession). Sur ces parallèles lointains ainsi que sur les autres références mentionnées ici, voir Schnell, 1983, p. 2-6.

23 Cet exemple donne à voir une différence significative et d'ordre général entre le *Minnesang* allemand et la poésie courtoise romane. Ce que Reinmar formule au cœur d'une chanson courtoise comme une sorte de morale, est traité sous la forme d'une controverse à deux voix dans les textes en langue romane – tous des tensons et partimens (!) ; voir Schnell, 2012a, p. 53, 62 *sq. et passim* ; Schnell, 2012b, p. 94, 99 *sq.*, 122, 144 *et passim*.

24 Il conviendrait au moins de discuter du statut de l'énoncé de Reinmar : doit-on y voir un *motif* ou un *concept* ? Sur la généralisation problématique de motifs isolés à l'ensemble du genre de la littérature courtoise, voir aussi Reuvekamp-Felber, 2004, p. 220.

25 Reinmar, MF 165, 37, parle d'un dilemme qu'il a imaginé : « Je me suis représenté un cas qui lutte avec les pensées dans mon cœur ».

26 Sur la question de l'altruisme comme élément constitutif du concept amoureux courtois, voir Schnell, 1989a, p. 96-100.

Le ton dominant de la strophe de Reinmar (MF 165, 37) – comme de presque toutes les chansons courtoises – est la plainte quant à la *distance* entre le « je » et la dame. Chaque troubadour est alors libre de justifier, d'expliquer ou d'explorer à l'envi cette distance. Il peut ainsi se distinguer. Plus la distance instaurée vis-à-vis de la dame est grande, plus l'amour éprouvé par l'homme paraît être exclusif. Nous n'avons pas affaire dans cette strophe à un renoncement à l'accomplissement de l'amour basé sur le vécu, mais à la subtile esquisse d'un amour raffiné. Reinmar propose ici un motif, un argument, une « trouvaille », et non les lignes directrices du programme de la poésie courtoise. Dans d'autres chansons, notamment dans ses *Frauenlieder*, il instaure une distance bien moins stricte entre la dame et son soupirant[27].

Le concept de base de la poésie courtoise consiste en ce que le soupirant soit prêt à accepter que le chemin vers les faveurs amoureuses de la dame élue soit parsemé d'un grand nombre d'obstacles et qu'il ne puisse prétendre à récompense qu'en mobilisant toutes ses forces psychiques et morales. Ce chemin est souvent décrit comme menant à la mort[28]. Pour autant, les troubadours prétendent le suivre imperturbablement. Qu'est-ce qui les pousse à endurer ce concept de l'amour ? Quiconque rejette une lecture psycho-biographique de la poésie courtoise (voir ci-avant II 1 et 2), doit porter son regard, par-delà les troubadours, sur le contexte social[29] et se demander qui, en dehors des troubadours, pourrait avoir trouvé son intérêt dans un concept de l'amour qui exige de l'homme qu'il soit capable, dans sa quête des faveurs amoureuses d'une dame, de souffrir pour cet amour et prêt à le faire. Pour répondre à cette question, il faut s'interroger sur les *fonctions* remplies par les chansons courtoises, dont nombre étaient composées pour la haute noblesse et interprétées devant un public de cour. Il faut toutefois reconnaître que l'hypothèse d'un lien entre concept dit courtois de l'amour et réalité sociale de quelle que nature que ce soit est, jusqu'à aujourd'hui, sujette à controverse[30].

27 Schnell, 1999, p. 154-160 notamment ; Boll, 2007 ; voir aussi ci-après p. 45 n. 73.

28 *Cf.* Gaunt, 2006.

29 Ainsi, Kay, 2001, explique les contradictions à l'œuvre dans la poésie des troubadours (par exemple les auto-contradictions suivantes au sein d'une chanson : une même chose serait bonne/mauvaise, folle/sage ; être vivant et mort ; amour et haine ; vouloir être récompensé/renoncer à la récompense ; la douleur serait douce) par la concurrence quotidienne entre clercs et laïcs dans les cours du sud de la France. Voir aussi Kay, 1996.

30 La recherche n'est parvenue à aucun consensus sur ce qu'est l'amour courtois ni sur la question de savoir s'il existe un concept de l'amour spécifiquement courtois ; voir ci-avant page 11 n. 1. Cette situation est, entre autres, due au fait que la recherche sur la poésie courtoise et les troubadours a souvent confondu réalité sociale et discours

Dans le cadre de notre argumentation, nous nous contenterons de partir de l'idée que la chanson courtoise a pour sujet un *concept* d'amour idéal. On peut de plus supposer que ce concept, qui a été thématisé durant plusieurs siècles dans des centaines de chansons courtoises, a rencontré le succès auprès d'un public noble. Que l'élite noble ait éprouvé quelques sympathies pour le *discours* amoureux courtois n'implique néanmoins en aucun cas qu'il y ait eu correspondance entre un idéal littéraire de l'amour et le comportement amoureux dans la vie courante[31].

Quel intérêt pouvait bien trouver la noblesse, classe porteuse de la poésie courtoise, à un concept de l'amour qui ne coïncidait pas avec son comportement amoureux au quotidien ? Quelle fonction la *mise en discours* d'une ébauche d'amour idéal déconnectée de la réalité pouvait-elle remplir ? On est en droit de supposer que la poésie courtoise médiévale ne remplissait pas uniquement une fonction de divertissement, mais servait également l'image prestigieuse que la noblesse de cour cherchait à donner d'elle-même, et trouvait ainsi dans la haute noblesse un appui. La promotion culturelle d'un discours amoureux élitaire devenait ainsi pour la noblesse un outil de légitimation de son pouvoir vis-à-vis d'autres couches sociales[32]. Par conséquent, chanter l'amour publiquement ou en parler relevait avant toute chose de l'autoreprésentation d'un groupe

littéraire et a mené un débat pour le moins farfelu sur la « part de réalité » d'un amour courtois à la définition controversée. On trouvera un résumé des positions adoptées antérieurement par la recherche chez Liebertz-Grün, 1977. Pour ce qui est des débats plus récents sur la relation entretenue par l'amour courtois et la réalité sociale, voir Bumke, 1983 ; Schnell, 1985, p. 103-114 ; Wachinger, 1980 ; Schnell, 1991 ; Schnell, 2000 ; O'Donoghue, 2006 ; Peters, 2009 ; Fajardo-Acosta, 2010, p. 44-49 ; Peters, 2017. Pour Kasten, 1986, p. 200 *sq.* (qui est d'avis que l'idéal d'un amour noble et absolu n'était, dans l'esprit des troubadours, qu'une belle fiction qui n'avait pas prétention à être réalisée : « *nur eine schöne Fiktion, die keinen Anspruch auf Verwirklichung in der Realität erhebt* ») et pour Haug, 2004, p. 46, l'amour courtois est un jeu littéraire. Rüdiger, 2001, p. 223-238, en réaction aux positions de Georges Duby et Erich Köhler, pousse son argumentation à l'extrême quand il dénie à la poésie des troubadours un enracinement dans une communauté sociale. Il écrit que l'amour courtois serait un système de signes qui refuserait tout ancrage social. Dans la mesure où Rüdiger comprend l'interprétation des chansons comme une pratique foncièrement sociale (p. 233) et que cette pratique est liée à une certaine classe sociale, on est en droit d'ancrer socialement les chansons des troubadours, bien que sous une forme plus vague que celle adoptée par Köhler et Duby.

31 Dans la poésie et le roman courtois, ainsi que dans les *ensenhamens*, poèmes didactiques occitans, *amour courtois* et *courtoisie* (adopter un comportement social courtois) sont associés. Toutefois nous n'avons aucune certitude quant aux conclusions que l'on peut en tirer pour ce qui est des pratiques quotidiennes.

32 Voir par ex. Schnell, 1991 ; Schnell, 1994 ; Schnell, 2000 ; Rüdiger, 2001, p. 157 *sq.* (où il est question de l'image élitaire que les poètes se font d'eux-mêmes mais aussi de leur public [imaginaire]).

social se comprenant comme l'élite et non de la traduction littéraire des états psychiques individuels des troubadours[33].

Dans les dires d'un troubadour sur sa manière exigeante d'aimer, on peut donc voir l'expression de l'imaginaire de tout un groupe social[34]. Bien qu'il ait chanté à la première personne, le troubadour formulait les représentations mentales de son public – et c'est bien ce que ce dernier attendait de lui[35]. La poésie courtoise, dans son discours, peut faire cohabiter la conscience de soi élitaire du poète, l'exclusivité du « je »

33 Mais seule la difficile aspiration au bien peut trouver l'approbation d'une société qui cherche à se distinguer. La valeur de la dame courtisée est présentée dans de nombreux tensons et partimens comme un critère qui influence le choix de l'homme (voir ci-après p. 67-102). Elle conditionne la valeur de la cour amoureuse par l'homme. Choix d'un objet amoureux parfait, efforts sans relâche pour se voir accorder ses faveurs, obtention de la reconnaissance sociale par le poète et gain en prestige pour le public courtois : tout cela est lié.

34 Jan-Dirk Müller, 2004a, p. 51, parle d'« imagination collective », d'« ébauche sociale d'un "service d'amour courtois" » et du « je » troubadouresque comme « représentant de la société courtoise ». Voir aussi Jan-Dirk Müller, 2004b. Pour lui, la fonction de représentant endossée par le « je » troubadouresque rendrait obsolète la question de savoir dans quelle mesure ses propos transcrivent la réalité. Un « j'aime » dans le texte ne renverrait pas aux sentiments d'un troubadour particulier mais à l'imagination collective (du public noble). On retrouve une idée similaire chez Haustein, 2010, p. 351 : pour lui, l'introspection du « je » telle qu'on la trouve dans les chansons est le croquis littéraire individuel d'une intériorité collective. La douleur et ses différentes manifestations relèvent d'une auto-perception collective et fictive qui trouve dans les chansons son expression artistique, à laquelle tous prennent plaisir (« *Die im Lied beschriebene Innenschau eines Ich ist ein literarisch individueller Entwurf einer kollektiven Innerlichkeit. Der Schmerz und seine Ausdrucksformen sind Teil eines kollektiven, fingierten Selbstverständnisses, das in Form eines Liedes seinen kunstvollen und so alle erfreuenden Ausdruck findet* »).

35 On notera que la recherche a fait état d'une double exclusivité des chansons d'amour courtois, laquelle exclurait toute représentativité sociale. En effet, l'art poétique des troubadours ne toucherait qu'une maigre élite versée dans l'art ; voir à ce sujet Gruber, 1983. La recherche a également formulé une autre objection à cette thèse : la mise en scène de l'impuissance humaine face au pouvoir de l'amour et des conséquences destructrices de celui-ci irait de pair, dans la poésie courtoise, avec un isolement radical de l'amant éconduit (« *radikale Vereinzelung des unglücklich Liebenden* »). Cela rendrait discutable l'idée que les chansons d'amour courtois assurent une fonction de suppléance sociale, de représentation ; sur ce point, voir Reuvekamp-Felber, 2004. À mon avis, ces deux positions ne s'excluent pas nécessairement. On peut associer exemplarité, représentativité et exclusivité (Schnell, 2013, en particulier p. 339 *sqq.*), dès lors que l'on fait la distinction entre, d'une part, l'enracinement social de la poésie courtoise – la tentative de rattacher les relations amoureuses développées dans les chansons d'amour courtois aux conditions sociales – et l'ancrage de cette même poésie courtoise dans un monde de l'imaginaire d'autre part. La représentation littéraire de l'amour courtois peut, dans une certaine mesure, bâtir *un monde alternatif qui diffère du quotidien réel et historique de la noblesse* (Schnell, 1991, p. 424) et, dans le même temps, coïncider avec certaines représentations imaginaires, certaines aspirations et peurs, certaines contradictions mentales non exprimées de la noblesse. La société de cour est à la fois sensible aux *ensenhamens* (poèmes didactiques), dans lesquels le bon comportement amoureux est présenté comme une pratique sociale et comme un savoir que l'on peut acquérir, mais aussi aux chansons dans lesquelles l'amour est imaginé en dehors de tout ordre social et l'expérience amoureuse associée à la mort.

amoureux dans une chanson courtoise, la représentativité du propos sur l'amour, des *cortesia* qui stabilisent la société, mais aussi le pouvoir de l'amour qui représente une menace pour cette même société.

Dans les chapitres suivants, je partirai de l'hypothèse que le concept de l'amour élaboré dans les chansons d'amour courtois présente un caractère élitaire, mais que c'est justement de ce caractère qu'il tire sa représentativité pour l'élite sociale. Il n'y a là aucune place pour l'idée d'un paradoxe amoureux lié chez les troubadours à des raisons personnelles – à savoir qu'ils auraient renoncé à l'accomplissement de l'amour parce qu'ils ne voulaient pas mettre un terme à l'attrayant sentiment du désir. Le fait que le poète, en présentant un amour idéal et exigeant, mette en mots l'*imagination* d'une élite sociale (femmes *et* hommes confondus) rend peu probable la théorie selon laquelle le renoncement à l'accomplissement de l'amour aurait constitué la base de l'amour des troubadours.

Le paradoxe que nous avons constaté dans la strophe de Reinmar (MF 165, 37) – à savoir le fait de désirer l'accomplissement de l'amour avec la dame idéale mais, dans le même temps, d'y renoncer afin de ne pas ruiner l'idéalité de cette dernière – est un élément constitutif infime (et rarement attesté) au cœur d'un discours très vaste sur ce qu'est la vraie manière d'aimer. Ce discours plus étendu constitue quant à lui une partie de l'imagination collective du public noble. Le paradoxe amoureux tel qu'on le rencontre dans la strophe de Reinmar n'est pas l'expression de l'état psychique d'un troubadour en particulier, mais fait au contraire fonction de procédé argumentatif parmi d'autres afin d'expliciter les difficultés d'une cour amoureuse. Tous ces procédés argumentatifs appuient l'idée, promue par un groupe social élitaire, d'un amour exceptionnel, d'un amour potentiellement aux antipodes des pratiques courantes. Dans l'imaginaire de la noblesse de cour, la réputation d'une relation amoureuse était manifestement proportionnelle à la distance entre le « je » amoureux et l'objet de son amour[36]. Plus la conquête s'avérait difficile, plus le prestige acquis par le prétendant durant cette cour était grand. Dans son effort d'atteindre malgré tout un objet inatteignable, le poète pouvait donc se distinguer en tant que représentant d'une élite courtoise.

Les troubadours et les *Minnesänger* allemands satisfaisaient aux attentes d'un public élitaire qui réclamait un amour exigeant qui ne se résume pas au seul plaisir sexuel, mais qui implique également d'être prêt à souffrir. Un tel concept de l'amour, qui défie l'homme amoureux tant moralement que sur le plan affectif, doit donc avoir paru attractif aux yeux du public

36 Voir ci-dessous p. 111-118.

noble. Il conviendra toutefois de montrer dans les chapitres suivants que ces exigences n'allaient pas jusqu'à prescrire de renoncer formellement au plaisir érotique. Le paradoxe amoureux discursif de Reinmar (MF 165, 37) correspond à une exagération rhétorique d'un concept de l'amour qui n'exclut nullement l'accomplissement de l'amour. Il n'a qu'une portée limitée, ne serait-ce qu'en raison du nombre infime de parallèles trouvés chez les autres auteurs. De plus, tous les parallèles en langue romane sont issus de tensons et partimens, genres qui, par définition, convoquent des positions contradictoires (voir chapitre VI). Ainsi, on ne saurait parler d'un renoncement généralisé à l'accomplissement de l'amour. Enfin, le fait que d'autres formes de relations amoureuses aient été élaborées dans d'autres chansons et types de chansons relevant également de la poésie courtoise médiévale laisse supposer que la question de savoir si l'amour trouve ou non son accomplissement ne constitue pas le cœur conceptionnel de « L' » amour courtois. D'autres critères permettaient de distinguer entre l'amour idéal et d'autres formes de relations amoureuses[37].

LE PLAN PERFORMATIF

Dans quelle mesure est-ce que ce qui peut apparaître sur le plan du discours comme un paradoxe amoureux demeure un paradoxe en situation performative ? Qu'advient-il du concept amoureux esquissé, concept aux exigences très élevées à l'encontre du prétendant, lors d'une performance ? Le troubadour endosse-t-il alors aussi le rôle de porte-parole d'une ébauche sociale, celle du service d'amour courtois ?

Dans un premier temps, les réflexions suivantes porteront uniquement sur le concept de l'amour appréhendé de manière générale (à savoir : être prêt à souffrir en vue d'obtenir des faveurs amoureuses). La question des conséquences de la situation de déclamation sur le paradoxe amoureux constaté auparavant sur le plan discursif, chez Reinmar notamment (MF 165, 37), sera envisagée seulement à la fin.

Nous ne disposons que de peu d'indications quant aux conditions concrètes de représentation de la poésie courtoise[38]. La recherche sur la poésie courtoise

37 Voir ci-après p. 47-102.

38 Raimon Vidal de Besalú décrit une telle situation de déclamation dans son récit « *En aquel temps c'om era joys* » (vers 1199/1213), Jean-Charles Huchet (éd.), 1992, p. 202-204, v. 1073-1094. Raimon Vidal décrit tout d'abord une société courtoise qui se divertit

ne s'intéresse que depuis les années 1970/1980 aux formes et conditions de production et de réception des chansons. Les troubadours ont-ils consigné leurs chansons par écrit ou les ont-ils 'seulement' mémorisées de manière assez libre[39] ? Devant quel public, à quelles occasions et dans quel but les chansons ont-elles été jouées ? Ces questions ont attisé une discussion sur la performance des chansons courtoises qui perdure jusqu'à aujourd'hui[40].

Supposons une réception orale-vocale des chansons[41]. Il faut alors s'intéresser à ce qu'il advient potentiellement du *texte* – que nous avons aujourd'hui sous les yeux dans une édition scientifique et que nous interprétons le plus souvent textuellement – au moment où il est *chanté* en public. De la situation de performance des chansons courtoises résultent d'importantes modifications du sens des énoncés textuels. L'amour courtois exemplaire en tant que *concept*, et tel qu'il s'exprime dans les paroles, met en avant les relations entre le soupirant et la dame convoitée, mais lors de la *mise en voix* de la chanson, c'est la relation entre le poète et le public qui se trouve au premier plan[42]. Avec le chant, on passe du concept de *service* d'amour – duquel participent texte et discours amoureux – à un concept de *chant* d'amour[43]. Lors de la performance, le chant à destination du public se superpose à la cour faite à la dame. Ainsi, Raimon de Miraval (vers 1200) commence l'une de ses chansons comme suit[44] :

---

dans une grande salle (joie, rires, jeux tels que le trictrac et les échecs). De belles femmes conversent sur un mode courtois avec des hommes. Un élégant et jeune *joglar* fait alors son entrée. Il chante directement devant le maître de maison (Hugues de Mataplana) quelques chansons et de nombreux autres morceaux plaisants (« *Aquit cantet mants chanso / e d'autres jauzimens assatz* », v. 1091 *sq.*). Quand les auditeurs se sont lassés de ce divertissement (« *can s'en son pagatz* », v. 1093), ils s'en retournent à leurs passe-temps précédents. Une telle description conventionnelle et standardisante aura pour le moins consigné des éléments rendant compte de la 'réalité' d'une situation de performance. Sur la déclamation d'une chanson au cours d'un repas courtois, voir D. Rieger, 1987. Sur les miniatures afférentes dans les manuscrits médiévaux, voir Porter, 2003, p. 22 *sq.*

39 D. Rieger, 1984 ; Gruber, 1985 ; Zumthor, 1987 ; Selig, 1996 ; Gaunt, 1999.

40 Pour Kristeva, 1983, p. 268 *sq.*, « le chant courtois renvoie à sa propre performance » ; Kay, 1990, p. 132-170 (« Performance ») ; Eifler, 1991 ; Strohschneider, 1993 ; Chinca, 1995 ; Ashcroft, 1996 ; Tervooren, 1996 ; Mertens, 1999 ; Schnell, 2001 ; Jan-Dirk Müller, 2001 ; Hausmann (éd.), 2004 ; Zotz, 2005 ; Bleumer, 2010 ; Bleumer, 2012, en particulier p. 68-80. Sur l'aspect musical des chansons de troubadours, voir Boynton, 2012.

41 Jan-Dirk Müller, 1999, p. 385, fait remarquer à juste titre que le fait que les chansons courtoises aient été conçues « aussi » pour l'interprétation musicale invite à prendre en considération les caractéristiques relatives à la représentation de la poésie courtoise (« *den Aufführungscharakter von Minnesang in Erwägung zu ziehen* »), même si nous ne disposons d'aucun témoignage historiquement fiable à ce sujet.

42 Sur la question de la mise en voix des chansons, voir ci-après p. 67-102 (tensons, partimens et chansons courtoises) qui se base sur le partimen P./C. 52, 5.

43 Voir Bleumer, 2012, p. 71.

44 Raimon de Miraval, Topsfield (éd.), 1971, N° XXII (P./C. 406, 22), str. 1.

Chans, quan non es qui l'intenda,
No pot ren valer,
E pus luec ai e lezer
Que mon bel solatz despenda,
Ses gap si'un pauc auzitz ;
Quar totz ditz es mielhs grazitz,
Quant a la fi pauz'om ben las razos,
Per qu'ieu vuel far entendre mas chansos.

« Une chanson ne peut rien valoir s'il n'y a personne qui la comprenne ; et puisque j'ai l'occasion et l'inclination de prodiguer ma belle joie, qu'on m'écoute sans bruit ! car tout chant est mieux apprécié si à la fin on établit bien le sujet. C'est pourquoi je veux faire comprendre mes chansons. »

Le poète compose donc ses chants pour les auditeurs. Il chante pour les auditeurs, non pour la dame. Par le biais d'un grand nombre de remarques sur l'art de composer et sur le chant, les troubadours dirigent l'attention du public sur leur chanson, leur chant et sur la situation de déclamation[45]. Ce faisant, ils s'adressent à maintes reprises à leur public (réel et fictif)[46]. Les *tornadas*, envois en fin de chanson, renforcent le lien entre le poète et le destinataire[47]. Ce qui est thématisé sur le plan discursif conceptionnel comme une récompense du service d'amour devient, sur le plan performatif, le salaire du service de chant[48].

Toutefois, et même si l'on prend congé de l'image du troubadour qui chante ses propres tourments amoureux et que l'on suppose qu'il interprète un texte (fictionnel) dans lequel il est question d'un poète qui aime une dame[49], il n'en résulte pas moins de multiples possibilités de mise en relation du « je » textuel avec le ménestrel qui interprète ce même texte. Le « je » lyrique qui dit « je chante » dans le texte peut, en situation de représentation, se confondre pour – voire même être identifié par – le public avec le ménestrel qui se tient en chair et en os devant lui. L'énoncé textuel « j'aime », pour sa part, est bien moins aisément assimilable au

45 Voir ci-après p. 139-147.

46 Voir entre autres Schnell, 2013, p. 309-312 notamment (sur les chansons courtoises allemandes) ; Jackson, 1975. Dans les sirventès, l'appel au public se fait à bien plus grande échelle (avec l'adresse « oyez » par exemple).

47 *Cf.* Kay, 1990, p. 145-161 sur la question des destinataires, des protecteurs et des mécènes (des chansons) des troubadours.

48 *Cf.* Bleumer, 2012, p. 71 (« So besteht der Ertrag des Sanges für den Sänger recht eigentlich nicht in der Liebeserfüllung, sondern im gesteigerten höfischen Prestige » – [Traduction] « Le bénéfice du chant ne réside, pour le chanteur, absolument pas dans l'accomplissement de l'amour mais dans l'accroissement de son prestige courtois »). Voir aussi Schnell, 2021 (sur la question du public comme tiers).

49 Bleumer, 2012, p. 76 : « in dem ein Sänger vorkommt, der eine Dame liebt ».

ménestrel. Aime-t-il réellement ? Voilà qui est incertain. Qu'il chante, en revanche, est un fait. Il en résulte qu'en situation de performance d'une chanson d'amour courtois, l'énoncé « je chante » est porteur d'un moment de réalité beaucoup plus fort que l'énoncé « j'aime[50] ». L'énoncé « je chante » produit, en situation de performance, un effet de présent, tandis que l'énoncé « j'aime » a fonction de représentation. En effet, le « je » en tant que sujet aimant se fait l'écho une ébauche amoureuse imaginée par un groupe social, il fait office de représentant pour tous ceux qui trouvent une telle conception de l'amour attractive. Le poète cependant, en tant qu'artiste et interprète, revendique une position à part par rapport à (presque) tous les autres, qui, eux, ne savent pas (si bien) composer ni chanter[51].

Il apparaît ici clairement que tant au niveau de l'essence qu'au niveau de la communication, deux plans se mêlent lors de la déclamation des chansons courtoises. L'amant – poète *interne au texte* cherche à atteindre la dame par ses paroles[52], le ménestrel (*externe au texte*) s'adresse au public[53].

50 Sur la relation entretenue par le fait de chanter et celui d'aimer dans les chansons d'amour, voir ci-après p. 139-147.

51 Schnell, 2001, p. 119-125 ; Bleumer, 2012, p. 76. Bleumer, *ibid.*, p. 77-80, oppose sa thèse d'une fusion performative des situations (« *performative Situationsverschmelzung* », p. 78) à une telle idée d'une séparation entre texte et situation de représentation, conception basée sur une approche analytique du texte, et qui a conduit à la thèse d'une dissociation des situations. Le « je chante » du présent d'énonciation et le « j'aime » fictif ne seraient, selon lui, plus différenciables en situation de performance. Il est probable que cela soit valable pour nombre de représentations. Toutefois, la thèse de Bleumer ne me semble pas mettre suffisamment en lumière la *fonction* remplie par la *représentation* des chansons d'amour courtois. Le public avait bien conscience du statut fictionnel du soupirant et du statut réel du poète, et ce, d'autant plus quand des *joglars* professionnels se chargeaient de jouer les œuvres du poète. Un grand nombre de facteurs rappellent aux auditeurs et auditrices le caractère fictionnel du soupirant : la coexistence de différents genres (alba, pastourelle et chanson) ; le grand nombre de renvois intertextuels introduits par les troubadours dans leurs œuvres ; leurs remarques parodiques et ironiques quant au fait qu'ils *parlent* de leur propre amour. Schultz, 2009, différencie le « je » aimant du « je » du poète en s'appuyant sur une approche théorique de la performance.

52 Le « je » du texte ne recourt que rarement à l'adresse directe à la dame. De telles adresses se trouvent souvent dans les strophes finales d'une chanson et y tiennent le rôle de surélévation rhétorique ; voir par exemple Raimbaut d'Aurenga, Pattison (éd.), 1952, N° IV, str. 10 et 11, N° IX, str. 8-10, N° XII, str. 6-9, N° XIV ; str. 6 et 7, N° XXII, str. 8 et 9, N° XXIV, str. 4 et 5, N° XXXV, str. 7 et 9 *sq.*, N° XXXVIII, str. 7 et 8. Seule la chanson N° XXVI est intégralement adressée à la dame. La moitié des chansons de Raimbaut d'Aurenga ne comporte aucune adresse directe à la dame.

53 Kuhn, (1949) 1961, p. 173 *sq.*, attirait déjà l'attention sur le fait que le terme de « poésie courtoise » ne signifierait pas « discours à la femme aimée » (« *Rede zur Geliebten* ») mais [*Traduction*] « discours à la société courtoise sur le rôle courtois de l'amour » (« *immer nur Rede zur höfischen Gesellschaft über die höfische Rolle der Liebe* »). Jan-Dirk Müller, 1999, p. 404, pense que la mauvaise interprétation des chansons de Reinmar (en tant que témoignage monologique et expressif personnel de Reinmar (« *monologisch-expressiv* »))

Le « je chante » immanent au texte et le ménestrel qui interprète ce même texte se fondent dans l'énoncé « je chante » de la chanson. En revanche, l'énoncé textuel « j'aime » ne saurait être mis de façon aussi convaincante en relation avec le ménestrel au moment de l'énonciation. C'est pourquoi l'amour thématisé sur le plan interne du texte et la dame, qui n'existe également que sur ce plan, ont un statut fictionnel[54]. Les auditeurs médiévaux d'une chanson courtoise ont donc en règle générale affaire, d'une part, à un amour fictionnel et, d'autre part, à un chant inscrit dans le présent de l'énonciation[55].

Et c'est bien pour faire oublier cette différence entre amour fictionnel et chant inscrit dans le présent que les troubadours s'efforcent de présenter leur amour comme réel, c'est-à-dire comme véridique, comme sincère, comme crédible – non seulement auprès de la dame, mais aussi auprès des auditeurs[56]. Le fait qu'une telle campagne de crédibilité s'avère inutile pour le chant montre clairement la différence essentielle entre l'amour (affirmé) et le chant (avéré dans les faits). Le troubadour parle d'amour ; le chant, il le réalise[57].

---

résulte justement de la méconnaissance de ce que l'interprétation d'une chanson est un moment d'interaction qui englobe auditeur et chanteur (« [*Der Liedvortrag ist eine*] *Hörer und Sänger umfassende Interaktion* »). Pour Bernsen, 2001, p. 23, la poésie courtoise est une forme de réalisation d'une interaction sociale représentative, celle de la sociabilité courtoise (« *repräsentative Vollzugsform einer sozialen Interaktion, der höfischen Geselligkeit* »). Pour lui, cette interaction devient un rituel qui remplit des fonctions sociales importantes (« *Ritual, das [...] wichtige gesellschaftliche Funktionen erfüllt* »).

54 Bleumer, 2012, p. 76 (toutefois, il rejette finalement la distinction entre énoncés internes au texte et énoncés externes au texte).

55 Jan-Dirk Müller, 1999, p. 402 *sq.*, renvoie au fait que les chansons de Reinmar insistent sur l'authenticité, ce qui ne laisserait selon lui aucune place à une « convention de fictionnalité ». Néanmoins, l'idée que le public ait eu conscience de l'aspect fictionnel de l'œuvre, ne lui semble pas aberrante.

56 L'aspect fictif et artificiel de cette sincérité est aujourd'hui, dans une large mesure, incontesté. Monson, 1986 (parle d'une « spontanéité bien calculée, sincérité habituellement feinte ») ; Findley, 2006. En 1983, D. Rieger, 1983a, écrivait p. 244, que l'on n'avait pas encore fait la lumière sur la question de savoir si l'amour des troubadours en tant qu'amour, en tant que relation sentimentale entre hommes et femmes était réalité ou fiction (« *ob die Trobadorliebe als Liebe, als regelrechte Liebesbeziehung, als Gefühlsbeziehung zwischen Mann und Frau Realität oder Fiktion gewesen ist* »). Pour ce qui est de la 'transformation' de la problématique de la sincérité troubadouresque sous forme romancée, voir Trachsler, 1992-1995. Sur la question des difficultés méthodiques, voir Schnell, 2015, p. 694-696.

57 La poésie courtoise médiévale présente certes le chant et l'amour parfaits comme interdépendants (*cf.* ci-après p. 139-147), toutefois, lors de l'interprétation de la chanson en public, ce n'est pas tant l'amour que le fait de chanter l'amour – en tant que forme de divertissement – qui est perçu par l'auditoire (*cf.* ci-avant p. 36 n. 38). Les chansons courtoises occitanes étaient parfois interprétées par des *joglars*, en lieu et place des auteurs, ce qui pouvait reléguer la question de la *sincérité de l'amour* (pour la dame) au second plan, tandis que l'aspect de *l'authenticité de la composition* gagnait en importance (voir ci-après).

Le poète doit prouver la crédibilité et la sincérité de son amour indubitable vis-à-vis de la femme courtisée (fictive et absente)[58]. Le troubadour doit donc tout mettre en œuvre dans le contenu de ses chansons pour dissiper les soupçons éventuels de sa dame (fictive) à l'égard de la réalité de son amour[59]. Je subsume l'effort qui tend à conférer une crédibilité à cet amour véridique sous le terme de *sincérité*, une notion qui revêt une importance capitale pour la relation entre le « je » du texte et la dame[60].

Je parlerai d'*authenticité* pour les paroles adressées au public. Le poète doit donner l'impression aux auditeurs que ce qu'il dit de son amour pour la dame vient du cœur. L'amour sincère pour la dame doit également paraître crédible au public. Mais c'est moins son amour pour la dame que son discours sur l'amour qui doit sembler authentique au public[61]. Je parle ici d'authenticité parce que c'est la parole (authentique)

58 Et ce, non seulement dans le but de voir ses avances récompensées, mais aussi parce que, comme sous-entendu dans de nombreuses chansons de troubadours, des concurrents jaloux l'ont discrédité auprès de la dame (*cf.* par exemple Kay, 1996) ou parce que les femmes sont, dans l'absolu, présentées comme méfiantes à l'égard de la cour qui leur est faite. C'est pourquoi la poésie d'amour, au Moyen-Âge et à l'époque moderne, thématise encore et toujours le fait que les femmes doivent mettre – et mettent – les hommes qui les courtisent à l'épreuve ; voir par exemple Guillaume IX d'Aquitaine, « *Farai chansoneta nueva* » (P./C. 183, 6), Jensen (éd.), 1993, N° VIII, str. 1, 3 *sq.* ; Sordello da Goito, Boni (éd.), 1954, v. 1083-1092 (sur la sincérité comme prérequis à la reconnaissance sociale, voir *ibid.*, v. 395-438) ; *Jaufré*, éd. Breuer, v. 7855-7863 ; *Gliglois*, éd. Livingston, (1932) 1966, v. 2798 ; « Ripollsammlung », éd. Latzke, 1975, N° 9 (p. 180 *sq.*), v. 29 *sq.* ; Eberhard von Cersne, Buschinger (éd.), 1981, v. 1655-1706 ; Castiglione, Amedeo Quondam (éd.), 2003, III 54 *sq.* et 62 *sq.* Voir aussi d'autres extraits de textes attestant du même fait chez Cingolani, 1984, notamment p. 10-14 ; Schnell, 1999, en particulier p. 154 *sq.* ; Neumann, 2005, p. 189 *sqq.* *Cf.* aussi ci-après note 143 sur André le Chapelain (femmes trompées), II 6, Trojel (éd.), 1972, p. 257 *sq.*

59 Voir par exemple Gaucelm Faidit, Mouzat (éd.), 1965, N° xiv (P./C. 167, 2), str. 3, 9-11 ; Faidit, *ibid.*, N° xv (P./C. 167, 53), str. 2, 7-9 ; Raimbaut d'Aurenga, Pattison (éd.), 1952, N° xxv (P./C. 389, 6) (*cf.* sur ce point Kasten (éd.), 1990, p. 174-179 et 288-290 ; A. Rieger, 1991, p. 400-417) ; Ulrich von Singenberg (SMS, t. 1, N° 12, ch. 5, str. 4 et 5).

60 Schnell, 1985, p. 156 *sq.* ; Schnell, 1989a, p. 91-96 ; Kay, 1990, p. 162-168 ; Schnell, 1991, p. 404-407 notamment.

61 Ainsi, lorsque le *Minnesänger* allemand Reinmar affirme que personne ne peut exprimer ses tourments amoureux mieux que lui (« *sô schône getragen* », MF 163, 9 et MF 164, 32), il renvoie davantage à la verbalisation de cette douleur (« *Verbalisierungsform dieses Leids* ») qu'à un habitus relevant du vécu ; *cf.* Hübner, 2004, p. 148. Jan-Dirk Müller, 1999, p. 390, qui voit dans le fait que Reinmar parle de ses affres amoureuses dans ses chansons mais se présente comme joyeux lorsqu'il les interprète en public une auto-contradiction performative (« *performative[r] Selbstwiderspruch* »). Il note que ce qui est dit n'est pas ce que l'on peut voir, que les paroles et ce qui est observé ne coïncident pas. (« *Was gesagt wird, ist nicht das, was man sehen kann. [...]. Gesprochenes und Gesehenes fallen auseinander* »). Bleumer, 2012, p. 68 *sqq.*, en revanche, renvoie à la fusion performative des situations (« *performative Situationsverschmelzung* ») entre « je chante » et « j'aime », *cf.* ci-avant p. 39 n. 51.

qui est mise en avant dans la communication avec les auditeurs et non l'amour (sincère)[62]. L'amour (qui vient du cœur) ne peut être soumis à vérification ; les propos sur l'amour, si. Le poète doit assurer de façon crédible à la dame qu'il l'aime, et elle seule (voir ci-avant) – c'est une question de sincérité –, alors qu'il doit seulement donner à croire au public qu'il aime – cela relève de l'authenticité.

La différence entre la sincérité (à l'égard de la dame) et l'authenticité (vis-à-vis du public) transparaît également dans le fait que le poète peut, par moments, commenter avec ironie ses efforts d'authenticité dans sa relation au public. Au contraire, se distancier ironiquement de ses protestations quant à la sincérité de son amour serait contreproductif dans sa relation à la dame[63].

La question décisive est maintenant la suivante : comment les troubadours parviennent-il à conférer à l'amour fictionnel le même statut de réalité qu'au chant en présentiel ? Qu'ils chantent, le public en fait l'expérience directe. Qu'ils aiment n'est nullement garanti. À mon sens, le fondu opéré, et constaté à maintes reprises par la recherche sur la poésie courtoise, entre la thématique de l'amour et celle du chant dans les chansons courtoises vise à conférer aussi à l'amour une réalité dans le présent. Quand les troubadours affirment à maintes reprises chanter parce qu'ils aiment, ou encore chanter à la perfection parce que leur dame est parfaite, cela équivaut à une ruse argumentative. En entrelaçant amour et chant, ils sont à même d'étayer la crédibilité de l'amour (fictif) selon le principe suivant : le chant est inscrit dans le présent de l'énonciation et est réel, *la cause* (supposée) *du chant*, à savoir l'amour pour la dame, doit donc elle aussi être réelle.

Dans sa relation au public, le troubadour doit prendre en compte un autre aspect communicationnel : il n'agit pas uniquement en tant qu'amoureux mais aussi en tant qu'auteur/poète. Or, en tant qu'artiste et poète, le troubadour n'est pas le représentant de la société. Au contraire, il se présente aux auditeurs comme un expert d'exception. Le public peut, par le biais de l'imagination, prendre part à son amour, mais il ne peut contribuer ni à la composition des vers, ni au chant. Si l'on considère

62 Knaller, 2007, emploie ce terme différemment. « Authenticité » renvoie chez elle aux caractéristiques stylistiques d'un poète qui permet d'attribuer un texte à un auteur.

63 Le fait que les protestations de sincérité à l'adresse de la dame (fictive) soient beaucoup moins émaillées de demi-teintes ironiques que les déclarations d'authenticité vis-à-vis du public me semble inviter au scepticisme à l'égard de la thèse de Bleumer d'une fusion des situations (« *Situationsverschmelzung* ») du soupirant et du troubadour lors de la performance d'une chanson ; voir p. 39 n. 51 et p. 41 n. 61.

(la mise en scène de) son art d'aimer, le troubadour est à l'unisson de l'amour idéal esquissé par la société. La thématique de l'amour et l'énoncé « j'aime » créent un lien avec l'imagination du public. Le chant et l'énoncé « je chante » ne le peuvent pas. Ils requièrent d'autres compétences. Le troubadour ne se présente donc pas seulement au public (qu'il cherche à toucher) comme un soupirant transi d'amour, il apparaît aussi en tant que poète hors pair (voir ci-après chapitre x). Commanditaires, mécènes et destinataires ne le récompensent pas pour son amour, mais pour son art[64].

Ce n'est donc pas « LE » concept d'amour courtois en tant que tel qui semble être régi par un paradoxe. Il apparaît plutôt que les éléments paradoxaux se manifestent seulement lors de la performance. En effet, une double fonctionnalisation présidait à l'interprétation de la chanson par le ménestrel en raison de la double adresse de cette dernière : celle à la dame et celle au public. Il convenait d'éveiller une impression de sincérité dans le discours destiné à la dame ; quant aux auditeurs, ils devaient être assurés et de l'authenticité, et de la représentativité de cet amour. Mise en perspective personnelle et subjective de l'amour d'une part, et représentation d'un idéal d'amour vrai imaginé par une société d'autre part formaient un tandem étrangement contradictoire : à destination de la dame, l'expression des tourments amoureux du « je » ; à destination du public, une prestation qui se voulait plaisante[65].

Procurer de la joie à la société courtoise faisait en effet également partie des attributions des chansons courtoises[66]. Cet horizon d'attente de la part des auditeurs impliquait qu'à la thématique joie/douleur exprimée dans le texte se superpose une ambiance joyeuse extérieure au texte au moment de la performance. Je parlerais donc d'un double paradoxe *performatif*, c'est-à-dire d'une contradiction qui ne s'exprime qu'avec et lors de la performance. La douleur thématisée dans la chanson doit être source de joie lors de la performance (a)[67] ; joie qui naît potentiellement de la perfection esthétique de l'énoncé. La façon d'aimer exposée dans la chanson – à grand renfort de protestation de sincérité – doit paraître vraie et est, dans le même temps, soumise à un système social de valeurs

64 *Cf.* par exemple Raimon de Miraval, « S'a dreg for chantars grazitz », Topsfield (éd.), 1971, N° X (P./C. 406, 37 : un sirventès, p. 124-126), str. 1, 1 *sq.*

65 *Cf.* Heinrich von Morungen (MF 123, 37 : « »sanc ist âne vreude kranc« – ein Lied ohne Freude taugt wenig »).

66 *Cf.* ci-avant p. 36 n. 38 sur la description d'une situation de performance.

67 Pour Jan-Dirk Müller, 1999, cette contradiction d'ordre performatif s'exprime dans les chansons du *Minnesänger* Reinmar en ce que celui-ci essaie de dissimuler sa douleur amoureuse intérieure et de paraître de bonne humeur tout en thématisant constamment cette douleur.

établi par des tiers (b). Je vois dans cette double fonction de la chanson, à la fois expression authentique et miroir qu'une société se tend à elle-même, un paradoxe performatif. Ce paradoxe recouvre les différentes acceptions du paradoxe amoureux (désirer la réalisation de l'amour mais préférer jouir d'un désir non réalisé ; renoncer à la réalisation de l'amour afin de préserver l'idéalité de la dame ; aimer celle qui nous hait ; etc.).

Ces vingt dernières années, l'étude des chansons d'amour courtois comme œuvres destinées à la scène aurait dû conduire à corriger la thèse du paradoxe amoureux. La question de la *psyché du troubadour* aurait dû céder place à la question de la *fonction remplie par les chansons d'amour courtois*[68]. Pourtant, et malgré la discussion scientifique sur le rituel, les actes para-rituels, la représentativité, la performance publique et le caractère de divertissement inhérents à la poésie courtoise – et en parallèle à cette discussion –, le vieux modèle explicatif du paradoxe amoureux avec son approche biographique et centrée sur le vécu des auteurs continue à s'affirmer jusqu'à aujourd'hui dans la recherche sur la poésie courtoise au sein de la médiévistique. L'idée selon laquelle les troubadours auraient renoncé à l'accomplissement de l'amour afin de jouir de leur désir ou dans le but de se distinguer personnellement, ou encore parce qu'ils étaient éperdument amoureux d'une belle dame d'un rang social plus élevé, a la peau dure. Ainsi, on considérait et considère encore que la composition poétique et l'amour exprimé étaient et sont, au fond, motivés par un état d'âme personnel et subjectif du troubadour[69].

Cependant, les deux positions sont difficilement conciliables : soit l'on considère que la représentation des chansons devant un public remplissait une fonction sociale en tant que distraction ou comme manifestation d'une exclusivité culturelle, soit l'on souscrit à la thèse d'un paradoxe amoureux qui prête à chaque troubadour des états émotionnels subjectifs et personnels[70].

68 La tentative d'Erich Köhler de mettre en relation ces deux questions a perdu de son attrait en raison de faits socio-historiques qui contredisent sa thèse.

69 On notera que Paden, 2002b, alors même qu'il récuse la thèse selon laquelle les troubadours auraient courtisé des femmes mariées, fait toutefois encore allégeance à une conception centrée sur les (prétendus) états d'âmes des troubadours. En effet, la rareté du motif de l'adultère dans la poésie des troubadours l'amène à exclure que les poètes aient aimé des femmes mariées. À l'inverse, Angelica Rieger, 2000, p. 51, déduit des allusions sexuelles qui émaillent les textes des troubadours que ces derniers avaient une vie amoureuse tout à fait active et épanouie (« *durchaus aktives und erfülltes Liebesleben* »). Se démarquant du courant dominant au sein de la recherche sur les troubadours, elle est d'avis qu'amour charnel et épanouissement sexuel s'intègrent tout naturellement au sein de la *fin'amor* parfaite (« *körperliche Liebe und sexuelle Erfüllung [fügen sich] ganz selbstverständlich ins Bild von der vollkommenen* fin'amor »).

70 Les tentatives pour mettre en relation états d'âme psychiques des troubadours et contexte socio-psychologique/socio-historique n'ont certes pas manqué. Les troubadours

Résumons le résultat de cette ébauche de réflexion : on aurait été en droit d'attendre, après que la recherche s'est, à compter des années 1970/1980, davantage penchée sur les aspects relatifs à la performance et donc sur la question du public, que les connaissances acquises par le biais de cette nouvelle approche amènent à reconsidérer la question du paradoxe amoureux. Or – et cela vaut notamment pour la médiévistique portant sur la littérature romane –, une telle réflexion n'en est, aujourd'hui encore, qu'à ses balbutiements[71].

Si l'on s'accorde pour dire que le *chant* portant sur l'amour acquiert en situation de déclamation davantage de présence que l'*amour* lui-même, et que ce chant – et non l'amour – a fonction de divertissement, on ne devrait pas prêter trop d'importance à un motif isolé comme par exemple celui exprimé par Reinmar dans la strophe citée précédemment (MF 165, 37), à savoir, l'idée de renoncer à l'union sexuelle afin de ne pas nuire au prestige de la dame. Le ton dominant de la poésie courtoise classique est l'espoir : l'espoir que, après une longue souffrance, et grâce aux continuelles protestations d'amour et à une soumission totale à la volonté de la dame, la réalisation de l'amour soit possible. Renoncer à cet espoir aurait, comme nous le verrons, ôté aux chansons d'amour courtois leur crédibilité. Si les auditeurs avaient pris pour argent comptant les dires de Reinmar quand il parlait de renoncer à l'accomplissement de l'amour afin de préserver l'idéalité de sa dame, s'ils n'y avaient pas vu une « trouvaille » spirituelle, ils n'auraient plus accordé de crédit aux autres chansons du poète. C'est pourquoi Reinmar ne pouvait se permettre un tel témoignage d'altruisme dans une autre chanson[72]. Les paroles des troubadours auraient perdu leur attrait si elles n'avaient pas laissé entrevoir l'accomplissement de l'amour comme possible[73]. S'ajoute

---

et *Minnesänger* sont alors considérés comme les hérauts ou plus exactement les indicateurs d'une crise sociale ; *cf.* Urban, 1985 ; Kühnel, 1986, p. 268 ; Ulrich Müller, 1986 ; pour une analyse critique de cette thèse, voir Schnell, 1991. Voir aussi ci-avant la note de bas de page 12 sur Erich Köhler. Il convient au demeurant de remarquer que les dires des troubadours faisant état d'émotions se différencient peu des discours de l'époque sur les affects (espoir/peur, témérité/lâcheté, haine/amour, joie/douleur). Je travaille à une autre étude sur ce sujet.

71 La prise en compte de l'aspect performatif de la poésie courtoise, c'est-à-dire l'intégration de cet aspect dans l'étude des pratiques courtoises de divertissement, aurait aussi dû amener à prendre congé de certaines thèses scientifiques, comme par exemple celle de l'affinité entre la poésie courtoise et la vénération de la Vierge, l'amour divin ou encore la mystique.

72 Voir ci-avant p. 27 *sq.*

73 Il est possible que les *Frauenlieder* du *Minnesang* allemand aient eu pour fonction de préserver l'illusion d'un accomplissement (fictif) de l'amour. Le fait qu'un auteur comme Reinmar,

à cela, dans le cas de la strophe MF 165, 37, que les contextes argumentatifs dans lesquels elle est envisagée diffèrent selon les retranscriptions du texte[74]. Ceci implique que, selon le moment de la chanson où l'on place la « trouvaille » de Reinmar, l'importance à lui accorder varie. L'effet performatif de la strophe de Reinmar pouvait donc évoluer d'une représentation à l'autre, car nous savons que les troubadours médiévaux interprétaient différentes versions de leurs chansons.

D'une manière générale, on peut toutefois dire que si l'espoir de voir l'amour s'accomplir est exprimé à maintes reprises dans la poésie courtoise médiévale, le renoncement à un tel accomplissement de l'amour formulé dans une seule et unique chanson ne saurait avoir valeur programmatique. L'attrait de l'aspect sexuel, que l'on constate du moins dans la poésie courtoise en langue romane, appuie cette thèse[75]. Mais un rapide regard par-delà les chansons d'amour suffit déjà à relativiser la thèse d'un inaccomplissement de « L' » amour courtois.

qui a célébré comme nul autre l'échec de sa cour auprès de la dame, ait justement composé nombre de *Frauenlieder* dans lesquels il donne à entendre les aspirations d'une femme à la proximité intime avec l'homme aimé (MF 178, 1 ; 186, 19 ; 192, 25 ; deux chansons présupposent d'ailleurs que l'amour a été accompli : MF 195, 37 et 203, 10), étaye cette hypothèse. Certaines de ces figures de femmes sont confrontées à un dilemme : désirer l'homme, mais préférer renoncer à l'accomplissement de l'amour de crainte de perdre leur honneur (* êre*). Les *Frauenlieder* complètent et confirment ainsi le paradoxe amoureux inhérent à la cour menée par l'homme (Reinmar) : l'accomplissement de l'amour engendrerait pour la dame une perte de prestige. Sur la question des *Frauenlieder*, voir Schnell, 1999.

74 Dans le manuscrit de Würzburg (E), cette strophe est l'avant-dernière de six ; dans les autres manuscrits (A, B, C), elle est la quatrième de quatre strophes. Toutefois, dans ms. A, elle fait suite à une autre strophe que dans ms. B ou dans ms. C.

75 Voir ci-après p. 101 n. 75 sur les chansons obscènes de la poésie courtoise en langue romane.

PARADOXE AMOUREUX ET GENRE LITTÉRAIRE

On ne saurait affirmer – faute de preuves d'ordre socio-psychologique suffisantes – que le non-accomplissement de l'amour, soi-disant substantiel de la poésie courtoise, résulte de la réalité affective et sociale des troubadours. Il a été établi au chapitre précédent qu'il est peu probable que ce non-accomplissement soit un élément constitutif du *concept* courtois de l'amour. Ce concept n'exclut pas *per se* l'accomplissement de l'amour. Toutefois, il faut bien admettre que le corpus textuel concerné se prête de toute évidence à différentes interprétations. On ne peut comprendre autrement que certains experts aient expliqué que l'amour courtois, ou du moins l'amour dans la poésie courtoise, soit synonyme de non-accomplissement de l'amour, tandis que d'autres ont affirmé l'inverse[1]. Dans la recherche sur la poésie courtoise, la thèse selon laquelle l'amour tel qu'il est exprimé dans les chansons, la *fin'amor*, serait par principe inaccompli, et même irréalisable, a cours jusqu'à aujourd'hui[2]. La discussion sur le non-accomplissement ou plutôt sur l'impossibilité de l'accomplissement de l'amour courtois gagnerait, à mon avis, en pertinence si elle tenait, elle aussi, compte des nouveaux horizons ouverts par une phase plus tardive de la recherche. Je fais ici référence à la théorie des genres littéraires, qui connaît un certain succès depuis les années 1970/1980[3]. Une fois établi que les chansons d'amour ne peuvent, par définition, en raison du cadre établi par le genre littéraire dont elles relèvent, se focaliser que sur une phase bien précise de la relation amoureuse[4], il paraît illogique de déduire d'un concept de l'amour obligatoirement restreint par ce cadre

---

1 Liebertz-Grün, 1977, p. 146 note 146, a établi la liste des tenants de et des opposants à cette thèse (jusqu'en 1976). Liebertz-Grün, *ibid.*, p. 25 et 27, est d'avis que les troubadours n'avaient pas élevé le renoncement à l'accomplissement sexuel au rang de principe (« *Verzicht auf die sexuelle Erfüllung [...] nicht zum Prinzip erhoben* », p. 27). Voir aussi Schnell, 1979, p. 27-29 ; Schnell, 1985, p. 95-97.

2 *Cf.* ci-avant p. 11-21.

3 Voir par exemple D. Rieger, 1976 ; D. Rieger, 1983a ; Schnell, 1985, p. 128-132, 136 *et passim* ; Ringger, 1987 ; Paden, 2000 ; Klein (éd.), 2010, p. 469.

4 Warning, 1979, p. 121, met déjà cet aspect en avant.

un principe conceptionnel général de l'amour – à savoir que l'amour courtois ne peut pas, *per se*, s'accomplir. Mais il me semble encore plus aberrant – au regard des limites posées par le genre littéraire à l'angle de vue exprimé dans les chansons d'amour – de vouloir en inférer un principe portant sur le vécu des troubadours (leur amour n'aurait pas connu l'accomplissement)[5]. Les tentatives pour corréler « LE » concept de l'amour des chansons d'amour avec l'état psychique des troubadours font volontiers fi de ce que la poésie des troubadours ne se limite pas aux chansons d'amour, mais englobe un grand nombre de genres littéraires. Les chansons d'amour (40 %) ne constituent pas même la moitié de la poésie des troubadours. En deuxième position viennent les sirventès (20 %), sorte de satire politique ou morale. La cobla, strophe isolée pouvant traiter de divers sujets (qui fait son apparition autour de 1190 chez Folquet de Marseille et qui a peu à peu remplacé la chanson), représente également 20 % de la poésie des troubadours. La diversité des thèmes et genres littéraires plaide en faveur d'un certain spectre des positions conceptionnelles. La chanson ne peut donc pas permettre à elle-seule d'appréhender les (prétendus) états d'âmes psychiques des troubadours.

Enfin, il convient de prendre en compte l'aspect des (sujets) tabous[6]. La chanson, qui ne présente qu'une phase dans l'histoire d'un amour et ne propose qui plus est qu'une unique perspective subjective sur cet amour, ne peut pas, en vertu des codes relatifs au genre littéraire, chanter l'amour accompli, ou tout au plus de façon allusive. Le fait que d'autres genres littéraires, avec une structure temporelle différente, et qui se focalisent sur d'autres phases de la relation amoureuse, parlent et même dépeignent un amour accompli alors qu'ils étaient interprétés devant le même public que les chansons d'amour, met bien en avant la position à part des chansons d'amour. Le genre de l'alba (voir chapitre V) et le genre du partimen (voir chapitre VI) offrent des exemples d'accomplissement de l'amour, prouvant ainsi que celui-ci n'était aucunement banni de

5 Pour D. Rieger, 1983a, p. 238 *sq.*, il est pourtant établi que la vie et l'amour des troubadours sont identiques (« *Trobadoreskes Leben und Lieben sind identisch.* ») Pour lui, nul doute sur le fait que les troubadours faisaient la cour à une femme mariée dont le rang social plus élevé (« *höhere soziale Stellung* ») conditionnait l'absence d'accomplissement de l'amour. D. Rieger, 1983b, p. 194, est convaincu de ce que le paradoxe amoureux déterminait l'existence de l'amant courtois.

6 Par exemple, le fait de parler de plaisir sexuel à la première personne. *Cf.*, entre autres, Liebertz-Grün, 1977, p. 28 (selon elle, le fait qu'il soit souvent question d'amour inaccompli dans les chansons d'amour s'expliquerait tout simplement par des règles prônant une certaine décence dans le jeu social du service d'amour : « [*lässt sich*] *zwanglos aus gewissen Schicklichkeitsregeln des Gesellschaftsspiels ›Frauendienst‹ erklären* »).

l'horizon des troubadours et que ces derniers étaient bien loin d'y renoncer[7]. Toutefois, cet accomplissement de l'amour devait respecter certaines contraintes afin de répondre aux exigences dites courtoises (p. 67-102).

7 Toutefois certains romanistes ont tenté d'accaparer l'alba pour la thèse du non-accomplissement de l'amour. Voir ci-après p. 61 n. 1.

ACCOMPLISSEMENT DE L'AMOUR, MORT DE L'AMOUR ?

Par-delà la question du paradoxe amoureux, il s'agit de se demander quelles conséquences sur la relation amoureuse les auteurs médiévaux attribuent à la (première) union sexuelle.

Dans l'histoire du discours sur le désir humain, on décèle la conception selon laquelle désirer un objet implique la non-possession de cet objet et, qu'à l'inverse, la possession dudit objet engendre la fin du désir. Il s'agira toutefois de débattre de la validité de cette conception pour « L' » amour des troubadours. Le but des chapitres suivants est de placer dans un horizon discursif plus vaste la discussion sur le paradoxe amoureux telle qu'on l'observe au sein de la médiévistique, en posant la question suivante : quelles sont conséquences de la (première) union sexuelle entre deux amants pour leur relation amoureuse ?

De l'antiquité jusqu'à l'époque moderne, on rencontre l'idée que l'accomplissement du désir amoureux met fin audit désir. Toutefois, les exemples attestant d'une telle conception sont disséminés dans des discours fondamentalement différents[1].

Ainsi, philosophes et théologiens, par exemple, ont soutenu la thèse qu'un amant ne pouvait désirer que ce qu'il n'avait pas (encore). Platon, dans *Le Banquet*, relate une conversation entre Socrate et Agathon[2], dans laquelle Socrate amène Agathon à confirmer la thèse suivante : un amant désire nécessairement (et uniquement) ce qu'il ne possède pas encore. Pour Augustin, le désir naît d'un manque[3] ; que l'objet aimé soit toujours à portée de main et le désir s'amenuise[4]. Thomas d'Aquin[5] considère également que seul ce qui est absent suscite le désir et paraît agréable (« *delectabile* »). Gilles de Rome reprend cette thèse

1 Monson, 2002b, p. 508 *sq.*, ne catégorise pas les quatre attestations qu'il cite (Platon, Thomas d'Aquin, André le Chapelain et Peirol).
2 Platon, *Le Banquet* (200 a-b).
3 Augustin, *De Trinitate*, X 19.
4 Voir aussi Augustin sur le fait de retarder le mariage ; *cf.* ci-après p. 115 n. 18.
5 Thomas d'Aquin, 1962, Ia IIae. 30, 2.

dans son miroir des princes (vers 1280/1290)[6] quand il écrit que tout ce qui est absent, tout ce qui est interdit, tout ce qui nous fait défaut nourrit le désir, la *concupiscentia*.

Dans le premier de ses *Dialoghi d'amore* (1535), qui rencontrèrent un large succès au XVIe siècle, Léon l'Hébreu (vers 1460 – vers 1523) aborde la question de savoir si aimer (« *amare* ») et désirer (« *desiderare* ») sont la même chose[7]. Le personnage féminin (Sophia) pense que non et affirme que l'on ne désire que ce que l'on n'a pas, ce que l'on ne possède pas ; tandis que l'on ne peut aimer que ce que l'on possède. Elle illustre ses dires en prenant l'exemple de la santé : celui qui est malade désire être en bonne santé ; mais qu'il soit en bonne santé et il ne désire alors plus cet état, il l'aime. Sophia insiste à plusieurs reprises sur cette position : nous aimons ce que nous avons et possédons ; ce que nous n'avons pas, ce que nous ne possédons pas, nous le désirons[8]. Pour Sophia, à l'instant où l'on obtient (« *ottenuta* ») une chose désirée (« *cosa desiderata* »), c'est-à-dire dont on ne disposait pas, le désir cèderait la place à l'amour (« *l'amore viene e manca il desiderio* »)[9]. Le personnage masculin (Filone) est au contraire persuadé qu'amour et désir sont inséparables. Il s'appuie sur des expériences quotidiennes. Selon lui, il faudrait bien convenir de ce que l'on aime autant que l'on désire certaines choses avant de les posséder ; mais qu'ensuite, une fois qu'on les possède, le désir et, plus souvent encore, l'amour pour ces choses disparaissent. Il enjoint donc Sophia à admettre qu'amour et désir ne vont pas l'un sans l'autre[10].

Dans ce débat, trois aspects nous intéressent ici : a. le désir est rattaché à la non-possession d'une chose ; b. désir et amour sont assimilés l'un à l'autre ; c. une position contraire se fait entendre qui sépare désir et amour et, ce faisant, relie le désir à la non-possession et l'amour à la

6 Gilles de Rome, 1607, II 1, 22 (p. 282).

7 Léon l'Hébreu, Giovannozzi (éd.), 2008, p. 7-57 ; Léon l'Hébreu, Bacich/Pescatori (trad.), 2009, p. 25-71.

8 Léon l'Hébreu, Giovannozzi (éd.), 2008, p. 7 (« le cose [...] quelle che aviamo e possediamo, l'amiamo, e quelle che ci mancano, le desideriamo »).

9 Léon l'Hébreu, *ibid.*

10 Léon l'Hébreu, *ibid.*, p. 9 (« Bisogna adunque, per questa ragione, tu conceda che tal cose s'amano innanzi che si posseghino e, similmente, quando si desiderano ; ma perche, dipoi che interamente si son possedute, manca il desiderio, manca ancor il più de le volte l'amore di quelle. E per questo concederai che l'amor e'l desiderio possono stare insieme »). On trouve une idée très similaire dans le roman L'Astrée (début XVIIe siècle) d'Honoré d'Urfé, 1966, II 9, p. 386 : « Désire-t-on ce que l'on possède ? Tu diras que non, puisque le désir n'est que de ce qui défaut. Mais si l'amour, comme tu dis, n'est qu'un désir, ne vois-tu pas que posséder ce que l'on désire, c'est faire mourir l'amour, puis que personne ne désire ce qu'elle possède ? »

possession. Cette dernière position est bien loin de la conception attribuée aux troubadours selon laquelle 'posséder' la dame mettrait un terme à l'amour. La première position au contraire, qui ne conçoit pas amour et désir indépendamment l'un de l'autre aiderait peut-être à expliquer pourquoi les troubadours reculaient devant la 'possession' de la dame.

Dans un autre dialogue d'amour humaniste du XVIe siècle, chez Tullia d'Aragon (1547) cette fois, un amour sexuel animal est opposé – de manière néo-platonicienne également, mais dans une formulation plus stricte – à un amour intellectuel et psychique[11]. Cependant, on retrouve chez Tullia d'Aragon, l'idée déjà présente, entre autres, chez Platon, Thomas d'Aquin et Léon l'Hébreu, que l'on ne désire que ce que l'on ne possède pas[12]. Comme tant d'autres auteurs de la Renaissance, Tullia d'Aragon différencie ensuite dans son *Dialogo della infinitá di amore* un amour vulgaire, déshonorant, charnel, qui cesserait une fois comblé[13] d'un amour parfait entre un homme et une femme, amour respectable, basé sur la raison et qui durerait éternellement[14]. L'amour déshonorant serait propre au bas peuple (« *uomini volgari e plebei* ») qui se caractériserait par une forme de vilénie d'esprit. Leur désir serait uniquement suscité par l'envie de posséder l'objet convoité (« *è generato dal disiderio di goder la cosa amata* »). Tels des animaux sauvages, des pulsions les pousseraient à l'accouplement. Dès que leur désir (« *volontá sua* ») serait assouvi, ces pulsions (« *questo disiderio* ») se dissiperaient et ils n'aimeraient plus (« *e non ama piú* »)[15]. Au contraire, les personnes aux sentiments nobles (« *animo nobilissimo* » ; « *animo gentile e virtuoso* ») laisseraient la raison présider à leur amour. On serait tenté de transposer

11 Tullia d'Aragon, [1547], Zonta (éd.), 1980, p. 222. Voir aussi Tullia d'Aragon, Russell/ Merry (trad. et éd.), 1997, p. 90 (*ibid.* notes de bas de page 55 et 57 ainsi que p. 35, Russell/Merry mettent en avant le fait que Tullia aurait emprunté son concept de l'amour à Léon l'Hébreu).

12 Tullia d'Aragon, Zonta (éd.), 1980, p. 239 (« percioché niuno desidera se non quello che egli non ha e vorrebbe avere »).

13 Toutefois, il est aussi dit dans le dialogue de Tullia, Zonta (éd.), 1980, p. 234 que l'expérience montre que l'acte charnel n'implique pas toujours la mort de l'amour, mais que dans certains cas cet amour gagne en force (Zonta (éd.), 1980, p. 234 *sq.* : « *[...] per esperienza che molti, ottenuto il desiderio loro, accrescono lo amore ed amano più ferventemente che prima non facevano* »). Voir ci-après p. 64 n. 15 sur Guido delle Colonne.

14 Il faut toutefois noter que la philosophie de l'amour néo-platonicienne ne condamne pas le désir charnel quand il est intégré dans un bon amour intellectuel. Ainsi, le médecin, philosophe et poète portugais Léon l'Hébreu (vers 1460-1523) cité précédemment, ne dénigrait nullement l'amour sexuel mais attribuait également à l'amour accompli une aspiration à une fusion charnelle totale avec la personne aimée ; voir aussi Parker, 1985, chap. I ; Tullia d'Aragon, Russell/Merry (trad. et éd.), 1997, p. 90 note 57.

15 Amour et désir sont intimement liés ici.

cette confrontation entre amour vulgaire et amour élitaire à la poésie des troubadours : ici comme là, on assiste à une prise de position contre un désir purement charnel ; ici comme là domine l'idée que l'union sexuelle met fin à un amour empreint de sensualité. Ici comme là, on célèbre l'habitus d'un amour contrôlé, civilisé. Cependant, le parallèle entre le discours amoureux platonicien de la Renaissance et la poésie courtoise médiévale ne convainc pas complètement, notamment parce que – comme nous le verrons – la poésie courtoise médiévale ne considère pas le désir sexuel avec autant de méfiance que les traités d'obédience platonicienne des XVe et XVIe siècles. À la conversation principalement doctrinaire du dialogue d'amour platonicien fait face, dans la poésie courtoise médiévale, le dialogue ludique entre des prises de position opposées. Chez Tullia d'Aragon, l'interlocuteur (Varchi) se range à l'opinion de Tullia. Ainsi, et malgré la pluralité épistémique de nombre de dialogues de la Renaissance souvent mise en avant par la recherche, il n'y a place dans ce texte que pour une seule et unique vérité. La culture courtoise médiévale semble avoir laissé davantage d'espace public et officiel à des prises de position *contraires*. Dans la poésie courtoise en langue romane en tout cas, on observe une culture du débat étonnement libre.

Certains textes de sciences naturelles attestent également de cette idée que l'assouvissement du désir engendre la fin du désir. On comprend mieux encore une idée comme celle de l'animalité de l'amour charnel formulée par Tullia par exemple, quand on prend en considération des thèses venues de la philosophie de la nature. Ces dernières partent en effet de l'observation que les *animalia* (êtres vivants) deviendraient muets *post coitum*. Cela signifie que l'acte sexuel modifierait le comportement des animaux et des humains de sorte que l'intérêt pour le partenaire sexuel diminuerait[16].

Il semblerait que l'on trouve un écho à cette conception dans l'un des poèmes des *Carmina Burana* : « Après le commerce caressant de Vénus ("*Post blanda Veneris commercia*") / la substance cérébrale est fatiguée ; / et les yeux, qui nagent dans le vaisseau des paupières, / se brouillent d'une manière bien particulière. / Ah ! comme il est bon / de passer de l'amour au sommeil, / mais combien plus délicieux / de revenir à l'amour[17] ! ».

---

16 Glenn, 1982 ; Montero Cartelle, 2001. Fichtner, 2002. Voir aussi chez le (Pseudo-)Aristote le passage *Problemata physica*, XXX 1, 1975 (« *Post coitum omne animal triste, praeter gallum, qui cantat* ») ; Pline, König (éd.), 1986, X 83, 171 (l'être humain ressentirait une forme de repentir après le premier coït car il pressentirait que la vie engendrée est à plaindre).

17 E. Wolff (éd. et trad.), 1995, CB 62, 5, p. 162. Voir aussi A. Micha/F. Joukosky/P. Bühler (éd.), 2003, p. 51.

Quelques poèmes d'amour médiévaux, des pastourelles notamment, présentent une situation amoureuse déterminée par le désir sexuel de l'homme et qui cesse avec le coït[18]. La femme désirée est dégradée au rang de simple objet sexuel. Tel est par exemple le cas dans un poème de Serlon de Wilton (mort en 1181)[19] : seule la jeune femme qu'il n'a pas encore touchée lui plaît, mais dès le premier coït, elle ne l'attire plus (« *Spe tantum primi coitus amo* », v. 8 *sq.*). Plus que celle qu'il a déjà 'eue' (possédée), l'attirerait celle qu'il n'a pas encore 'eue' (« *plus habita semper habenda placet* », v. 16). Les troubadours se retrouvaient-ils dans une telle conception ? Renonçaient-ils à l'accomplissement de l'amour pour cette raison ? Même la position d'un « je » textuel des *Carmina Burana*, qui se distancie explicitement de l'idée que l'union sexuelle met fin à l'amour, aurait alors été 'plus avancée'. « Quand la déesse, après avoir frappé les cœurs, / a assouvi la fureur du désir, / l'idée d'un revenez-y ne suscite / chez les autres hommes que dégoût ("*fastidium*") ; / mon attitude au contraire doit m'être un titre de gloire / et me valoir de grandes prévenances ("*obsequium*")[20] ».

Dans la littérature d'amour courtoise française, on trouve déjà l'idée que le désir cesse suite à l'union sexuelle. Mais il s'agit là d'une indication destinée à distinguer les faux amants des vrais.

Dans son *Roman de la rose*, Jean de Meun (vers 1270) fait intervenir Raison sous la forme d'un personnage[21]. À la demande de l'amant, elle donne une définition de l'amour en commençant par le mauvais amour, celui qui ne recherche que le plaisir de la chair. Cet amour découlerait de l'envie de deux personnes de sexe opposé de se prendre dans leurs bras, de s'embrasser et de se satisfaire charnellement (« *Pour acoler e pour baisier. / Pour euls charnelment aaisier* », 4379 *sq.*). L'amant ne souhaiterait rien d'autre, il brûlerait de voir tout cela s'accomplir et d'y trouver son plaisir. Il ne serait pas intéressé par le fruit (la descendance), seul le plaisir lui importerait (« *Au deliter sanz plus s'esforce* », 4384). Il y aurait des hommes qui se feraient passer pour des amants parfaits mais qui

---

18 Zink, 1972 ; Warning, 1992 ; Wolfzettel, 1992 ; Sichert, 2001. Voir aussi les *Comediae* du XIIe siècle en latin médiéval qui laissent transparaître l'esprit de l'*Ars amatoria* d'Ovide, *Commedie latine del* XII *e* XIII *secolo*.

19 Serlon de Wilton, Öberg (éd.), 1965, N° 20. Cette chanson rappelle les dires d'Ovide dans *Amores* (II 19, 52), quand il affirme qu'accorder l'amour met un terme à l'amour (« *At mihi concessi finis amoris erit* »).

20 É. Wolff (éd. et trad.), 1995, N° 60, *versiculus* 26, p. 155-156. Cette chanson appartient au groupe des chansons plus anciennes qui datent du XIIe siècle.

21 Guillaume de Lorris et Jean de Meun, Arman Strubel (éd. et trad.), 2004, p. 260, v. 4379-4393 et p. 270, v. 4586-4600.

dédaigneraient d'aimer par amour. Ils tromperaient la femme convoitée, lui mentant jusqu'à ce qu'ils obtiennent ce qu'ils désirent (« *Tant qu'il ont leur delit eü* », 4393). À cette « *fole amour* » (4589), Raison oppose plus tard la vraie et « *bone amour* » (4593). L'union sexuelle ne serait pas étrangère à cet amour, mais sous une forme dépourvue de convoitise ou de concupiscence, une forme courtoise et de bonne nature (« *come courtois et debonnaire* », 4588). Cet amour devrait venir d'un cœur noble (« *de fin cueur naistre* », 4593). La différenciation entre ces deux formes d'amour chez Jean de Meun ne s'effectue pas sur des critères uniquement courtois – le lien théologico-moral entre l'union sexuelle et la procréation y joue également un rôle –, mais un parallèle avec d'autres jugements sur l'amour s'opère en ce que le comportement d'un homme dont l'amour s'éteint avec l'assouvissement du désir sexuel est clairement condamné.

Dans le remaniement du *Roman de la Rose* opéré par Gui de Mori (1290), on trouve des vers supplémentaires qui soulignent que l'amour qui prend fin avec l'accomplissement n'est pas vrai. Seuls les mauvais amants cesseraient d'aimer après avoir assouvi leur désir[22] : [*Traduction*] « Ce plaisir ne devrait jamais rassasier celui qui reçoit la jouissance [sexuelle], ni engendrer un émoussement du désir. Au contraire, plus la jouissance est grande et plus il désire, plus il aimera ("*Mais com plus joira plus sera / Desirans et miex amera*"), et plus il sera enclin à servir afin d'obtenir cette récompense ».

Certaines chansons de trouvères enjoignent les dames à ne pas succomber aux avances de faux amants qui ne recherchent que le plaisir sexuel et quittent leur maîtresse dès qu'ils ont obtenu ce qu'ils désiraient[23].

Drouart la Vache (1290), dans son traité d'amour en ancien français, une traduction du *De amore* d'André le Chapelain, reprend presque mot pour mot le passage de son modèle latin portant sur cet aspect[24]. Il y dit que les dames doivent faire attention à ne pas se laisser berner par leurs amants, que certains ne seraient absolument pas amoureux mais ne rechercheraient que le plaisir sexuel et voudraient pouvoir se vanter. Leur élocution serait particulièrement courtoise, ils promettraient toutes sortes de cadeaux, mais dès qu'ils seraient parvenus à leurs fins, ils se

22 Cité chez Huot, 1993, p. 94.

23 Voir par exemple Robert de Castel, « *Nus fins amans ne se doit esmaier* » (Raynaud, 1884, N° 1277), Melander (éd.), 1930/31, N° VI (p. 37 *sq.*), str. 3, 8 *sq.* : « *Car quand il ont conquis par bel raisnier / Tout leur voloir, lor amours est falie* ».

24 Drouart la Vache, Finoli (éd.), 1969, v. 5091-5128, p. 353 *sq.* ; sur ce passage, Dragonetti, 1969, p. 25. Sur l'ensemble du texte, voir récemment Wood, 2015. Voir aussi Karnein, 1985, p. 184-187.

détourneraient de la dame[25]. Ou, comme André le Chapelain l'écrit (vers 1180/1190) :

> Ainsi, quand une femme est courtisée elle doit, avant d'accorder son amour, s'appliquer de toutes ses forces à connaître les vertus (« *mores* ») et la sincérité (« *fidem* ») de celui qui lui fait la cour (« *postulantis* »), afin qu'elle n'ignore absolument plus rien de lui, car une fois que l'amour est consommé (« *negotium* »), il est trop tard pour rechercher le conseil d'un sage ou pour se reprendre par un tardif repentir. Une femme doit donc prendre garde de ne pas tomber dans les pièges (« *insidiis* ») d'un amant perfide (« *fallacis amatoris* ») ; nombre d'amants ne cherchent pas à être aimés, ils veulent seulement donner libre cours à leur sensualité (« *libidinem exercere* ») ou se vanter en société de leurs conquêtes, et c'est ceux-là qui, avant de recevoir d'une femme le fruit de leurs efforts, semblent, en toute bonne foi, faire toutes les promesses dans leurs tendres discours (« *in suavitate sermonis* ») et avoir des intentions pures (« *recte fide* ») dans tout ce qu'ils disent. Mais, une fois qu'ils ont obtenu le salaire de leurs peines, ils tournent casaque, la duplicité de leur cœur, dissimulée d'abord, commence à apparaître, et la malheureuse femme, naïve et trop crédule, se trouve mortellement trompée par l'industrie du fourbe (« *fallacis amatoris* »)[26].

La littérature d'amour courtoise thématise à maintes reprises la crainte des femmes qu'un admirateur prolixe ne fasse que proclamer un amour vrai alors que seule la conquête sexuelle l'intéresse et qu'il ne les délaisse après qu'elles se sont abandonnées à lui. Cette peur n'est pas non plus absente de la poésie courtoise allemande[27]. C'est pourquoi les poètes se voient dans l'obligation de protester de leur sincérité et de leur constance, afin de conférer davantage de poids à leur amour. Au regard de ce constat littéraire, il paraît difficile de croire que les troubadours aient pu insinuer être eux aussi de faux amants qui délaisseraient la dame courtisée après l'union sexuelle. Au cœur du chant des troubadours se trouvent la protestation, la plainte ainsi que l'affirmation continuelle d'un amour extraordinairement constant et sincère. Un tel amour aurait-il reposé

25 Drouart la Vache, Finoli (éd.), 1969, v. 5097-5122 : « S'aucuns dont une fame prie, / Elle doit emquerre sa vie, / Sa contenance et sa maniere, / Et connoissance doit pleniere / Avoir de lui et de ses mours, / Ainçois qu'elle l'aint par amours ; / Car, s'ele premiers s'otroioit, / Et pois a tart s'en chastioit, / Je la tenroie por musarde, / Car consaus après fait trop tarde. / Les dames dont garder se doivent / Que li amant ne les deçoivent, / Car aucon sont qui ont amie, / Et toute voie il n'aimment mie, / Ains quierent, sanz plus, acoler / Et leur luxure saouler, / Et wellent les damens anter, / Pour eulz devant la gent vanter. / Quant ce vient au commencement, / Ils parlent si courtoisement / Et promestent chiens et oisiaus, / Quant vient au tendre les roisiaus, / Mais, qant il l'ont la beste prise / Et demenee a leur devise, / Si qu'elle ne puet retorner, / Trop bien sevent le dos torner ».

26 Andreas Capellanus, Trojel (éd.), 1972, p. 257 *sq.* (II 6) cité ici dans la traduction de Claude Buridant, 1974, p. 160.

27 Schnell, 1999, p. 154 *sq.* ; voir ci-avant p. 41 n. 58.

uniquement sur la jouissance liée à l'anticipation du plaisir sexuel et se serait-il éteint avec l'accomplissement de l'amour ? En ce cas, l'amour des troubadours serait un désir d'union sexuelle qui meurt au moment où il est assouvi, et non un amour centré sur la valeur de la dame et qui perdure après l'acte charnel. La thèse du paradoxe amoureux rattache le concept amoureux des troubadours à la première interprétation[28].

Bien d'autres types de textes expriment la conception, apparemment largement répandue, selon laquelle les hommes, après qu'ils ont séduit une (jeune) femme et eu des rapports sexuels avec elle, ne ressentent plus aucun intérêt pour elle. On pourrait presque parler d'une maxime relevant du monde du vécu[29].

On peut retenir le constat suivant : on trouve dans différents types de textes et discours la conception selon laquelle l'union sexuelle marque la fin du désir et de la relation amoureuse – notamment parce que l'homme, après avoir atteint son but, perdrait tout intérêt pour la femme auparavant courtisée[30]. Dans le même temps, il apparaît – et cela vaut notamment pour le discours d'amour courtois – qu'un tel comportement est présenté comme caractéristique des amants hypocrites et faux. De plus, dans les textes théologiques et philosophiques, l'amour (terrestre) qui cesse avec le plaisir sexuel est considéré, en tant qu'amour charnel, comme un amour de second plan. Il paraît fort peu probable que les troubadours aient placé leur amour du côté des faux amants[31]. Il me

28 Je cherche résolument à éviter que mon argumentation ne dérive sur le plan de spéculations relevant du vécu des auteurs.

29 Guiraut Riquier (fin du XIIIe siècle), dans son interprétation allégorique (env. 900 vers) d'un poème de Guiraut de Calanso, illustre l'amour charnel à l'aide de l'image de cinq portes : 1. aveu du désir, 2. humble demande, 3. service d'amour en cachette, 4. baisers, 5. union sexuelle. Pour Riquier, l'amour meurt avec le coït ; *cf.* Jung, 1971, p. 144-246 ; Pirot, 1972, p. 197-261 et 563-595 (sur Guiraut de Calanso). Le roman d'amour de Johannes von Soest, Klett (éd.), 1975, Buch II, v. 661 *sqq.*, où il également question de la fin de l'amour après qu'il a été accompli, appartient à un tout autre registre.

30 Cette idée n'est pas propre au Moyen-Âge. Isabel Müller, 2014, p. 93, tente de prouver à partir des œuvres d'un poète de Valence ayant vécu au XVe siècle que la dame ne doit pas céder aux avances du « je » amoureux car cela marquerait la fin de la tension érotique (« *dezirier* ») entre elle et lui et, dans le même temps, du processus courtois de formation (« *das Ende der zwischen den beiden bestehenden erotischen Spannung* (dezirier) *und damit zugleich auch das Ende des höfischen Bildungsprozesses* »). Pelous, 1980, p. 29, cite une œuvre de l'auteur 'galant' Abbé Paul Tallemant, *Voyage de l'isle d'amour* (1663), dans laquelle ce dernier expose que l'accomplissement sexuel réduirait en cendres l'amour de l'homme pour la femme. Dans certains textes dramatiques du XVIIe siècle, les femmes repoussent l'accomplissement de l'amour car elles craignent que la passion de leurs adorateurs ne se transforme en indifférence ; Dawson, 2008, p. 175 *sq.*

31 Bernart de Ventadorn, « *Non es meravelha s'eu chan* » (P./C. 70, 31), str. 5 (où il dit que les faux amants devraient avoir des cornes qui leur pousseraient sur le front).

semble impropre de faire de l'idée de la mort de l'amour suite au coït, qui était effectivement répandue au Moyen-Âge, le concept de base de l'amour des troubadours[32]. En érigeant l'impossibilité de l'accomplissement en condition essentielle de l'amour courtois, la recherche scientifique sur la poésie courtoise a argumenté à partir d'un modèle de pensée que les troubadours cherchaient à dépasser.

32 Wapnewski, 1956, p. 456, pense que *Minnesänger* et troubadours n'auraient eu de plus grande crainte que celle de se voir exaucer.

CONTINUER DE DÉSIRER UN OBJET QUE L'ON « POSSÈDE » ?

Il s'agit de s'intéresser maintenant au point de vue opposé à celui exposé dans le chapitre précédent (l'amour meurt avec l'union charnelle).

L'idée que le désir pour l'être aimé ne cessait guère avec l'union charnelle n'était pas étrangère à la poésie courtoise, comme en témoignent albas occitanes et allemandes[1]. Le « je » masculin d'une alba occitane, par exemple, affirme qu'il n'est pas de plus grande douleur que de se séparer de sa bien-aimée : son cœur resterait toujours auprès d'elle et, s'il ne revenait pas, cela serait signe de ce qu'il serait mort – mort de languir après elle. Il promet donc de revenir, ne pouvant vivre sans sa bien-aimée[2]. Les albas allemandes dépeignent également la douleur ressentie par l'homme qui doit quitter sa bien-aimée après l'union charnelle[3].

1 La tentative de D. Rieger, 1983a, p. 334-337, de présenter l'alba comme n'étant qu'en contradiction apparente [!] (« *nur scheinbar* ») avec sa thèse d'un amour courtois inaccompli et non réalisable est particulièrement forcée. Voir aussi D. Rieger, 1980, p. 277-279 ; D. Rieger, 2011, p. 118 *sq.* (expose que l'alba aiderait à stabiliser la norme établie). Mölk, 1967, p. 429, pense que l'union amoureuse (« consommation ») relevait dans la poésie lyrique provençale uniquement de l'horizon d'attente et non du *réalisé* (« *in der provenzalischen Lyrik nur in der Erwartung* »). Rohrbach, 1986, p. 165 note 265, pense au contraire que la thèse de l'amour inaccompli ou du renoncement à son accomplissement est en contradiction totale avec les textes de l'alba (« *in allzu grosse[m] Widerspruch zu den Texten des Tageliedes* »). Huth, 1972, p. 124 note 178 l'écrivait déjà. Comme Dietmar Rieger, Monson, 2002a, s'efforce d'atténuer la différence entre l'amour inaccompli des chansons d'amour et l'amour accompli des albas en mettant en avant le phénomène de la « frustration » présent dans les deux types de chanson : ici « frustration » en raison d'un amour inaccompli, là en raison de la douleur éprouvée au moment de prendre congé de l'être aimé. Si l'on pousse la réflexion jusque dans ses dernières conséquences, cela signifierait donc que ce n'est pas l'amour inaccompli qui est responsable de la « frustration » du troubadour, mais que la « frustration » constitue *per se* le noyau de l'amour troubadouresque. Paden, 2002a, p. 499, considère la thèse de Monson selon laquelle le désir érotique serait toujours un « *frustrated desire* » d'un œil critique. Avant Monson, Saville avait déjà adopté une position similaire. Saville, 1972, p. 215-239, établit un parallèle entre chansons et albas : selon lui, les deux genres sont dominés par le « *desire* » et la « *frustration* ».

2 Gaucelm Faidit, Mouzat (éd.), 1965, N° LXVIII (P./C. 76, 23), str. 3, 2 *sq.* (« *no cre que tals dolors sia / cum qui part amic d'amia* ») et str. 5, 3 (« *que-l grans dezirs m'aucuria* »).

3 Dietmar von Eist (MF 39, 18, str. 2) ; Heinrich von Morungen (MF 143, 22, str. 4) ; Wolfram von Eschenbach, MF, 1988 (« *Von der zinnen* », str. 3 ; « *Ez ist nu tac* », str. 2 et

L'idée selon laquelle le désir entre deux amants perdurerait même après qu'ils ont connu plusieurs unions charnelles était courante dans la littérature courtoise, comme en attestent le *Tristan* de Gottfried de Strasbourg ainsi qu'un grand nombre de lais de Marie de France[4]. Dans le *Tristan* de Gottfried, la description de la première union sexuelle du couple s'achève sur ce commentaire du narrateur : l'amour a maintenant lié les deux amants l'un à l'autre [*Traduction*] « de sorte que, jusqu'à la fin de leur vie, ils ne peuvent plus se défaire de leur amour[5] ». Même après un grand nombre d'années, les deux amants aspirent encore tellement à l'union sexuelle que Tristan prend les plus grands risques pour pouvoir dormir avec Iseut malgré la surveillance continuelle des agents de Marc[6]. Les moments de séparation, durant lesquels ils ne peuvent pas assouvir leur désir l'un de l'autre, sont cause d'une grande douleur psychique[7].

On retrouve la conception selon laquelle l'union amoureuse *ne* signifie *pas* la mort de l'amour mais attise au contraire le désir, dans d'autres types de textes. Dans le quatrième livre de son *Filocolo*, Boccace esquisse une scène de conversation courtoise, durant laquelle de jeunes hommes et femmes discourent avec subtilité de l'amour. Ils se demandent si un amoureux ou une amoureuse qui a pu s'unir charnellement avec sa/son bien-aimé/e avant d'en être séparé/e souffre davantage qu'une personne à qui il est impossible de dormir avec l'être aimé[8]. Le personnage masculin Longanio relate sa rencontre avec deux jeunes femmes qui pleuraient sur leur sort. L'une avait eu l'occasion de s'unir à plusieurs reprises avec son bien-aimé mais avait été séparée de lui ; l'autre n'avait pas encore connu l'accomplissement de l'amour en raison de divers désagréments (IV, 23). De ces deux récits rapportés par Longanio, nous ne nous intéresserons ici qu'à celui de la première dame. Cette dernière confie à Longanio s'être longtemps refusée à l'amour jusqu'à ce qu'un beau jour Cupidon lui décoche une de ses flèches acérées. Croyant pouvoir

---

3) ; Otte von Botenlauben, *KLD*, N° 41 *Lied XIII* (Tagelied-alba), p. 314 *sq.*, str. 1, 3 (les amants ont souvent partagé un lit) ; str. 2, 4-6 (l'amante rappelle à son ami (« *friunt* ») leur dernière séparation après une nuit d'amour) ; str. 3 (l'amant ne souhaite pas prendre congé de sa bien-aimée, même après l'union sexuelle) : on constate donc que les auteurs font état d'unions sexuelles fréquentes sans que le désir n'en pâtisse.

4 Koble/Séguy (éd. et trad.), 2011, voir par exemple « Guigemar », « Equitan », « Lanval ». La littérature d'amour médiévale relate de nombreuses relations entre une femme désirée et l'homme qui la désire dans lesquelles l'union sexuelle ne marque pas la fin du désir mutuel.

5 Gottfried von Straßburg, Ranke (éd.), 1963, v. 12176-12181.

6 Voir par exemple Gottfried von Straßburg, *ibid.*, v. 15164 *sq.*

7 Gottfried von Straßburg, *ibid.*, v. 17817-17853 ; 18115-18138.

8 Boccace, Branca (éd.), 1967, IV 23-26, p. 388-392.

retrouver le contrôle sur ses sentiments en assouvissant son désir, elle a alors organisé un moment d'amour avec l'homme désiré. Toutefois son désir n'a nullement décru ; au contraire, cette entrevue l'a exacerbé[9]. Elle s'est alors consumée de désir et a eu d'autres rapports sexuels avec l'homme en question. Un mois plus tard, ce dernier était banni de la ville en raison d'un délit, la laissant seule avec son désir. Puis vient le récit du sort de la dame qui n'a jamais eu le loisir de s'unir charnellement à son bien-aimé. Le cercle courtois débat ensuite pour déterminer laquelle des deux femmes est la plus digne de compassion.

Dans le cadre de notre argumentation, on retiendra de ce passage le fait qu'est discutée en contexte courtois la possibilité que l'accomplissement de l'amour puisse, non pas étancher, mais au contraire exacerber le désir amoureux. Il ne s'agit pas là d'un amour purement sexuel[10], mais de l'amour irréprochable d'une jeune dame pour un homme ; jeune dame dont le souhait de voir son désir s'éteindre avec la première union sexuelle ne s'est pas réalisé. On sait que Boccace a souvent repris des cas amoureux exposés dans la poésie courtoise des XIIe et XIIIe siècles[11]. L'analogie entre le cas traité dans *Filocolo* IV 23-26 et les partimens occitans (voir ci-après) invite à se demander sur quelle tradition les troubadours auraient bien pu baser leur soi-disant idée d'une mort de l'amour suite à son accomplissement[12].

9 Boccace, *ibid.*, IV, 23, p. 390 : « Ma certo già per tale effetto l'amorosa fiamma non mancò, né menomò il disio, ma ciascuno crebbe, e più che mai arsi e ardo. »

10 Il est toutefois probable que les connaissances médicales de Boccace jouent ici un rôle. En effet, on pensait à l'époque que le désir de jouir du plaisir sexuel grandissait tout particulièrement chez les femmes après qu'elles en avaient fait une première fois l'expérience. *Cf.* Schnell, 1989b, p. 269-287 notamment.

11 Emmelius, 2010, p. 153-194.

12 Boccace, Branca (éd.), 1967, IV 50, p. 431 *sq.*, place dans la bouche de l'un des protagonistes du même cercle de conversation courtois la thèse selon laquelle l'amour (pour une dame distinguée) dont on aurait obtenu les faveurs avec grande difficulté, durerait plus longtemps – et même croîtrait – (« *e così ognora più si ama, e più il diletto e 'l piacere dura* ») que l'amour pour une femme qui aurait accordé rapidement ses faveurs. Dans le cas amoureux qui suit Branca (éd.), 1967, IV 52, p. 433 *sq.*, le débat porte sur la question (souvent posée dans la littérature de mariage et à laquelle la réponse y est toujours univoque) de savoir s'il vaut mieux désirer une femme mariée (la femme d'un autre), une veuve ou une jeune fille. La spécificité de la culture courtoise du débat consiste en ce que des prises de position contraires sont envisagées. Ainsi, il faudrait d'une part privilégier l'amour pour une femme mariée car celle-ci, à la différence de la jeune fille, connaît le plaisir que l'on prend à l'union sexuelle et son envie croîtrait 'à l'usage', ce qui ne serait plus le cas pour la veuve, la libido non entretenue ne grandissant pas (« *la libidine quanto più s'usa più cresce* », IV 52, 3). D'un autre côté, il serait communément admis que l'on se lasse d'un mets, aussi délicat soit-il, ce qui expliquerait que beaucoup se soient tournés vers une nourriture plus fruste jusqu'à arriver également à satiété. Ce passage atteste de la multiplicité des conceptions médiévales quant à

Guido delle Colonne adopte dans son *Historia destructionis Troiae* (1287) un point de vue plutôt critique lorsqu'il décrit une scène dans laquelle l'union sexuelle accroît le désir[13]. Après que Médée a obtenu de Jason le serment qu'il l'épousera et l'emmènera en tant qu'épouse dans son pays, elle se donne à lui : « *virginitatis claustra Iason aperuit in Medea* » (« Jason ouvrit les portes de la virginité en Médée »). Tous deux passent la nuit ensemble dans les joies de la volupté (« *in iocundis solatiis voluptatis* »). Cependant, alors que Médée a reçu de Jason les actes de Vénus souhaités (« *optatos actus uenereos a Iasone* »), la flamme du désir ne s'éteint pas en elle (« *non evanuit scintilla cupidinis in eadem* »). Au contraire, elle ressent, suite à l'acte charnel, un feu plus grand (« *grauiora concepit incendia* ») que jamais. Le désir amoureux de Médée n'a pas été satisfait par le coït (avec Jason) ; au contraire, il a crû. On aurait envie d'attribuer cette affirmation à une misogynie de l'auteur (les femmes seraient insatiables sexuellement parlant)[14], mais Guido généralise le comportement de Médée aux deux sexes.

> *Hic est ille gustus tanta seducens amenitate miseros amatores, qui cum ab eis plus recepitur magis appetitur, quem odire non potest stomachus saturatus, cum cordis auiditas et cupiditas uoluptatis continuum in eo, dum eius feruet dulcis anxietas, nutrit appetitum*[15].
>
> « Il s'agit du sentiment qui, en raison du grand plaisir [qu'il procure], amène les amants dignes de pitié à toujours désirer plus à mesure qu'ils reçoivent. L'estomac rassasié ne se lasse pas de ce plaisir car l'avidité du cœur et l'envie de plaisir nourrissent continuellement l'appétit, tandis que le doux désir les tourmente. »

Guido semble plaindre les amants qui, une fois qu'ils ont connu le plaisir de l'union sexuelle, aspirent à toujours plus de plaisir et ne sont jamais comblés. On trouve une formulation similaire dans l'une des règles d'amour du *De amore* d'André le Chapelain, qui ne s'apitoie nullement mais constate : « *Amans coamantis solatiis* [abandon sexuel] *satiari non potest* » (« L'amant ne peut se rassasier des étreintes de sa bien-aimée »)[16].

---

l'activité sexuelle qui vont de l'idée que la découverte du plaisir sexuel alimenterait le désir, à celle que l'expérience (répétée) du plaisir sexuel (avec le même partenaire) l'attiédirait.

13 Guido de Columnis, Griffin (éd.), (1936) 1970, *Liber III*, p. 25.

14 *Cf.* Schnell, 2002, p. 580, Index *sub voce « Frau, sexuelle Unersättlichkeit »* (« Femme, insatiabilité sexuelle »).

15 Guido de Columnis, *op. cit.*, p. 25. Ce passage rappelle les dires de médecins médiévaux s'exprimant sur le même sujet ; *cf.* Schnell, 1989b ; voir ci-avant note de bas de page 159. Voir aussi ci-avant p. 53 n. 13 sur Tullia d'Aragon, Zonta (éd.), 1980, p. 234 *sq.*

16 Andreas Capellanus, Trojel (éd.), 1972, p. 311, regula XXVII. On trouve toutefois une autre prise de position au sein d'un dialogue entre une dame et son soupirant, Andreas

La manière dont Guido delle Colonne met en perspective le processus déclenché par le coït dénote une distance critique à l'égard du plaisir sexuel. Après avoir goûté une fois aux plaisirs de la chair, l'être humain ne cherche qu'à les retrouver et devient le jouet de son désir[17].

Comme Guido delle Colonne, Chaucer instaure une distance critique lorsqu'il recourt dans son récit *Troilus and Criseyde* à l'idée apparemment largement répandue que le coït appelle le coït[18]. Le désir que ressentent l'un pour l'autre Troïlus et Criseyde, couple que Chaucer a conçu sur un modèle courtois, augmente après leur première union sexuelle[19]. La deuxième nuit d'amour paraît encore plus belle aux deux amants que la première[20]. Troïlus affirme à Pandarus qu'il avait tort lorsqu'il lui a auparavant conseillé de s'adonner à l'acte charnel avec Criseyde afin de pouvoir plus facilement se séparer d'elle[21].

Comment ancrer alors le soi-disant renoncement des troubadours à l'accomplissement de l'amour – destiné à préserver leur désir – dans la discussion médiévale portant sur les conséquences de la (première) union sexuelle telle que nous venons de l'exposer ? On pourrait arguer que les passages que j'ai cités, et qui attestent de ce que l'assouvissement du désir accroît ce dernier, mettent très fortement en avant l'aspect sexuel de la relation amoureuse. Faire l'expérience du plaisir sexuel augmente apparemment le désir de ressentir de nouveau ce plaisir. On pourrait alors se livrer à des spéculations et se demander si les troubadours refusaient de s'abaisser à un tel amour purement sexuel et auraient *pour cette raison* reculé devant la réalisation de l'amour. Préféraient-ils jouir d'une attirance érotique exigeante que du plaisir sexuel – un plaisir qu'ils

Capellanus, *ibid.*, p. 182 *sq.* (I 6 ; 8. Dialogue : « *Loquitur nobilior nobiliori* ») : il y est dit que quiconque aurait connu la joie du haut du corps d'une dame ne saurait s'en lasser, mais que l'amour de celui qui aurait joui du bas cessera bientôt.

17 Boccace, Guido delle Colonne et les médecins médiévaux ne différencient pas clairement entre, d'une part, le désir sexuel ressenti pour une personne en particulier et qui perdure, et, d'autre part, le désir de vivre et revivre ce plaisir avec des personnes différentes.

18 Chaucer, Windeatt (éd.), 1984.

19 Chaucer, Windeatt (éd.), 1984, III 1338-1365.

20 Chaucer, *ibid.*, III 1681-1687.

21 Chaucer, *ibid.*, IV 477-483. Dans son œuvre courtoise *Le roman de Tristan*, Thomas de Bretagne, F. Lecoy (éd.), p. 87, 2003, v. 723-730, fait dire au personnage éponyme que l'amour naît de l'union sexuelle et la haine de l'abstinence : « *Ço ere a dreit qu'en haür m'ait / quant m'astienc del naturel fait / ki nos deit lïer en amur ; / de l'astenir vient la haür. / Issi cum l'amur vient del faire, / si vient la häur del retraire ; / si cum l'amur de l'ovre vient, / e la haür, ki s'en astient.* » (« Et elle aura bien raison de me détester du moment où je me refuserai à accomplir cet acte naturel qui doit nous lier par l'amour. S'y refuser provoque la haine. Comme l'amour naît de le faire, la haine vient de s'en abstenir ; de même que l'acte provoque l'amour, s'en abstenir provoque la haine »).

auraient alors d'autant plus ressenti comme purement physique ? De telles réflexions se situent de nouveau du côté des conjectures ayant trait à la vie des auteurs alors que c'est sur le plan du *discours* qu'il convient de chercher l'ancrage du prétendu renoncement à l'accomplissement de l'amour. Est-ce que le *concept* de l'amour courtois a fait l'économie du plaisir sexuel ? La réponse à cette question devrait être évidente au regard des albas et partimens (voir ci-après) : il n'en a pas fait l'économie. De plus, les passages des œuvres citées devraient avoir prouvé au moins une chose : la conception selon laquelle l'accomplissement de l'amour engendre la mort du désir n'a aucunement le monopole dans la littérature médiévale.

En effet, la conception selon laquelle l'amour (languir après quelqu'un, avoir envie de cette personne, la désirer) éprouvé par l'homme ne cesse pas avec l'union charnelle a également ses défenseurs au Moyen-Âge. Seul l''amour' des amants hypocrites cesserait, tandis que les amants sincères verraient leur désir pour leur bien-aimée augmenter avec l'accomplissement de l'amour. Où classer les troubadours ? Si l'on suit la thèse du paradoxe amoureux établie par Spitzer, la conception de l'amour exprimée dans la poésie courtoise s'apparente à la pratique des faux amants (le coït entraîne la mort de l'amour), ce qui, à mon avis, revient à attribuer aux troubadours une position qu'ils n'auraient en aucun cas faite leur[22].

La multitude des rapports conceptionnels entre désir et réalisation de l'amour qui ressort des exemples cités dans les deux chapitres précédents amène à se demander pourquoi les troubadours auraient bien pu jeter leur dévolu sur une interprétation de l'amour qui promouvait une image négative et qui disait que l'accomplissement de l'amour signifie sa mort[23]. Nous nous proposons de démontrer maintenant, en nous appuyant sur un sous-genre de la poésie des troubadours, que l'union charnelle n'était nullement perçue *per se* comme mort de l'amour.

---

22 Il est aussi dit de Pétrarque qu'il aurait oscillé entre l'espoir de voir son amour pour Laure exaucé et la peur de cet accomplissement qui mènerait hors du droit chemin (« *zwischen der Hoffnung auf Erfüllung seiner Liebe zu Laura und der Angst vor dieser Erfüllung, die von dem rechten Weg abführen würde* »), *cf.* Gruber, 1983, p. 257. Il me semble toutefois que cette hésitation n'est pas de nature existentielle mais poétique. Pétrarque ne pouvait dépouiller le personnage fictionnel de Laure de son idéalité.

23 À vrai dire, l'augmentation du désir sexuel après l'accomplissement de l'amour suscite également le scepticisme ; voir ci-avant p. 64 n. 15 sur Guido delle Colonne. Toutefois, nous avons ici affaire à un domaine littéraire qui est bien loin du discours d'amour courtois et qui n'a vraisemblablement pas influencé ce dernier.

TENSONS, PARTIMENS ET CHANSONS D'AMOUR

Les conditions nécessaires à l'accomplissement de l'amour

Qu'est-ce que l'amour courtois ? La recherche en médiévistique a répondu à cette question en proposant une définition qui se base principalement sur quelques textes ou groupements de textes. Parmi eux, le *Lancelot* de Chrétien et la poésie des troubadours. Au sein de la seconde, c'est plus particulièrement le genre des chansons d'amour qui a retenu l'attention. On a considéré la cour telle qu'elle s'y articule – douloureuse et toute de privations, tournée vers l'obtention des faveurs d'une dame socialement plus élevée – comme l'expression de l'amour courtois par excellence. Cependant, réduire l'angle d'étude au genre littéraire des chansons a induit à ne percevoir le phénomène de l'« amour courtois » que sous une forme restreinte, dans la mesure où les chansons d'amour exposent uniquement le point de vue d'un « je[1] ». Afin de mieux pouvoir estimer dans quelle mesure les chansons d'amour sont représentatives de l'amour courtois, il conviendrait donc de se pencher sur un genre poétique qui, pour ainsi dire, projette une autre lumière sur ce point de vue subjectif (mais tout de même typique) du « je » textuel. Il me semble que tel est le cas des tensons et partimens[2]. Des quelques 2 500 chansons de troubadours qui nous sont parvenues (pour un total d'à peu près 460 poètes), il faut bien reconnaître qu'on dénombre seulement 130 tensons et partimens (env.)[3]. Qui plus est, ce n'est qu'à partir de la fin du XIIe siècle que ces derniers ont acquis une vraie place dans l'éventail des genres poétiques. Toutefois, ils apportent à mon sens un

1 *Cf.* Kay, 1990.

2 Le fait qu'un poème soit qualifié de « partimen » ou de « tenson » dans les manuscrits médiévaux n'implique pas toujours qu'il appartienne bien au genre qui lui est attribué. La distinction entre partimens et tensons est encore sujette à débat au sein de la recherche sur les troubadours. Voir par exemple Billy, 1999, ou Matheis, 2013.

3 Angelica Rieger suppose – dans une note écrite – que ce déséquilibre proportionnel serait dû, entre autres, au fait qu'en Italie, le public s'intéressait avant tout à la *canso* (« *das Interesse der Rezipienten [konzentrierte sich] eindeutig auf die canso* »).

bon correctif à la perspective par trop unilatérale des chansons. En effet, ils confrontent l'habitus amoureux dominant des chansons d'amour à d'autres conceptions de l'amour, de sorte que celui qui se présente comme le représentant de ce que l'on nomme communément « amour courtois » se voit dans l'obligation d'exposer en détail le bien-fondé de sa position. Dans son plaidoyer, il confère à ce qui fait office d'amour courtois des traits plus marqués. Dans le même temps, certaines caractéristiques qui, pendant longtemps, ont déterminé l'image que l'on se faisait de l'amour courtois perdent en importance au cours des débats. En effet, le contradicteur, champion de la cause dite non courtoise, recherche lui aussi l'approbation de la société courtoise. Comment expliquer l'attrait exercé de toute évidence par les tensons et partimens sur le public, sinon par le fait que les arguments de l'"opposition' méritaient également réflexion et qu'aucune des deux positions n'était a priori considérée comme juste ou fausse[4] ? Très peu de jugements rendus en fin de tenson ou de partimen nous sont parvenus, ce qui invite à supposer que l'attrait de ces chansons ne résidait pas tant dans le fait de déterminer quelle position était la bonne, mais plutôt dans le raffinement et la subtilité de l'argumentaire déployé.

Des 130 tensons et partimens à notre disposition, environ 40 traitent de l'aspect sexuel des relations amoureuses[5]. Ceux qui m'intéressent particulièrement sont :

- a. ceux qui questionnent la qualité de l'amour de l'homme avant et après l'union sexuelle. Il s'agira d'étudier dans ces tensons et partimens si, et, le cas échéant, dans quelle mesure, l'acte charnel marque effectivement un tournant pour la relation amoureuse ou pour le désir érotique ;
- b. ceux qui opposent deux formes de relation amoureuse, dont seulement l'une d'elles connaît l'union sexuelle.

La lecture de ces tensons et partimens dilemmatiques nous enseignera ceci : 1. la conception selon laquelle un amant perdrait tout intérêt pour la

4 Les positions antagonistes formulées dans les partimens constituent les deux pôles qui caractérisent le discours courtois sur la vraie manière d'aimer : désir-manque d'une part, union sexuelle de l'autre. Dans les partimens, ces deux positions sont amenées à se côtoyer dans une même chanson. Voir sur ce point Neumeister, 1969, p. 131 ; D. Rieger, 1994, p. 25 *sq.* ; Paterson, 2007. Voir aussi, sur le même point dans les jeux-partis en ancien français, Lavis, 1991.

5 Voir la liste établie chez Harvey/Paterson (éd.), 2010, t. 1, p. XXXII-XXXIX, et notamment XXXIV *sq.* ; Neumeister, 1969, p. 201-209, en particulier p. 204-206.

femme désirée après l'acte charnel ne s'applique qu'aux « faux amants[6] » ; 2. dans les textes concernés, le débat ne porte pas sur l'alternative « amour accompli / amour inaccompli » mais sur l'opposition entre « l'accomplissement de l'amour comme acte purement sexuel » d'une part, et « l'accomplissement de l'amour selon les lignes de conduite courtoises » d'autre part. L'union sexuelle ne caractérise pas à elle seule une relation amoureuse. Les conditions et circonstances présidant à cette union jouent un rôle bien plus important.

Au nombre de ces conditions, on compte notamment (a) une attente longue, une cour source de souffrances ; (b) une communication courtoise qui perdure pendant l'union sexuelle (voir, parler, rire) ; (c) les qualités morales, esthétiques et sociales de l'objet aimé qui rendent possible l'intégration de l'acte sexuel dans un monde de valeurs accréditées par la société. Ceci permet de dépasser l'antagonisme entre le « désir sexuel » et les « normes éthiques et sociales ». L'acte sexuel devient ainsi un événement porteur de valeurs.

Ces éléments qui s'imposent à nous à la lecture des tensons et partimens peuvent également venir nourrir notre compréhension des chansons d'amour. Si ce n'est pas l'accomplissement de l'amour mais les *circonstances* dans lesquelles il a lieu qui se trouvent au centre du concept de l'amour troubadouresque, alors s'évanouit la nécessité d'attribuer aux troubadours un renoncement volontaire à l'accomplissement de l'amour.

Le partimen que nous aborderons en premier semble pourtant, de prime abord, abonder dans le sens du paradoxe amoureux de Spitzer. On y trouve en effet l'idée que l'amour, ou du moins le désir masculin, s'amenuise avec l'union charnelle[7]. Le troubadour Pistoleta, qui a écrit de 1185 à 1228, pose la question suivante à son adversaire, Blacatz (qui vécut de 1165 à 1237 environ) : un amant porte-t-il un amour plus sincère à sa dame avant l'union sexuelle qu'après (str. 1) ? Mais, d'entrée de jeu, Blacatz remet en cause le bien-fondé d'une telle question : son amour pour sa dame serait d'autant plus grand qu'elle lui accorderait ses faveurs amoureuses. « *On meis mi fai, plus ca la dei tener* » (str. 2, 7 « Plus elle me traite bien, plus je la chéris »). Qu'elle se donne à lui aurait plus de valeur à ses yeux que nourrir un espoir. Pistoleta objecte (str. 3) n'avoir encore jamais connu un homme qui se serait conduit comme un véritable amant après avoir obtenu ce qu'il voulait de sa dame. Au

6 Ceci confirme donc la conclusion aux pages 58 *sq.*

7 Partimen entre Pistoleta et Blacatz (P./C. 372, 6a = 97, 13), Niestroy (éd.), 1914, p. 70-73 ; Hershon (éd.), 2003, p. 319-326 ; Harvey/Paterson (éd.), 2010, t. 3, p. 1027-1031 (les citations proviennent de cette édition).

contraire, ces amants comblés calomnieraient l'ancien objet de leur désir. Blacatz condamne une telle attitude (str. 4) et souligne dans le même temps que l'union charnelle avec sa dame lui procure davantage de bonheur que posséder l'Italie ou la Provence ne le pourraient. Pistoleta réplique (str. 5) que beaucoup seraient morts par amour et que Floris n'aurait pas accompli nombre de ses actes héroïques s'il avait déjà eu l'occasion de partager le lit de sa Blanchefleur. Blacatz rétorque (str. 6) qu'il ne tient pas à mourir par amour et que sa dame, qui lui a déjà offert tant d'amour, ne souhaiterait pas non plus qu'il meure. L'empereur non plus n'aurait pas d'intérêt à ce qu'il meure, car il y perdrait beaucoup. Pistoleta conclut (str. 7) en affirmant être plus vertueux que son adversaire, car un homme serait selon lui plus généreux avant le coït qu'après, ce à quoi Blacatz riposte (str. 8) que Pistoleta le connaît bien mal : il offrirait, et donnerait, et serait un amant sincère.

Blacatz se défend donc de sacrifier dans son comportement amoureux à la conception manifestement répandue (voir ci-avant) selon laquelle un homme perdrait tout intérêt pour sa dame et irait même jusqu'à la dénigrer une fois l'union sexuelle accomplie. Il sous-entend ce faisant que le changement de comportement décrit par Pistoleta ne vaudrait que pour les « faux » amants. Ces hommes amèneraient les femmes à se donner à eux en les bernant et en leur mentant. Lui, au contraire, serait sincère dans l'amour qu'il porte à sa dame et celui-ci augmenterait avec l'acte charnel. Ce partimen semble d'une part confirmer le paradoxe amoureux : le vrai amour n'existerait qu'avant l'acte charnel. Toutefois, on notera que Pistoleta fait tout pour être lavé du soupçon courant qui veut que l'amour de l'homme pour la femme meure avec l'accomplissement de l'amour. Il se met en scène dans le rôle d'un amant exceptionnel qui agirait différemment des autres hommes, lesquels perdraient – apparemment – tout intérêt pour la femme qu'ils ont courtisée après qu'elle s'est donnée à eux. Ne serions-nous pas en droit de postuler que les troubadours cherchaient également à être perçus comme des amants parfaits dont l'amour dépassait l'accomplissement de l'amour[8] ?

Sur la base de ce partimen, il n'est pas inintéressant de se pencher sur un sirventès composé aux alentours de 1200 par le troubadour Uc Brunenc[9]. Il s'agit d'une complainte du temps qui passe doublée d'une

8 Pour ce qui est de la question du paradoxe amoureux, on remarquera que Pistoleta, qui défend l'option d'une « cour inscrite dans le temps et préalable à tout accomplissement de l'amour », ne recourt pas à l'argument d'un plus grand plaisir.

9 Uc Brunenc, « *Pus l'adrechs temps ve chantan e rizen* » (P./C. 450, 7), Appel (éd.), 1895, N° VI, p. 74-77 ; Gresti (éd.), 2001, N° VII, p. 88-96 (les citations proviennent de cette édition).

laudatio temporis acti. Il y est dit (str. V et VI) que par le passé, les amants se satisfaisaient d'un mot, d'une petite bague, d'un gant de leur dame ; qu'il fut un temps où l'homme préférait espérer le plus grand cadeau de l'amour (l'union charnelle) plutôt que l'obtenir (v. 5 *sq.*). [*Traduction*] « Je sais maintenant que les souhaits, dont les blessures étaient douces, meurent ("*moro. il desir*", v. 8) quand le désir est accompli ("*ab lo complit voler*", v. 7) ». Les attentes à l'égard de l'amour auraient donc plus de valeur que des faveurs accordées hâtivement et de façon inconvenante (l'union sexuelle), car la douleur qu'elles engendreraient serait bonne, les soucis agréables, les soupirs doux, la douleur une joie[10]. Ensuite (après l'union charnelle), *Amors* ne serait plus stimulant ; l'indifférence s'installerait, le cœur changerait, le désir (« *voler* », str. VI, 7) s'amoindrirait ; l'amant blâmerait ce qu'auparavant il désirait (« *so que sol desirar* », str. VI, 8).

Uc Brunenc affirme qu'auparavant, on se satisfaisait de moins. On rechercherait désormais un plaisir rapide, mais l'union charnelle serait synonyme de nécrose pour le désir et les souhaits. Doit-on en déduire avec Leo Spitzer que les troubadours renonçaient à l'union charnelle parce qu'ils ne voulaient pas se priver de ce doux sentiment du désir ? Une telle argumentation s'ancrerait *dans le monde de la vie.* Selon cette interprétation, les troubadours auraient décidé, d'eux-mêmes et pour eux-mêmes, de persévérer dans leur amour pour une dame inaccessible, afin de jouir le plus longtemps possible du désir érotique. Toutefois, comme nous l'avons déjà constaté, nous ignorons si les troubadours renonçaient réellement – ou devaient renoncer en raison du statut social élevé de la dame courtisée – à l'union sexuelle dans la vie de tous les jours. Dans la mesure où nous ne disposons pas de sources exploitables sur le *quotidien réel*, sur la vie sexuelle des troubadours, la question en elle-même me paraît inadéquate. C'est pourquoi il me semble plus opportun de poser des questions relatives aux textes.

Se demander, par exemple, si renoncer à l'acte sexuel relève du *concept* de « L' » amour troubadouresque rendrait justice aux textes. Partimens et albas n'invitent pas à répondre par l'affirmative à cette question. Si l'on tient compte de l'éclairage de la recherche sur les partimens, qui considère que le conflit conceptionnel entre désir et renoncement tel qu'il se fait jour dans les chansons d'amour est réparti dans les tensons

10 On pourrait décrire cette concomitance de ressentis contradictoires comme un état paradoxal. Toutefois, de nombreuses chansons d'amour appellent de leurs vœux la dissolution de cet état contradictoire. Ceci s'exprime dans l'espoir que la dame fasse preuve de bienveillance. Sur le *dulce malum* – qui diffèrent cependant des doux soupirs des troubadours –, voir ci-avant p. 18 *sq.* n. 23-26.

et partimens entre les deux antagonistes[11], il faut prendre acte de ce que l'union charnelle n'y est pas *per se* exclue et que ce sont, tout au plus, les circonstances non courtoises qui sont dénoncées. Nous reviendrons par la suite sur cet aspect.

Des propos comme ceux de la chanson d'Uc Brunenc que nous venons de citer, à savoir que le désir mourrait avec l'acte charnel, sont très rares dans les chansons d'amour. La question de la *fonction* d'une telle déclaration dans une chanson en particulier se pose donc avec d'autant plus d'acuité. La chanson d'Uc Brunenc enjolive le passé, elle l'idéalise. Le comportement amoureux des hommes dans le passé tel qu'il y est décrit n'est donc pas l'expression d'une réalité, mais de la fonctionnalité de la chanson. L'idéalisation est partie intégrante de la *laudatio temporis acti*.

Inversement, alléguer que le service d'amour (« *domnei* ») empêcherait de prendre totalement 'possession' d'une dame peut être objet de moquerie dans une chanson d'amour. Daude de Pradas (1214-1282 selon les documents officiels) chante dans une chanson son amour pour trois femmes : sa suzeraine, une jeune fille et une prostituée[12]. Cette énumération qui met sur le même plan trois relations amoureuses totalement différentes laisse déjà transparaître une distanciation sarcastique à l'égard du culte de l'amour inaccompli[13]. La description de l'amour pour la *domna* revêt effectivement des traits ironico-cyniques (str. IV)[14]. Celui qui voudrait

11 Neumeister, 1969, p. 131 ; D. Rieger, 1994, p. 25 *sqq.*

12 Daude de Pradas, Schutz (éd.), 1933, N° XIV (P./C. 124, 2), p. 69-74 ; Melani (éd.), 2016, N° II, p. 94-97 (les citations proviennent de cette édition). *Cf.* aussi Liebertz-Grün, 1977, p. 25 *sq.*

13 On trouve à la fin de la digression de Gottfried de Strasbourg sur les troubadours un commentaire plein d'humour qui rappelle la prise de distance ironique de Daude à l'encontre du service d'amour (« *domnei* ») insatisfaisant tel qu'il s'articule dans les chansons d'amour : Gottfried y exprime le souhait que les rossignols mettent un terme à leur chant, c'est-à-dire qu'ils obtiennent enfin les faveurs de leur dame, voir Gottfried von Straßburg, Ranke (éd.), 1963, v. 4816-4820.

14 Daude de Pradas adopte le même ton dans sa chanson « *Ab lo dous temps que renovela* » (P./C. 124, 1), Schutz (éd.), 1933, N° I, p. 1-4 ; Melani (éd.), 2016, N° I, p. 80-83 (les citations proviennent de cette édition) : il affirme aimer sa dame de tout son cœur et espérer qu'elle lui dise aussi des mots tendres. Il saurait cependant qu'une dame n'exprime pas son désir, qu'elle cache bien plutôt ce qu'elle veut (« *que domna non ditz son desir / ans cela plus so que vulria* », str. 3, 3 *sq.*) (On trouve des exemples de ce topos dans *Thesaurus proverbiorum medii aevi*, t. 3, 1996, p. 363 [1. 6.5 *sub voce* « *Frau* »] ; voir aussi Bernart de Ventadorn, Appel (éd.), 1915, N° XI [P./C. 70, 11], str. 6 : sa dame l'aimerait mais elle cacherait ses sentiments afin de le mettre à l'épreuve). Quiconque brigue les faveurs d'une dame, poursuit Daude de Pradas, serait éconduit. C'est pourquoi il conseille aux vrais amants de s'octroyer eux-mêmes ce qu'ils sollicitent (str. 4). Daude de Pradas rejette les possibles objections à ce conseil dans la str. 5. En reprenant cette leçon d'amour de

posséder totalement sa dame n'entendrait pas grand-chose au service d'amour (« *domneis* »), prêche Daude (« *qui del tot vol si donz aver* », str. IV, 2) : un service d'amour 'réalisé' – c'est-à-dire à partir du moment où la dame offre son corps en récompense – n'en serait plus un (« *Non es domneis pos tor'a ver* », str. IV, 3). Daude poursuit : il suffirait d'une bague ou d'un ruban pour que l'on s'imagine roi de Castille (str. IV, 5 *sq.*) ; quelques cadeaux sans importance ainsi qu'un baiser, et déjà l'homme serait hautement récompensé d'un service d'amour vrai. L'homme serait, qui plus est, riche d'un simple « merci » (str. IV, 9 *sq.*). Daude de Pradas recourt ici à des topoï de la poésie courtoise conventionnelle à des fins parodiques et montre ainsi les conséquences 'réalistes' de cette forme d'amour : elle oblige l'homme à satisfaire sa *libido* ailleurs (*id est* auprès d'une prostituée). Mais le véritable trait d'esprit de la chanson de Daude consiste à présenter le discours littéraire comme s'il s'agissait d'un fait vécu au quotidien. La recherche moderne sur le *courtly love* a elle aussi fréquemment recours à cette équation, sans toutefois tenir compte de la pointe d'ironie propre à un Daude de Pradas[15].

Dans la chanson d'Uc Brunenc, le « je » textuel partage également cette certitude que le plus beau cadeau de l'amour est l'union sexuelle (v. 5). L'attente, la cour, l'aspiration et les discours – tout cela ne vise qu'à une chose : l'acte d'amour[16]. L'espoir de voir l'acte d'amour se réaliser est partie intégrante du concept de l'amour établi par les troubadours. Mais pourquoi la recherche sur les troubadours affirme-t-elle donc encore et toujours que la *fin'amor* serait *per se* un amour dans le renoncement ? À mon avis, cela est dû à une délimitation insuffisante entre trois domaines : la réalité psychique au quotidien, l'ébauche discursive, la fonction performative. La thèse du paradoxe amoureux a souvent connu des interprétations qui reliaient littérature et vie des

l'*Ars Amatoria* (livre III) d'Ovide, Daude déconstruit la fiction du service d'amour : la dame désire, elle aussi, le coït mais fait semblant de rejeter son soupirant. C'est pourquoi celui-ci devrait 'prendre' la dame.

15 Voir sur cette chanson Benton, 1968, p. 33 ; Kane, 1989, p. 35 et 248 note 17.

16 Le fait que la cour passionnée se mue apparemment en indifférence totale une fois cet acte accompli jette une lumière singulièrement crue sur l'amour soi-disant sublime des troubadours. Cet amour se réduit à une pulsion sexuelle dont l'assouvissement fait tomber le voile de la *cortesia* courtoise et civilisée. Notons que les chansons obscènes exprimaient à l'envi cette idée d'une pulsion sexuelle dissimulée derrière une cour menée dans les règles de la courtoisie, *cf.* par exemple Raimbaut d'Aurenga. Voir aussi ci-après p. 101 n. 75 sur l'obscénité. Uc Brunenc va toutefois encore plus loin en insinuant que tous les hommes, et donc potentiellement aussi les troubadours, ne ressentiraient plus aucun amour au moment où ils assouvissent leur désir sexuel. Il force ici le trait afin de mieux marquer l'opposition entre un passé idéal et son époque soi-disant dépravée.

auteurs, chansons et états d'âme psychiques (supposés) des troubadours. Ses tenants postulent que les poètes auraient voulu jouir du doux sentiment du désir. Au contraire, on peut supposer que les chansons d'amour mettent l'accent sur la cour, l'attente, les tourments de l'amour, non pas en raison d'un besoin subjectif personnel et psychique des troubadours, mais parce qu'elles sacrifient à un code de valeurs (au nombre desquelles on compterait *valor*, *pretz*, *pros hom*, *leial amor*, *cortes*, *obediensa*, *cortesia*, *larguesa*) social (imaginaire)[17]. Dans les partimens que nous citerons par la suite, nous serons confrontés à de nombreuses reprises à cette opposition entre, d'une part, l'amour comme recherche égoïste d'obtention du plaisir et, d'autre part, l'amour comme une attitude *reposant sur des valeurs*. Dans un cas, l'amant est centré sur lui-même ; dans l'autre, il adapte son comportement amoureux aux valeurs imposées par la société[18] : ne pas prétendre à rétribution sans avoir accompli de service au préalable ; être disposé à souffrir pour une bonne cause ; choisir un objet de valeur comme objet de son amour assure un plus grand prestige ; etc. En chantant devant un auditoire et en se donnant à voir comme le représentant de son public courtois, le poète – légitimé par le soutien ponctuel de seigneurs de la haute noblesse – doit, au moment où il déclame sa chanson, se présenter comme un être capable d'un amour reposant sur des valeurs – sur le plan performatif du moins. C'est pourquoi le ménestrel est rétribué par le public et non par la dame[19]. Le service d'amour (« *domnei* ») qui, dans le texte, s'adresse à la dame, fait fonction, lors de la performance, de service à la société. Le fait que les chansons reposent sur des valeurs propres à une société et participent d'un processus social s'inscrit en faux contre la position qui

17 Sur la relation entre *fin'amor* (en tant que système de signes, langue de la *cortesia*, ainsi que représentation culturelle) et *cortesia* (dont relèvent aussi les représentations que l'on se fait de la famille et de la parenté au sens large ou encore les pratiques de succession, de même que les représentations que l'on se fait d'une vie en sainteté, les formes de la vente foncière, le maniement des armes et le maniement des mots : « *Vorstellungen von Familie und Verwandtschaft sowie die Erbpraktiken, ebenso wie die Vorstellungen vom heiligmäßigen Leben, die Formen des Landverkaufs, den Umgang mit der Waffe und den Umgang mit dem Wort* »), voir Rüdiger, 2001, p. 232-238. Pour Rüdiger, la *cortesia* est une mentalité hégémonique (p. 234).

18 Köhler, (1960) 1962, met également cet aspect en avant. Toutefois, je suis d'avis que Köhler opère une séparation trop stricte entre une « façon d'aimer courtoise » et « une mauvaise façon d'aimer », ce qui est très vraisemblablement dû au fait qu'il rend souvent uniquement compte de l'argumentation du représentant de la cause « courtoise ». Or, l'attrait d'un grand nombre de partimens et de leurs questions de départ dilemmatiques réside dans ce qu'ils rendent difficile une prise de position claire et distincte en faveur d'une seule conception.

19 Voir p. 38 n. 45, p. 43 n. 64 et p. 139-147.

consiste à spéculer sur un paradoxe amoureux trouvant sa source dans une expérience exclusivement personnelle[20].

Revenons-en aux tensons et partimens qui nous enseignent comment ce qui est agrégé dans les chansons d'amour – et apparaît de ce fait comme un amour reposant sur des valeurs – peut être dissocié dans un autre genre littéraire. Dans le partimen entre Guillem de Mur et Guiraut Riquier, l'un des derniers troubadours (vers 1230-1290), on trouve de nouveau l'idée que l'amour meurt avec l'acte charnel[21]. Guillem pose la question dilemmatique suivante : [*Traduction*] « lequel de ces deux soupirants est de plus grande valeur ("*pretz*") : celui qui 'a' l'acte amoureux sans souffrir, ou celui qui a bon espoir de l'obtenir ? Lequel contribue le plus à sa valeur ("*pretz*") sociale (str. 1) ? » Guiraut pense que celui qui a obtenu les joies de l'amour par ses mérites a acquis davantage de prestige (« *pretz* », str. 2, 3) que celui qui attend. Il pense que chez ce dernier l'aspiration aux joies de l'amour a pris le pas sur l'idée même d'un possible passage à l'acte. Tandis qu'il est tout occupé à espérer, l'homme heureux, lui, voit l'ensemble de ses actions lui réussir (str. 2). Guillem affirme au contraire que tout homme vaudrait plus (« *val mais* », str. 3, 3) quand il aspire à l'amour (« *cant languis per amor* », str. 3, 3 *sq.*) que quand il en a déjà joui. Selon lui, plus l'amour (« *amors* ») serait proche de l'acte charnel, plus il diminuerait, car dès lors mourraient le désir et les efforts (« *c'adoncx moro.l dezir / e.l fag* », str. 3, 7 *sq.*) pour lesquels l'amant était loué jusque-là. Guiraut fait remarquer que l'homme qui languit d'amour pense, malheureux, à l'acte amoureux (espéré mais non obtenu) et que la valeur (« *pretz* », str. 4, 6) (conquise par l'aspiration) amoindrirait sa joie. Selon lui, son adversaire ne connaîtrait ni les joies ni les douleurs de l'amour s'il pense que la valeur (« *pretz* », str. 4, 8) d'un homme, son prestige, pâtit de ce qu'il s'adonne aux joies de l'amour (str. 4). Guillem recourt alors à l'argument bien connu : après l'acte charnel, les amants n'auraient plus d'estime

20 Quand Bernart de Ventadorn affirme dans sa chanson « *Ara no vei luzir solelh* » (P./C. 70, 7) être déjà riche de son seul désir, il ne faudrait pas y voir hâtivement un argument en faveur de la thèse du paradoxe amoureux établie par Spitzer. En effet, dans cette chanson (str. 2, 3 ; 3, 5 ; 7, 1 et 5), Bernart de Ventadorn se revendique aussi à de nombreuses reprises comme tenant de la *fin'amor* et conclut en affirmant désirer un amour tellement noble (« *car aitan rich'amor envei* », str. 5, 7) que ce désir (« *l'enveya* ») serait enrichissement (« *pro* » str. 5, 8). Ledit enrichissement réside non seulement dans la jouissance du désir, mais aussi dans la bonne réputation sociale que lui procure son amour pour une femme de grande valeur. Ce n'est pas seulement le désir de l'union sexuelle qui suscite un éventuel plaisir mais aussi « la mise en avant » d'un amour reposant sur des valeurs.

21 P./C. 226, 7 (= 248, 41), Harvey/Paterson (éd.), 2010, t. 2, p. 588-591.

l'un pour l'autre. On observerait ceci chez le rossignol, lequel vivrait heureux tant qu'il serait à la recherche d'un/e partenaire, mais après l'acte, son doux chant changerait (str. 5). En réponse à cet argument, Guiraut argue qu'un oiseau ne ressent pas la joie ni ne rit, qu'il connaît uniquement un plaisir superficiel et volatil. Il ne serait donc pas possible de comparer le rossignol à l'amour vrai d'un amant fidèle (« *e no.s ne pot comparansa / far ab veray'amistansa / d'amic lial* », str. 6, 5-7) qui saurait comment accéder à la joie. Plus il l'aurait expérimentée, plus il saurait bien agir et bien parler (str. 6).

Au regard de notre problématique, nous retiendrons notamment l'assertion de Guillem : avec l'acte charnel mourraient le désir et, par conséquent, la volonté de se distinguer par ses actes et par ses paroles. Ceci semble confirmer le paradoxe amoureux de Spitzer. Les troubadours éviteraient l'acte charnel par peur de mettre fin à un désir particulièrement jouissif. Cependant, Guiraut conteste pour sa part le bien-fondé de cette affirmation. Il se distancie d'un tel comportement. Bien que comblé par l'acte charnel, il se fait fort de continuer à « *ben far e dir* » (str. 6, 8). S'appuyant sur son expérience personnelle, il conteste la pertinence de la comparaison avec le rossignol qui deviendrait muet après l'acte sexuel et en profite pour souligner que cette mort de l'amour par l'union charnelle, qui, d'une manière générale, peut être vraie pour un amant lambda n'a pas cours pour un amant exceptionnel. Il est fort probable que les troubadours se soient comptés au nombre de ces amants d'exception.

Ce partimen délivre encore un autre message : les deux adversaires s'efforcent de conférer une certaine valeur (« *pretz* ») à leur amour. Cette joute discursive sur la bonne manière d'aimer traite de la question de la plus ou moins grande *valeur* d'une relation amoureuse. La question centrale du partimen entre Guillem de Mur et Guiraut Riquier est : quelle relation amoureuse est de plus grande *valeur* ? Autrement dit : laquelle de ces relations jouit d'une plus grande reconnaissance sociale ? On débat ici sur la base d'un système de valeurs social et non de la forme amoureuse qui promettrait le plus de plaisir.

L'accomplissement de l'amour n'entraîne pas de diminution de l'amour ; c'est aussi ce qu'affirme une tenson (d'ordre fictionnel)[22]. Raimbaut d'Aurenga y fait se disputer une dame et son soupirant pour savoir lequel des deux aime le plus, ou plutôt souffre le plus par amour.

---

22 Raimbaut d'Aurenga, Pattison (éd.), 1952, N° XXV (P./C. 389, 6), str. 8. Voir aussi sur ce point p. 61 n. 1-3.

La dame soupçonne son amant d'être inconstant dans son amour (str. 7) mais celui-ci lui assure persévérer dans son amour pour elle, et ce, même après l'union charnelle, à l'inverse des nombreux imposteurs en amour : [*Traduction*] « Dame, je ne veux plus jamais porter épervier ni pratiquer la fauconnerie si j'ai jamais, depuis que vous m'avez comblé de joie ("*joi entier*", str. 8, 3), fait la cour à une autre dame ; je ne suis pas non plus un tel imposteur ("*aital bauzaire*", str. 8, 5), ce sont les inventions de personnes envieuses et dépourvues d'honneur qui veulent me nuire ». Le personnage féminin ajoute foi à ce serment de fidélité (str. 9). Cette chanson cite elle aussi le topos selon lequel l'abandon sexuel de la femme et, partant, le plaisir sexuel, marque la fin de l'amour de l'homme pour elle. Toutefois, la conclusion démontre que ceci ne vaut que pour les 'faux' amants.

Dans un partimen, Peirol (vers 1160 – vers 1220/1230) affronte le comte et troubadour Dalfi d'Alvernha (vers 1150 – 1234/1235) sur cette même question de savoir dans quelle mesure l'accomplissement de l'amour exerce une influence sur les sentiments de l'homme pour la dame[23]. Ici encore, l'idée que l'amour – c'est-à-dire le désir – meurt avec le coït est démentie par l'un des contributeurs. On trouve même l'argument, illustré par l'exemple de Tristan et Iseult, que l'union sexuelle accroîtrait le désir. [*Traduction*] « Dalfi, croyez-vous qu'un amant courtois ("*drutz cortes*", str. 1, 4) aime davantage et d'un cœur plus pur sa dame avant l'accomplissement de ses vœux qu'après ? » La réponse semble évidente à Dalfi d'Alvernha : [*Traduction*] « Peirol, je sais avec certitude que l'amour augmente avec les plaisirs de l'amour » ("*c'amistats per jauzimen creis*", str. 2, 3 *sq.*) ; « et la grande joie, quand il [l'amant] l'a sans tromperie ("*c'a senz enjan*", str. 2, 7), rend son amour encore plus grand » (« *fai ades l'amor plus gran* », str. 2, 8). Peirol affirme au contraire que l'amour meurt avec l'union sexuelle : [*Traduction*] « Dalfi, je sais bien et vois que celui qui aime sincèrement, se consume de désir jusqu'à tant qu'il obtienne le bonheur auquel il aspirait tant. Mais le désir cesse alors, de sorte qu'il ne croît plus guère. Je ne crois pas que quelqu'amant aime, ensuite, encore d'une aspiration pure » (str. 3, 1-8)[24]. Dalfi d'Alvernha cite alors Tristan

23 Peirol, « *Dalfi, sabriatz me vos* » (P./C. 366, 10 = 112, 2), Aston (éd.), 1953, N° XXVIII, p. 145-147 (les citations proviennent de cette édition) ; voir aussi Harvey/Paterson (éd.), 2010, t. 3, p. 997-1001.

24 On trouve une argumentation similaire dans le jeu-parti entre les trouvères Jean Bretel et Lambert Ferri (2e tiers du XIIIe siècle), Långfors (éd.), 1926, t. I, p. 191-193. On y débat pour savoir qui témoignerait d'une plus grande volonté de prouver son esprit chevaleresque : celui qui espérerait le salaire de l'amour ou celui qui en aurait déjà joui.

et Iseult en contre-exemple ; leur histoire prouverait bien que le désir de l'union sexuelle augmenterait encore (str. 4). Peirol rétorque que le philtre d'amour aurait provoqué cet amour passionnel et porté malheur aux deux amants (str. 5). Dalfi d'Alvernha soupçonne cependant son interlocuteur de duperie et persiste dans la thèse qu'un amant courtois (« *drutz cortes* », str. 6, 6) aime davantage sa dame après l'union charnelle. Peirol veut alors mettre un terme au débat et donne un dernier conseil à son adversaire : un amant qui, après l'accomplissement de l'amour, n'aimerait plus sa dame aussi passionnément qu'avant, devrait au moins donner le change (str. 7). Dalfi d'Alvernha lui reproche alors de juger les amants sincères à l'aune de la fourberie de son propre cœur (str. 8).

Dans la mesure où Dalfi d'Alvernha et Peirol assurent ici tous deux leur fonction de représentants de la société courtoise, on ne peut rejeter a priori l'une des deux conceptions comme non courtoise. Les deux positions contraires formulées dans ce partimen constituent les deux extrêmes entre lesquels le discours courtois sur la bonne manière d'aimer évolue : le désir d'une part ; l'union charnelle d'autre part[25]. En affirmant que l'union charnelle n'implique aucunement la fin de l'amour, Dalfi d'Avernha tente néanmoins de créer un pont entre ces deux pôles. Ainsi ces deux extrêmes se rapprochent-ils au sein des tensons et partimens et Dalfi d'Alvernha suggère de la sorte – et tel est bien le but qu'il s'est fixé – que l'idée largement répandue d'un amour qui mourrait avec l'union charnelle ne rend pas justice aux vrais amants[26].

Le partimen dont nous allons parler maintenant propose une problématique fondamentalement différente. Il n'oppose plus l'amour qui

---

Jean Bretel note lui aussi que celui qui a déjà profité des joies de l'amour ne ferait plus d'efforts dans ce domaine.

25 Voir sur ce point Neumeister, 1969, p. 131 ; D. Rieger, 1994, p. 19 *sqq.*

26 Raimbaut (de Vaqueiras ?), dans son partimen avec Albertet (P./C. 388, 1 = 16, 4), fait sienne la même idée, Harvey/Paterson (éd.), 2010, t. 3, p. 1048-1051 ; Sanguineti (éd.), 2012, p. 258-262. La question posée dans ce partimen est la suivante : est-ce qu'un amant à qui la bien-aimée a déjà accordé toutes les joies, devrait être plus amoureux, plus généreux et plus enclin aux largesses que celui qui sollicite encore les faveurs de sa dame ? Face à l'idée récurrente (et exprimée ici aussi) que l'amour de l'amant décline une fois l'acte accompli s'élève la conviction que plus un homme ferait l'expérience de l'amour, plus il serait heureux et généreux. À l'affirmation qu'un amant serait plus négligent dans son amour après le coït, tandis que faire la cour conduirait un homme à la perfection, Raimbaud répond d'un ton tranchant que la cour ne serait alors pas près de prendre fin (str. 5, 9 *sq.*). Albertet demeure impassible : [*Traduction*] « l'amant qui a vu tous ses vœux exaucés par la dame ne peut rien avoir de plus [un vers fait ici défaut dans les manuscrits] ; il devient cupide et avare ; j'ai déjà croisé beaucoup de gens de cette espèce » (str. 6, 4-10). Les défenseurs de la thèse du paradoxe amoureux partent du principe que les troubadours appartiennent à cette catégorie des mauvais amants et qu'ils auraient reculé pour cette raison devant l'union charnelle.

précède l'accomplissement charnel à celui qui lui fait suite, mais une cour longue à un accomplissement accordé facilement. Bien que le partimen ne nous soit pas parvenu en entier – trois stances font vraisemblablement défaut –, l'extrait à notre disposition fournit suffisamment d'éléments pour notre propos[27]. Peirol demande à son interlocuteur de choisir entre deux femmes nobles, d'égales jeunesse et joie, toutes deux aimables et épanouies, sachant qu'il peut 'avoir' la première – c'est-à-dire la posséder corporellement – rapidement et sans aucune difficulté, alors que conquérir la seconde requerrait beaucoup de temps, d'efforts et de craintes. Ce n'est donc pas l'accomplissement de l'amour qui constitue ici le critère de différenciation, mais les circonstances qui entourent un tel accomplissement : l'obtenir a-t-il été difficile ou non ? Dans l'une comme dans l'autre relation amoureuse esquissées dans ce partimen, il est question de « *aver* » (avoir) la dame, c'est-à-dire de la 'posséder' corporellement. Mais quelle forme de « *aver* » faut-il privilégier ? L'interlocuteur anonyme se prononce en faveur d'un accomplissement amoureux obtenu dans la difficulté et la douleur. Selon lui, les amants qui se verraient accorder trop rapidement l'assouvissement de leur désir auraient tôt fait de changer d'état d'esprit (str. 2, 5 *sq.*), c'est pourquoi lui-même préférerait, en tant qu'amant sincère, 'dérober' (« *esser harditz laire* », str. 2, 10) l'accomplissement de l'amour par l'habileté et la ruse (str. 2, 8-10)[28]. Cet énoncé étonne de la part d'un représentant de la *fin'amor*. La réplique de Peirol (str. 3) n'est pas consignée dans les manuscrits. Son interlocuteur reprend ensuite son argument de la ruse et explique que si un amant intelligent, plein d'espoir et patient parvient à berner les sentinelles stupides du mari, c'est que son plaisir (durant l'union sexuelle) est tellement intense qu'il lui semble qu'aucun roi ni empereur ne possède une telle richesse (str. 4). Peirol ramène alors son adversaire à la 'réalité', lui rappelant qu'il est bien possible que le soupirant se rende sous la pluie, dans le vent ou dans le froid à un rendez-vous avec sa dame pour se voir finalement éconduire par cette dernière et rentrer contrarié chez lui (str. 5). Il manque ensuite vraisemblablement de nouveau une stance dans le partimen. Peirol confirme pour finir qu'il aime davantage ce qui est agréable à ce qui fait souffrir (str. 7) ; son adversaire, pour sa part, revendique l'inverse : il préfère le « *mal* » (aspiration

27 Peirol et un noble anonyme (P./C. 366, 30), Aston (éd.), 1953, N° XXIX (p. 148-150) ; Harvey/Paterson (éd.), 2010, t. 3, p. 1012-1017 (les citations proviennent de cette édition).

28 Un tel « larçin » apparaît comme nécessaire dans la position défendue par le noble anonyme dans la mesure où la dame dresse de nombreux obstacles à l'accomplissement de l'amour.

douloureuse) sans le bon (accomplissement de l'amour) que le bon sans la souffrance (str. 8). Lui qui plaidait auparavant pour l'acquisition des faveurs amoureuses par la ruse (str. 2), se range ainsi subitement du côté de la (soi-disant) 'doctrine' officielle de la *fin'amor* : mieux vaut souffrir sans être récompensé qu'obtenir récompense sans avoir souffert. Les partimens, par définition, ne sont pas le lieu d'une argumentation cohérente ; il s'agit avant tout pour les adversaires de vaincre avec brio leur contradicteur au cours d'un jeu rhétorique. Ce partimen nous enseigne cependant que le plaidoyer pour une cour inscrite dans un temps long n'exclut aucunement l'accomplissement de l'amour.

Dans ce partimen, le débat ne porte pas sur l'opposition entre relation amoureuse accomplie et relation non accomplie, mais sur l'alternative « union sexuelle rare et obtenue difficilement *versus* union charnelle rapidement offerte et fréquente ». Ce qui est discuté, ce n'est pas l'accomplissement de l'amour, mais les *conditions* qui y président. La possibilité de l'accomplissement de l'amour est postulée comme allant de soi, et cela même dans la relation à la dame difficilement accessible. Nulle trace donc d'un renoncement à l'accomplissement de l'amour dans le but de jouir du désir. De plus, ce n'est pas le désir de coït qui est célébré comme le bonheur suprême, mais l'accomplissement de l'amour lui-même[29], dans la mesure où il n'échoit pas au prétendant mais où celui-ci doit le gagner par l'astuce (« *ab genh* ») et la hardiesse (« *arditz* ») (str. 2, 9 *sq.*). La réflexion ne se concentre pas sur le laps de temps qui précède l'accomplissement de l'amour, mais sur le moment de l'union sexuelle ou plus exactement sur les circonstances de cette union[30]. Ce moment ferait de l'amant un homme plus riche qu'un empereur ne pourrait jamais l'être. La thèse du paradoxe amoureux telle qu'on la trouve dans la recherche ne rend donc pas compte du débat mené dans ce partimen.

Dans notre prochain exemple, la comparaison porte certes sur l'« avant » et l'« après » accomplissement de l'amour, mais sans que cela ne donne lieu à un jugement de valeur en faveur de l'une ou de l'autre des situations[31]. La question dont débattent Gui d'Ussel, qui a

29 On retrouve cette idée chez Bernart de Ventadorn, Appel (éd.), 1915, N° IX, str. 6 (P./C. 70, 9). Le « je » textuel fournit des efforts afin de pouvoir jouir (« *jauzir* ») de la dame et non de son désir pour elle.

30 Peirol, Aston (éd.), 1953 : dans la str. 4, 6 du partimen, il est dit : « *quant ha sos volers* » (Harvey/Parterson (éd.), 2010, « *tan haut sos volers* ») : « s'il a sa volonté ».

31 « *Seigner Rainaut, vos qui.us faitz amoros* » (P./C. 194, 18a), Carstens, 1914, p. 74 *sq.* ; Harvey/Paterson (éd.), 2010, t. 2, p. 492 *sq.* (les citations proviennent de cette édition).

écrit entre 1195 (environ) et 1209, et Rainaut (Rainaut VI d'Aubusson ?) est la suivante : de deux amants qui aiment d'un amour aussi sincère l'un que l'autre, lequel est le plus heureux («*plus joios*», str. 1, 4) : celui qui a passé la nuit avec sa dame et obtenu d'elle tout ce qu'il voulait avant de la quitter ou celui qui se rend auprès d'elle et espère «*aver*» (str. 1, 8 – avoir, obtenir) toutes les joies de l'union charnelle ? On ne manquera pas de noter que Rainaut, à qui la question s'adresse, élude cette dernière. Son cœur pencherait certes plutôt pour la deuxième option (se rendre auprès de la dame), toutefois, il verrait des inconvénients dans les *deux* constellations. Comment un homme qui rejoindrait sa dame pourrait-il éprouver de la joie alors que, potentiellement, il n'en tirera finalement aucune de cette entrevue ? Mais le second ne pourrait pas non plus éprouver de joie à se séparer de ce qui lui plaît le plus (« *qe plus li plai* », str. 2, 8). Ce qui transparaît de la réponse de Rainaut, c'est l'idée que pour lui l'accomplissement de l'amour n'implique aucunement un affaiblissement du désir. Du reste, il se refuse à prendre position en faveur de l'une des deux options, ce qui revêt une importance considérable, dans la mesure où, ainsi, aucune des deux options proposées n'est 'cataloguée' a priori comme 'non courtoise'. Gui d'Ussel reprend les réflexions de Rainaut mais se prononce en faveur de l'option « partir après l'acte charnel ». Pour lui, l'accomplissement de l'amour prouverait que l'on est aimé ; on acquerrait ainsi gloire, honneur et joie. Au contraire, celui qui se rendrait auprès de sa dame subirait souvent une mésaventure : jalousie, diffamateurs ou quel que malheur que ce soit s'interposeraient souvent entre l'amant et sa dame. C'est pourquoi Gui préférerait les bonnes choses déjà vécues à quelque chose qu'il ne serait pas certain d'obtenir un jour (« *que no sai si.l n'aurai* », str. 3, 8). Rainaut, dans la stance suivante, la quatrième, évite de nouveau toute prise de position marquée en n'attribuant à chacune des deux options que du négatif. [*Traduction*] « Celui qui se rend avec de grandes attentes auprès de sa dame devrait être heureux, mais il craint ne trouver qu'effroi ("*mas tal paor ha no.i trop espaven*", str. 4, 3) et c'est pourquoi sa joie n'est pas particulièrement grande. Quant à l'homme qui a déjà goûté la joie de l'union charnelle ("*qi a joi de sa drudaria*", str. 4, 5), il connaîtra assurément un chagrin majeur s'il désire davantage ("*s'el en vol mas*", str. 4, 6) ». Et Rainaut de conclure son discours – ainsi que le partimen – par la question suivante, qui restera sans réponse : [*Traduction*] « Pourquoi, à ton avis, est-ce que celui qui quitte sa dame est plus heureux que celui qui se rend auprès d'elle ? »

Plusieurs éléments de ce partimen viennent nourrir notre réflexion : a. aucun des interlocuteurs ne prend clairement parti en faveur de l'état d'âme psychique de l'homme *avant* le rendez-vous amoureux ; b. au contraire, la prise de position pour l'option « partir après l'acte charnel » est résolument plus catégorique ; c. la possibilité que le désir de l'amant soit plus fort après l'union charnelle est sérieusement évoquée (str. 4, 6) ; d. dans son ensemble, le partimen est dominé par les deux stances de Rainaut, dans lesquelles il décrie les deux options. Ce partimen, alors qu'il examine la question centrale du paradoxe amoureux ([*Traduction*] « est-ce que la joie, c'est-à-dire la jouissance, est plus grande avant l'accomplissement de l'amour qu'après ? »), ne fournit aucune réponse claire et tranchée à cette question.

Cette même interrogation se trouve également au cœur du partimen qui oppose Folquet de Lunel à Guiraut Riquier[32]. Un chevalier qui aurait longtemps fait la cour à une dame verrait ses efforts enfin récompensés. Quelle sera alors sa plus grande source de plaisir : rejoindre la dame dans son lit ou « se lever après » (« *cant levatz en fo* », str. 1, 8) ? Guiraut pense que l'instant où l'homme « s'allonge » (« *cant si colquet* », str. 1, 8) est celui où il ressent la délectation la plus intense. Il ajoute que quiconque trouverait davantage de plaisir dans le fait de quitter le lit de sa dame suggérerait que le partager est une prison (str. 2). Folquet considère comme peu probable le fait que quelqu'un se réjouisse davantage de ce qu'il espère que d'avoir assouvi son doux désir (« *que cant hom a complit son dos dezir* », str. 3, 4). Pour lui, « *possezir* » (str. 3, 6 – posséder) ce que l'on désire le plus au monde est source d'une plus grande joie que ne l'est ce dont on peut potentiellement être séparé (avant l'acte sexuel) (str. 3). Guiraut réplique que c'est justement parce qu'attendre l'accomplissement de l'amour cause bien des tourments que le moment où l'on se couche auprès de sa dame procure une joie ultime. Après l'acte ne resterait que le souvenir. De plus, il considère que « sortir » du lit de la dame (« *cant del levar* », str. 4, 6) est bien plus terrible que la mort de son propre père (str. 4), ce qui implique la persistance d'un immense désir même après l'union charnelle. Folquet ne démord pas de son opinion : c'est bien parce qu'attendre l'union charnelle est cause de tant de maux que l'acte sexuel accompli procure un tel bonheur (str. 5). Guiraut recourt alors à la loi de l'amour (« *dreg d'amor* », str. 6, 1) : les joies de l'amour ne cesseraient jamais. Il remarque que si l'on poursuit l'argumentation de

32 « *Guiraut, pos em ab seignor cui agensa* » (P./C. 154, 2a = 248, 38), Harvey/Paterson (éd.), 2010, t. 1, p. 352-355.

Folquet jusque dans ses ultimes conséquences, on en vient à l'exigence absurde que la dame n'exauce jamais le désir de son amant. En effet, celui-ci ne gagnerait le lit de sa dame qu'à reculons dans la mesure où, apparemment, seul le fait de le quitter lui procurerait de la joie.

Ce partimen ne confirme donc pas non plus la thèse du paradoxe amoureux. Même le poète qui se positionne en faveur de l'option « gagner le lit de sa dame » ne célèbre pas l'attente de l'union charnelle comme le bonheur suprême. Il lui préfère le moment où l'amant entre dans le lit, c'est-à-dire le moment où il 'prend possession' de la dame. Ici encore, l'antagonisme ne porte pas sur l'attente d'une part et l'accomplissement de l'amour d'autre part, mais sur les différentes conditions présidant à l'union charnelle.

Tel est également le cas du partimen entre un certain Coms de Bretaigna et Gaucelm Faidit (vers 1156 – vers 1209)[33]. Ici non plus, il n'est pas question de savoir si l'union charnelle doit avoir lieu ou non, mais quelle forme d'union doit être privilégiée si la dame désirée laisse le choix à son amant : avoir un rapport sexuel avec elle dès le début du tête-à-tête galant, ou bien juste avant de se séparer. L'union sexuelle doit-elle précéder les étreintes et les baisers ou doit-elle leur succéder ? Gaucelm Faidit pense que l'amant qui préfère retarder le bonheur que sa dame lui propose n'éprouve de toute évidence pas un grand désir pour elle (« *volontat gran* », str. 2, 9). Pour lui, un amant qui prendrait tout de suite ce qui lui procure davantage de bonheur ne commettrait pas une erreur. Il ajoute que, une fois l'amour consommé (« *apres los faire* », str. 4, 11), les baisers et le sourire de la dame ne seraient que plus doux (IV 11 *sq.*). Pour lui, aucun amant véritable ne peut ressentir quelque douceur à quitter sa dame (str. 6, 1-3). Seuls les imposteurs pourraient prendre joyeusement congé de leur dame tout de suite après avoir goûté leur plaisir. Au contraire, l'amant qui connaîtrait la plus grande joie dès le début du rendez-vous galant pourrait le faire sans crainte (de devoir partir tout de suite après) (str. 6, 9 *sq.*). L'interlocuteur de Gaucelm ne fournit que peu de contre-arguments et se contente au final d'affirmer que celui qui a opté pour l'acte charnel en fin de rencontre a fait le meilleur choix (str. 3 et 5). Il considère que « *le bel don* » (str. 3, 11) prend une plus grande valeur juste avant de se quitter. Il argue qu'au regard de la loi de l'amour (« *per droit d'amor* », str. 7, 2), son opinion serait plus

33 « *Jauseume, quel vos est semblant* » (P./C. 178, 1 = P./C. 167, 30b), Mouzat (éd.), 1965, N° XLVII, p. 385-387 (les citations proviennent de cette édition) ; Bec, 2000, p. 185-191 ; Harvey/Paterson (éd.), 2010, t. 2, p. 418-423.

prisée que celle de son adversaire (str. 7). Gaucelm, impassible, rétorque cependant à la fin de la joute verbale ne pas craindre que quiconque s'y connaissant en amour (« *que sapcha d'amor* », str. 8, 2) ose partager le point de vue de son contradicteur.

Les deux options présupposent l'accomplissement de l'amour. L'un des interlocuteurs laisse même entendre qu'après l'acte charnel les baisers et étreintes de la dame sont plus doux encore qu'ils ne l'étaient auparavant (str. 4, 10 *sq.* et str. 6, 10 *sq.*). Il n'est donc pas question d'un potentiel affadissement de l'amour après le coït.

La tenson entre le troubadour professionnel Guiraut de Bornelh et le roi Alphonse II d'Aragon[34], qui, de prime abord, semble confirmer la thèse du paradoxe amoureux, n'abonde en réalité pas plus dans ce sens que les partimens que nous venons de citer. Guiraut demande au roi si une dame parfaite jouirait d'autant d'honneur à être aimée de lui que d'un chevalier ordinaire. Guiraut part ce faisant du principe que son adversaire, en raison de son statut élevé, ne courtise pas longtemps une dame, car, comme tous les grands seigneurs, il ne rechercherait que le plaisir amoureux (« *No.n voles mas lo jauzimen* », str. 3, 8). Pour Guiraut, le service d'amour (« *dompneis* », str. 5, 1) impliquerait au contraire attentes et bons espoirs. Il accorde une grande importance au comportement adopté par le prétendant fidèle (« *fin entendedor* », str. 5, 4) *avant* l'union avec la dame (« *enan del jauzer* », str. 5, 3). « *Mas vos ric, car es plus maior, / demandas lo jazer premier* » (str. 5, 5 *sq.* « Mais vous, hommes de haut rang, parce que vous êtes plus puissants, demandez en premier l'acte charnel »). Guiraut blâme également les dames qui s'offrent à celui qui ne les a pas courtisées (« *C'ama scelui que no.i enten* », str. 5, 8). Son adversaire royal assure ne pas user de sa richesse pour conquérir la dame mais reconnaît s'appuyer sur son pouvoir et sur son statut pour conserver l'amour de cette dernière (« *s'amistat retener* », str. 6, 3). S'il s'avérait que les puissants soient effectivement des imposteurs et qu'ils n'aiment à ce jour plus comme par le passé, cela ne vaudrait pas pour lui, quoiqu'en disent de potentiels diffamateurs (str. 6, 5-8). Le roi Alphonse se démarque donc des faux amants qui ne rechercheraient que l'union sexuelle et renonceraient ensuite à leur soi-disant amour. Pour lui, l'acte charnel ne semble aucunement mettre fin à une relation amoureuse. Une fois de plus, ce ne sont pas l'amour inaccompli et

34 « *Be.m plairia, seigner en reis* » (P./C. 242, 22 = 23, 1a), Kolsen (éd.), 1910, N° LIX, p. 378-383 ; Harvey/Paterson (éd.), 2010, t. 2, p. 700-703 (les citations proviennent de cette édition). Sur cette tenson, voir aussi Kasten, 1986, p. 125 *sq.*

l'amour accompli qui s'opposent ici. Le critère décisif dans cette tenson est de savoir si l'acte charnel a été précédé d'une cour inscrite dans la durée. De l'avis des deux interlocuteurs, le fait de courtiser longtemps la dame ne possède pas de valeur en soi mais conduit de façon méritée à l'union charnelle.

Bernart, dans son partimen avec Blacatz, pose la question de départ suivante[35] : [*Traduction*] « Laquelle de ces deux femmes parfaites choisissez-vous ? Toutes deux sont bonnes, belles, jeunes, mais l'une est de plus grande valeur ("*maior prez*", str. 1, 8). Il ne vous est possible d''avoir' cette dernière qu'une fois par an ("*et cella aurez sol un jorn l'an*", str. 1, 7), tandis que vous pouvez 'posséder' l'autre à votre guise ("*a vostre talan*", str. 1, 8) ». Blacatz reconnaît tout d'abord préférer connaître le plus souvent possible le bonheur auprès de sa dame. Toutefois, son choix se porterait sur la dame de plus grande valeur, même s'il éprouverait de ce fait moins de joie (« *meinz de jauzimen* », str. 2, 5) et souffrirait davantage (« *suffre plus d'afan* », str. 2, 7). Il convient ici de noter que Blacatz évoque comme quelque chose qui va de soi la possibilité qu'un amant souffre aussi *après* l'union sexuelle[36], qu'il souffre de ce qu'un grand laps de temps le sépare de la prochaine union sexuelle. Bernart au contraire n'est pas enclin à une longue attente. Il préfère disposer librement toute l'année d'un quart de la Provence (comprendre la dame de moins grande valeur) que de toute la Provence une fois par an. Il ajoute que s'il avait à sa disposition une dame belle, joyeuse et agréable, sa joie doublerait chaque jour, tandis que Blacatz mourrait de soupirer après sa dame (ne pouvant dormir avec elle qu'une fois par an) (str. 3). Blacatz rétorque que la valeur supérieure de sa dame l'élèverait lui aussi (« *que.l seus bons prez mi fai mais enantir* », str. 4, 3). Il est d'avis qu'un don de grande valeur de la part de la dame la plus parfaite vaut plus que cent cadeaux de la part d'une autre (str. 4). Bernart objecte que la plus grande joie qu'un homme puisse choisir consiste à être nu aux côtés d'une dame de qualité. Nul ne serait jamais mort de l'union charnelle, mais des milliers de soupirants seraient morts de désir, c'est pourquoi il opterait plutôt pour un bonheur qui s'étende sur douze mois que pour une joie d'un seul jour (str. 5). Blacatz assure pour sa part que jamais il ne quittera sa dame pour une dame de moins grande valeur, car elle pourrait le rendre si riche en un seul jour qu'il ne connaîtrait plus jamais

35 « *Seigner Blacatz, bemi platz e m'agensa* » (P./C. 52, 5 = P./C. 97, 12) ; Soltau (éd.), 1899, N° XI, p. 246-248 ; Harvey/Paterson (éd.), 2010, t. 1, p. 134-137 (les citations proviennent de cette édition).

36 *Cf.* ci-avant note 32 (sur P./C. 154, 2a).

l'absence de joie. Il n'aimerait pas tant les dons de moindre valeur qu'un seul beau et grand cadeau (str. 6). Bernart campe sur sa position : cent cadeaux agréables vaudraient plus qu'un seul don par an. Une longue attente serait synonyme de tourments et de douleur (str. 7).

Dans ce partimen non plus, ce n'est pas la confrontation entre l'accomplissement de l'amour d'une part et le renoncement à cet accomplissement qui est au centre du débat, mais les *différentes conditions* qui entourent l'union sexuelle : longue attente en vue d'une unique union charnelle par an avec une dame d'une perfection ultime ou bien d'innombrables unions charnelles avec une dame de moins grand prestige. Pour aucun des adversaires l'accomplissement de l'amour ne change *per se* la nature de la relation amoureuse[37]. Pour Blacatz, la question du plaisir n'est pas déterminante lorsqu'il opte pour l'alternative qui implique une union charnelle plus rare. Pour lui, c'est le mérite de la dame qui est décisif. Il recherche moins un abandon sexuel plaisant qu'un abandon de valeur. Prétendre à l'amour de la dame aux qualités les plus élevées (str. 2, 8) confère à l'amant – et partant au poète (voir ci-après) – davantage de valeur (str. 4, 3). Tout amant qui choisit pour objet de son amour la dame la plus parfaite revendique ainsi être luimême un amant de premier ordre. Un tel choix implique en effet de l'amant qu'il soit prêt à attendre et à souffrir. La décision de Blacatz en faveur de l'attente n'est pas motivée par le souhait d'augmenter son désir et de jouir davantage et plus longtemps de ce dernier, mais par la revendication d'être le meilleur prétendant[38].

CE QUE L'ON PEUT EN DÉDUIRE POUR LES CHANSONS D'AMOUR

Si l'on transpose ce que les tensons et partimens nous enseignent aux chansons d'amour, on voit que sur le plan thématique, l'accent ne repose pas sur le fait de jouir du désir mais sur le mérite (« *pretz* ») de la dame, lequel détermine à son tour la valeur de l'amour[39]. Dans

37 La possibilité d'une mort de l'amour après l'union charnelle n'est nullement évoquée.

38 Et la concurrence en matière d'amour inclut la concurrence dans le domaine de la poésie / du chant ; voir ci-après p. 139-147.

39 Voir Schnell, 1985, p. 53-76 et 169-181, sur la manière dont l'amour est appréhendé dans la philosophie chrétienne. L'objet détermine la valeur de l'amour.

la mesure où la valeur de la dame n'est (la plupart du temps) pas déterminée par le monde du vécu, mais relève d'une construction du ménestrel, l'idéalisation de la dame qui confine au sublime sert *in fine* la mise en scène du ménestrel par lui-même. Sa dame étant la plus belle et la meilleure[40], il attribue ainsi à son service d'amour la plus grande valeur. Nombre de troubadours disent préférer rester fidèle à une dame exceptionnelle et quasiment inaccessible plutôt que de se tourner vers une dame potentiellement plus complaisante[41]. La valeur sociale et éthique de la dame et son degré d'inaccessibilité sexuelle semblent être interdépendants. Dans le même temps, la valeur de la dame, objet de l'amour, élève la valeur du poète/ménestrel, sujet aimant. La valeur du poète est donc tributaire de ce que l'union sexuelle qu'il désire obtenir de la dame convoitée ne soit possible que dans des conditions (rendues) particulièrement difficiles. Plus la dame est inaccessible, et plus sa propre valeur, celle de la dame et celle de son amour pour elle croissent. Toutefois, sur des centaines de chansons d'amour, le dernier pas, celui du renoncement total à l'accomplissement de l'amour, n'est franchi que dans deux ou trois textes. Si un tel renoncement avait figuré au cœur de la poésie courtoise, cette-dernière aurait perdu tout son charme[42]. S'ils avaient renié le but qu'ils étaient censés poursuivre en courtisant la dame, les troubadours n'auraient en effet plus eu aucune raison de se plaindre de ne pas voir leurs efforts récompensés.

40 Voir par exemple Bernart de Ventadorn, Appel (éd.), 1915, N° XXII (P./C. 70, 22), str. 5(3), 1 *sq.* (« *Chauzit ai entre las melhors / la melhor qued anc Deus fezes* »).

41 Voir par exemple Peire Bremon Ricas Novas, « *Tuit van chanso demandan* » (P./C. 330, 19), Boutière (éd.), 1930, N° XI, str. 4 et 5, p. 42-44 ; Di Luca (éd.), 2008, N° X, str. 4 et 5, p. 175-177 ; Aimeric de Belenoi, Dumitrescu (éd.), N° XVIII (P./C. 9, 11), str. 3 (l'attribution de cette chanson est incertaine, c'est pourquoi elle n'a pas été éditée par A. Poli, 1997) ; Guilhem Adémar, Almqvist (éd.), 1951, N° VI (P./C. 202, 2), str. 4 et 6 ; N° XII (P./C. 202, 12), str. 1 ; Bertran de Born, Appel (éd.), 1932, N° V (P./C. 80, 12), str. 7 ; Paden, Jr. *et alii* (éd.), 1986, N° VII, str. 7 ; Gaucelm Faidit, Mouzat (éd.), 1965, N° VIII (P./C. 167, 63), str. 2, N° XXX (P./C. 167, 59), str. 6 ; Pistoleta, Niestroy (éd.), 1914, N° II (P./C. 372, 2), str. 4 (Hershon (éd.), N° II, str. 4) ; N° V (P./C. 372, 6), str. 4 (Hershon (éd.), N° VI, str. 4) ; N° VII (P./C. 372, 7), str. 4 (Hershon (éd.), 2003, N° VII, str. 4) ; Guillem de Saint-Didier, Sakari (éd.), 1956, N° XII (P./C. 234, 15), str. 2 ; Guilhelm de Cabestanh, Långfors (éd.), 1924, N° V (P./C. 213, 5), str. 3 ; N° IX (P./C. 213, 1a), str. 5 ([*Traduction*] « par un fil de son manteau chatoyant, s'il lui plaisait de me le donner, elle me rendrait plus heureux et plus riche que toute autre femme au monde ne pourrait le faire en me couchant auprès d'elle ») ; Daude de Pradas, Schutz (éd.), 1933, N° III (P./C. 124, 6), str. 3. Pour plus d'exemples, voir Köhler, (1960) 1962, p. 98 *sq.* Ces propos n'impliquent pas que les troubadours renoncent par principe à l'accomplissement de l'amour, mais ils attestent de l'importance en premier lieu de la valeur de la dame élue.

42 Voir ci-avant p. 26-36 sur Reinmar MF 165, 37 et sur les possibles critiques à l'égard de l'interprétation de cette strophe.

Il n'en demeure pas moins une forme de contradiction dans la construction de la relation amoureuse troubadouresque. Les troubadours supplient leur dame de leur témoigner quelque inclination, de se 'pencher' vers eux. Dans le même temps, ils lui confèrent un comportement idéal qui exclut presque la proximité sexuelle[43]. Mais qu'advient-il de cette contradiction discursive lors de la performance de la chanson ? Il est difficile de se prononcer avec précision sur la manière dont les chansons courtoises étaient représentées en public, peu d'indications nous étant parvenues[44]. On est néanmoins en droit de supposer que la mise en voix du texte engendre une réception du contenu quelque peu différente de celle que l'on aurait à la simple lecture[45]. Je veux dire par là que pour la courte durée de la performance, la contradiction discursive que nous avons mise à jour est atténuée, le rôle du ménestrel prenant le pas sur le reste en raison de sa présence physique[46]. La contradiction inhérente au concept comme au discours entre, d'une part, la recherche d'une proximité avec la dame et, d'autre part, l'amplification confinant à la sublimation de la valeur de cette dernière, cède la place à la présence corporelle du ménestrel qui, par son art vocal et la représentation d'un amour idéal, poursuit avant tout un but : se placer lui-même sous les feux des projecteurs[47]. Le troubadour ne puise pas la conscience qu'il a de sa propre valeur uniquement dans la représentation d'un amour élitaire, il la trouve aussi dans la fierté qu'il tire de son œuvre[48].

Si l'on compare la performance de la chanson face à un auditoire avec le discours sur l'amour tel qu'on le trouve dans le texte, on remarque que

43 Voir Schnell, 1989a, notamment p. 331-352, sur la question des nombreux antagonismes à l'œuvre dans l'amour dit courtois (conflits de l'amant avec lui-même, entre les amants mais aussi entre les amants et la société).

44 Sur les publications de la recherche portant sur la performance des chansons courtoises au Moyen-Âge, voir ci-avant p. 37 notes 39 et 40.

45 Voir ci-avant p. 36-46 (performance).

46 Lors de la représentation d'une chanson devant un public, le paradoxe articulé sur le plan textuel et qui s'exprime dans le fait que le « je » du texte ressente à la fois joie et peine, qu'il qualifie les tourments de l'amour de « doux » (*cf.* ci-avant p. 18 n. 23), se dissipe également. Le ménestrel ne peut en effet pas exprimer, dans ses gestes et mimiques, à la fois la joie et la peine (voir ci-avant p .36 n. 38). Ce qui peut paraître paradoxal sur le plan du discours, est réduit lors de la performance à l'expression d'une émotion dominante. Jan-Dirk Müller, 1999, décèle un autre paradoxe dans de nombreuses chansons de Reinmar : selon lui, le poète (Reinmar) simulerait la joie lors de la performance, mais renverrait dans le même temps à ses tourments amoureux qui existent par-delà la chanson. Toutefois, l'expression de la douleur l'emporte dans de nombreuses chansons de Reinmar sur les ébauches d'affirmation de joie liées à la performance.

47 Voir ci-avant p. 36-46 sur le plan performatif ; voir aussi ci-après p. 139-147.

48 Voir ci-après p. 139-147.

la représentation publique se démarque notamment en ce qu'elle unit le fait d'endurer les tourments de l'amour *et* l'espoir que l'union charnelle s'avère toutefois possible. La performance donne à voir et à entendre la simultanéité de l'espoir et de la désespérance, du bonheur et du désespoir amoureux, elle abolit de la sorte performativement l'alternance discursive entre joie momentanée et douleur temporaire. Le troubadour, lorsqu'il interprète la chanson, ne peut représenter qu'un seul et unique état d'âme émotionnel à la fois. Contradiction discursive et cohérence performative contractent une alliance marquée par des tensions ; une alliance fragile donc, avec d'un côté un paradoxe amoureux discursif (seul l'amour pour une dame *presque* inaccessible est considéré comme un amour de valeur) et de l'autre, l'exigence du troubadour de dépasser sur le plan performatif ce paradoxe et de parvenir malgré tout à ses fins.

Le ménestrel dispose de divers arguments qui lui permettent de rendre compréhensible au public l'abolition de la contradiction discursive lors de la performance. Pour lever la distance vis-à-vis de la dame, qui s'articule sur le plan conceptionnel, le ménestrel/poète peut, par exemple, évoquer le pouvoir de l'Amour, qui, un jour, l'assujettira elle aussi[49]. Il peut également invoquer l'idée que tout service mérite salaire, principe qui vaudrait également pour la dame ; ou en appeler à la miséricorde de sa suzeraine[50].

POURSUITE DE LA LECTURE DES PARTIMENS

Le partimen entre Guillem de Saint Gregori et Blacatz confirme les réflexions précédentes[51]. Blacatz est invité à choisir entre, d'une part, une dame exceptionnelle tant moralement que socialement et qui lui accorderait toutes les faveurs de l'amour hormis l'union sexuelle, et, d'autre part, la dame d'honneur (« *donzela* », str. 1, 7) de cette dernière, personne elle aussi de qualité mais qu'il pourrait 'posséder' à sa

49 Voir par exemple Peire Bremon Ricas Novas, Boutière (éd.), 1930, N° XI (P./C. 330, 19), str. 2, p. 42-44 ; Di Luca (éd.), 2008, N° X, p. 175-177.

50 Comme l'enseignent les partimens, l'union sexuelle avec la dame désirée n'était nullement exclue de l'horizon de pensée de la poésie des troubadours.

51 Guillem de Saint Gregori, « *Seigner Blacatz, de domna pro* » (P./C. 233, 5 = P./C. 97, 9), Soltau (éd.), 1899, N° VII, p. 237 *sq.* ; Harvey/Paterson (éd.), 2010, t. 2, p. 632-636 (les citations proviennent de cette édition).

guise. Blacatz rejette résolument la deuxième option ; selon lui, seule la première serait digne d'un amant fidèle et loyal (« *fin leial amador* », str. 2, 5). Dans la mesure où la première dame lui accorderait de douces joies, il n'aurait pas de raison de se séparer d'elle (str. 2). Aux feuilles et aux fleurs, Guillem préfère pour sa part les fruits doux et nombreux d'un verger[52]. Sentir la chaleur du feu lui serait plus agréable que voir l'âtre qui rougeoie (str. 3). Blacatz rétorque que n'importe quel voleur peut cueillir un grand nombre de fruits sur un arbre, mais ces derniers n'auront pas pour autant une aussi douce saveur ; et d'assurer que jamais il ne délaisserait sa dame. S'adressant directement à Guillem, il ajoute : « *Non voill vostre fruit ni.l deman* » (str. 4, 9 « Vos fruits ne m'inspirent aucun désir »).

Dans ce partimen transparaît la fierté de celui qui fait le choix de la relation amoureuse la plus difficile. La valeur de la dame aimée, qui rend les marques d'amour de cette dernière plus précieuses encore, compense manifestement le plaisir sexuel en moins. Et si la faveur suprême est refusée au prétendant, il n'en demeure pas moins que les marques d'amour prodiguées par la dame sont plus douces que ne peut l'être l'union charnelle avec sa dame d'honneur. Le partimen contient des indications contradictoires quant au statut social de la dame moins farouche par rapport à celui de sa suzeraine. On ne sait donc pas si elle est de plus basse naissance, toutefois le texte donne l'impression que statut social et étendue des faveurs accordées dépendent l'un de l'autre. Cette interdépendance ne semble pas être la conséquence de circonstances relevant du vécu des troubadours mais d'un *procédé discursif*. Pour créer une situation dilemmatique, il est nécessaire d'équilibrer les avantages et inconvénients entre les deux options possibles. Pouvoir dormir avec une dame de rang élevé, mais n'avoir le droit d'échanger que des baisers avec une dame de plus basse extraction ne constituerait pas un dilemme réaliste dans le cadre du discours amoureux courtois. Blacatz optant tout de suite pour l'alternative courtoise, son adversaire se voit dans l'obligation de défendre l'alternative correspondant à la pratique quotidienne (le plaisir sexuel comme fruit le plus doux). Pour autant, seul celui qui rejette une relation sexuelle ordinaire peut se distinguer sur le plan de la sociabilité courtoise. En choisissant la relation amoureuse qui exige des efforts plus soutenus et un renoncement plus profond,

52 Peire Bremon propose une argumentation similaire dans le partimen qui l'oppose à Gausbert (P./C. 171, 1 = 330, 11), Di Luca (éd.), p. 320 *sq.* (imprimé en appendice, l'attribution du texte à Peire Bremon étant sujette à caution).

en affirmant qu'obtenir moins de la dame la plus parfaite signifie plus pour lui que l'abandon sexuel dans le cadre d'une relation amoureuse de moindre valeur, l'amant s'assure un prestige social plus grand. Dans ce partimen, la préférence va à l'amour non accompli, non parce que le désir de l'accomplissement de l'amour promettrait davantage de plaisir que l'accomplissement de l'amour lui-même, mais parce que le baiser d'une dame socialement et moralement admirable *revêt* apparemment *plus de valeur* que l'union sexuelle avec une dame de moindre valeur.

Dans les deux partimens dont nous allons parler, on observe également cette interdépendance entre, d'une part, la valeur de l'objet aimé et, d'autre part, l'étendue des faveurs amoureuses accordées. Dans le débat qui oppose Guiraut Riquier et Guillem Rainier[53], la question posée est la suivante : [*Traduction*] « quel amour est le meilleur : l'amour pour une jeune fille qui vous reçoit aimablement et rien de plus, ou l'amour pour une veuve qui réalise tous vos souhaits ? » Le choix de Guillem doit être en accord avec la loi de l'amour (« *en dreg d'amor* », str. 1, 8). Il se prononce en faveur de la jeune fille et met en avant les aspects courtois de son choix : le simple fait de la voir serait source de joie ; par deux fois, il évoque la conversation agréable de la jeune fille. Par ailleurs, un simple bonjour attiserait une telle passion en lui que cela chasserait toute pensée mauvaise et basse. Au contraire, une fausse beauté serait le propre de la veuve, qui, de plus, aurait déjà 'usé' un homme. Guiraut rétorque que les amants courtois (« *li fin ayman* », str. 3, 2) aspireraient tellement à l'accomplissement de l'amour et souffriraient tant que beaucoup seraient déjà morts. Lui-même voudrait donc jouir de ce qu'il a désiré si longtemps, car l'homme qui pourrait satisfaire complètement son désir serait comblé dans la vie (str. 5).

Face à ce choix en faveur d'un assouvissement purement sexuel, on trouve donc la position qui se conçoit comme courtoise[54] : la relation avec une jeune fille (encore vierge) qui se déroule au vu et au su de la société est présentée comme satisfaisant à la « loi de l'amour ». Les joies purement sexuelles et vécues à l'abri des regards sont opposées au potentiel de valeur de ce qui est public, civilisé (voir, parler) et moral

53 Guiraut Riquier, « *Guillem Rainier, pos no posc vezer vos* », Chabaneau, 1888 (P./C. 248, 34 = 230a, 1).

54 Le « je » textuel d'un sirventès de Peire Cardenal s'exprime de manière assez similaire, « *Aquesta gens, quan son en lor gaieza* » (P./C. 335, 6), Lavaud (éd.), 1957, N° XII, p. 42-45, str. 1 ; Vatteroni (éd.), 2003, N° VI, p. 195-197. *Cf.* Liebertz-Grün, 1977, p. 145, note 141 (il y est dit que les gens parleraient d'amour mais ignoreraient ce qu'est l'amour. Ils confondraient plaisir sexuel et amour).

(absence de viles pensées)[55]. Aimer un objet de plus grande valeur rend l'amour qu'on lui porte plus précieux et accroît, dans le même temps, la valeur de l'amant[56]. Ici encore, l'amour est mesuré à l'aune des valeurs sociales ayant cours et non du degré de plaisir que l'on en retire.

Civilité, courtoisie, discipline, subtilité de la communication et valeur sociale d'un côté ; relation purement sexuelle de l'autre : telle est également l'opposition au cœur du partimen entre Bonifacio Salvo et Scotto[57]. Bonifacio pose la question dilemmatique suivante : [*Traduction*] « laquelle de ces deux relations amoureuses vous plairait le plus : pouvoir faire tout ce que vous souhaitez avec votre "*amia*", mais sans qu'elle ne vous autorise à la voir ou à lui parler et sans être jamais aimé d'elle ; ou bien pouvoir la voir et lui parler à tout moment, sans qu'elle ne vous permette davantage, ni que vous puissiez l'y forcer ? Je souhaite voir quel choix est le vôtre ; ne tenez ce faisant aucun compte (des lois) de la courtoisie ("*e no.i gardetz cortesia*", str. 1, 14) ». Bonifacio appelle ainsi son interlocuteur Scotto à répondre franchement.

La préférence de Scotto va à l'acte sexuel dans l'obscurité. Pour lui, si la possibilité est donnée à un amant de tenir la dame aimée nue dans ses bras, ne pas 'prendre' la dame relèverait de la folie, même si l'amant ne peut ni la voir ni lui parler. Il argue que pouvoir uniquement voir et parler à sa dame sans obtenir le bonheur suprême ne ferait que doubler sa peine. Le simple fait d'y penser le rendrait tellement malheureux qu'il ne pourrait pas vivre une minute de plus (str. 2). Pour Bonifacio, au contraire, le bonheur suprême réside dans le fait de parler à la dame et de la voir. Il considère qu'on ne saurait prendre plaisir à quelque chose que l'on ne peut pas voir ; qu'aucun homme ne pourrait souffrir plus sévère pénitence sur terre que de devoir renoncer à parler quand il en

55 La chanson de Bernart de Ventadorn « *Era.m cosselhatz, senhor* » (P./C. 70, 6), par exemple, montre bien le dégré de contradiction qui habite le débat courtois sur la bonne façon d'aimer. Bernart y donne à sa dame le conseil d'en aimer un autre en public mais de l'aimer lui en secret (« *a celat* », str. 8, 2). Pour l'autre, les beaux discours ; pour lui-même, les joies de l'amour. Il est donc tout à fait possible de défendre – à des fins ironiques et humoristiques ? – une position non courtoise dans une chanson d'amour.

56 On serait presque tenté de dire que la joie du troubadour, dont les chansons d'amour font souvent état, trouve ses racines dans la conscience de soi et dans la fierté que le poète/ménestrel retire de ce qu'il *représente* devant un public une forme d'amour hautement prisée sur le plan social.

57 Bonifacio Calvo, « *Scotz, quals mais vos plazeria* » (P./C. 101, 11a = 433, 1), Bertoni (éd.), 1915, N° LX, p. 418-420 ; Harvey/Paterson (éd.), 2010, t. 1, p. 228-233. [*Traduction*] « Preferez-vous pouvoir tout faire avec votre bien-aimée, mais sans avoir le droit de lui parler ni de la voir, et sans que l'amour ne soit réciproque, ou préférez-vous pouvoir la voir et lui parler, mais rien de plus ? » (Neumeister, 1969, p. 204).

ressent le besoin (str. 3). Ce sont de nouveau les bonnes manières dites courtoises (voir, parler) qui différencient une relation amoureuse d'autres formes d'amour. Scotto réplique que depuis le jour où il a aperçu sa dame pour la première fois, il la verrait en pensée. C'est pourquoi ne pas voir la dame une fois ne le peinerait pas davantage, les délices de l'amour offrant compensation. La douleur de son adversaire, en revanche, recommencerait chaque jour derechef et il connaîtrait inévitablement la mort d'un Tantale (str. 4). Mais Bonifacio souligne une nouvelle fois la valeur de la vue et de la parole. Que la dame lui permette de la voir et de lui parler, et cela serait déjà plus que suffisant. Il ne souhaiterait pas dormir avec elle, car on ne pourrait que déplorer qu'une dame s'abandonne ainsi (sans voir et sans parler). Il aimerait plus qu'il ne désirerait (« *q'ieu am mais q'eu non enveg* », str. 5, 8)[58]. Scotto rétorque qu'aucune femme de noble esprit ne devrait accorder de crédit aux arguties de Bonifacio. Son choix ne serait pas en accord avec la *fin'amor* (str. 5, 14). Le dernier mot revient à Scotto (str. 6) qui fait remarquer que celui qui peut voir sa dame et lui parler mais qui désire davantage souffre le martyre quand il se voit refuser par sa dame la chose qui le tourmente tant. Selon lui, Bonifacio ignore ce que sont les tourments de l'amour ; mais lui, en lutte avec ce dernier, préférerait l'acte charnel, d'autant plus qu'il verrait bien que tout un chacun ne désirerait que cela. C'est pourquoi il privilégierait cette option et ne se soucierait pas tant du service d'amour (« *domnei* », str. 6, 13).

Ce partimen donne à entendre – en apparence du moins – la position que l'on qualifie communément de paradoxe amoureux : voir la dame aimée et lui parler serait source d'un plus grand bonheur que dormir avec elle. Cependant, il n'oppose pas seulement union charnelle et renoncement à l'accomplissement de l'amour. Le fait de voir et de parler avec la dame d'une part et l'acte charnel sans parole, regard ni réciprocité de l'amour d'autre part, forment également des pôles contradictoires. Ce n'est pas l'union sexuelle en tant que telle qui est rejetée, mais certaines *conditions* présidant à cette union, comme par exemple le fait qu'elle soit réduite à l'acte sexuel. Ceci transgresserait toutes les règles de l'amour courtois qui exigent des relations civilisées entre les deux sexes. Cette éthique courtoise de l'amour est certes remise en question dans le partimen par Scotto qui y voit un idéal fort peu réaliste, mais par sa prise de position il confère justement au discours

58 Ici – fait suffisamment rare pour être signalé –, la distinction entre « aimer » et « désirer » est opérée. Voir ci-avant p. 52 n. 7 et ci-après p. 116 n. 22.

amoureux courtois l'exclusivité que celui-ci recherche. Il semblerait en effet que la conception de l'amour exprimée dans de nombreuses chansons d'amour vise précisément à se démarquer d'un comportement amoureux 'ordinaire' : un homme qui s'y conforme se distingue des autres. Les troubadours, en illustrant cet habitus, représentent le public courtois dans son vœu de différenciation sociale[59].

Plusieurs éléments pertinents pour notre argumentation se dégagent de l'étude de ce partimen. a. Le rejet de l'accomplissement de l'amour n'y est pas justifié par le fait qu'il procurerait davantage de plaisir, mais par la mise en opposition d'un 'désir vil' avec un 'comportement civilisé'. Que l'union sexuelle ait lieu ou non n'est pas décisif pour juger d'une relation amoureuse, ce qui compte, c'est la manière dont l'amant compose avec son désir sexuel. b. La prise de position de Bonifacio est conditionnée par un horizon d'attente social et ne correspond pas à l'émanation du raffinement psychologique d'un individu. Les tourments amoureux tels qu'ils sont exprimés dans une chanson d'amour ne sont pas le fruit du souhait subjectif d'un troubadour de jouir de façon plus intense du désir, mais naissent de la fonction de représentation endossée par la poésie courtoise dans son ensemble. c. Dès lors que l'on ne s'interroge plus sur l'état psychique du troubadour mais sur les fonctions sociales remplies par la représentation publique des chansons courtoises, les indices permettant de supputer un paradoxe amoureux sur le plan du vécu s'évanouissent.

Ces réflexions sont confirmées par la manière dont sont opposées deux façons d'aimer différentes dans le partimen entre Simon (Doria ?) et Albertet[60]. Simon demande à Albertet s'il préférerait rencontrer sa dame, habillée et chaussée, chaque jour dans un palais ou bien l'avoir nue chaque nuit, en secret et sans lumière, dans un lit douillet. Au cours du débat, la frontière entre les deux positions se fait plus marquée. Albertet accorde de la valeur au fait de voir la dame bien chaussée et bien habillée (il évoque même sa fourrure grise, str. 6, 5). Il refuse l'idée d'« *aver* » (str. 2, 5 et 7) une dame à sa guise, c'est-à-dire de prendre physiquement

59 *Cf.* Schnell, 1994 ; Schnell, 2000. Voir aussi ci-avant p .32-34 (notes 30-35).

60 Simon Doria, « *N'Albert, chauçeç la cal mais vos plairia* » (P./C. 436, 2 = 13, 1), Bertoni (éd.), 1915, N° LI, p. 384 *sq.* ; Harvey/Paterson (éd.), 2010, t. 3, p. 1181-1185 (les citations proviennent de cette édition) ; traduction chez Jean Boutière, 1937, p. 99 *sqq.* (str. 1 : « Sire Albertet, choisissez ce qui vous plairait le plus en matière d'amour, puisque vous en avez si grande envie : avoir chaque jour, dans un palais, votre dame vêtue et chaussée, ou bien, dans une chambre, sans lumière, la tenir toute nue chaque nuit, dans un riche lit, pour en avoir du plaisir à votre gré ? Vous pouvez choisir à présent, car, pour moi, je sais bien ce que je préférerais »).

possession d'elle sans la voir, même si on lui offrait Édesse (str. 2, 8). Il pourrait tout aussi bien toucher une créature laide s'il ne la voyait pas en 'la chevauchant' (str. 4, 7-9). Il ajoute que, quand il regarde sa dame, le monde lui semble fleuri (str. 6, 6). La vue, sens auquel la culture courtoise accorde une grande importance, détermine ici, comme dans le partimen précédent, l'argumentation de l'amant courtois[61]. Simon, au contraire, préfère toucher les seins fermes de la dame dans le noir et mener à son terme le jeu de l'amour ; chose qui ne serait pas possible avec une dame habillée (str. 3). Quand il tiendrait la dame nue dans ses bras, il n'envierait pas même l'empereur Frédéric (str. 5, 4), car il saurait qu'elle est jeune, que sa peau est blanche et lisse. Contempler le corps de la dame ne serait alors pas nécessaire (str. 3, 7 et 5, 6). D'un affadissement du désir après la première union charnelle, nulle trace.

Dans ce partimen encore, on assiste à l'opposition entre espace public (palais), visibilité, culture (« habillée », « chaussée »), contrôle de soi (absence de coït quotidien) d'une part, et, de l'autre, dissimulation, obscurité, corporéité (seins fermes) et nudité (animalité). Le plaisir des sens n'est pas l'apanage d'un des deux partis, mais là où, d'un côté, on en appelle à la vue, de l'autre, on met en avant le toucher. On rencontre encore et toujours ce modèle contrastif dans les partimens : l'une des relations amoureuses se caractérise par son aspect public, par la vue, le rire et la parole – et l'absence de coït – ; l'autre relation amoureuse par l'obscurité et l'union sexuelle – mais sans la vue, le rire ni la parole[62]. Dans ces confrontations entre deux types d'amour, il ne s'agit nullement de contester le fait que l'union sexuelle est le but poursuivi par l'homme quand il fait la cour à une dame et qu'elle est synonyme de bonheur suprême[63], même si la

61 On ne trouve pas ici d'indices étayant la thèse de Spitzer qui dit que les troubadours renonceraient à l'union charnelle afin de mieux jouir de leur désir.

62 *Cf.* par exemple Guiraudo lo Ros, « *En Giraldon un joc vos part d'amors* » (P./C. 240, 6a ; partimen entre un comte et Guiraudo lo Ros), Harvey/Paterson (éd.), 2010, t. 2, p. 692-695. Guiraudo célèbre le bonheur offert par la vue de la belle silhouette ; le comte affirme au contraire qu'aucune joie ne surpasse celle d'un homme qui passe la nuit auprès de sa bien-aimée. Dans le partimen « *Peire Bremon, maint fin entendedor* » entre Peire Bremon et Gausbert (P./C. 171, 1 = 330, 11 ; Di Luca (éd.), 20008, p. 320 *sq.* [imprimé en appendice, l'attribution étant sujette à caution ; *cf.* ci-avant note de bas de page 224] ; Harvey/Paterson (éd.), 2010, t. 2, p. 414 *sq.*), l'opposition entre la communication courtoise avec la dame d'une part et le baiser de la dame reçu à l'abri des regards d'autre part se trouve également au cœur du débat.

63 Voir par exemple Blacatz, « *En Raembaut, ses saben* » (P./C. 97, 4 = 388, 3), Harvey/Paterson (éd.), 2010, t. 1, p. 186-189. Dans le partimen entre Blacatz et Raimbaut (de Vaqueiras ?), il s'agit de choisir entre une dame qui accomplit tous les souhaits d'ordre sexuel à l'abri des regards, et une dame qui, afin d'augmenter le prestige social d'un homme, se fait passer pour sa bien-aimée. La réputation sociale affronte le pur plaisir sexuel (str. 2).

structure dialectique du partimen éveille souvent l'impression inverse[64]. Ce que les partimens cherchent à démontrer, c'est la capacité à *imaginer* l'amour autrement que d'après les seules catégories du plaisir sexuel. Il s'agit de mettre en avant une relation amoureuse dans laquelle la vue, la parole, le rire peuvent eux *aussi* combler l'amant de bonheur. La société courtoise se distingue des autres en présentant dans le *discours* public cette forme d'amour comme supérieure. Et celui qui se réclame de cette forme courtoise de l'amour peut prétendre à un rang social plus élevé. Transposons ceci aux chansons d'amour : quand le troubadour expose la cour qu'il fait à une dame (fictive) parée de toutes les vertus, une cour source de douleurs, inscrite dans le temps et se jouant en public, il ne s'agit pas là de la traduction littéraire d'un état (psychique) relevant de son vécu. Solliciter les faveurs d'une dame quasiment inaccessible correspond, d'une part, à énoncer de façon professionnelle que l'on se prévaut d'une manière d'aimer unique et élitaire, et répond, d'autre part, à l'attente sociale à l'égard du troubadour qu'il exprime précisément ceci lorsqu'il re-présente sa chanson. À l'aspect public de la forme d'amour à laquelle va la préférence (dans les partimens *et* dans les chansons) fait écho l'aspect public du chant, ce qui va de pair avec l'exclusivité ainsi que la représentativité de la poésie courtoise[65] – la condition préalable à tout ceci étant la création littéraire d'une dame idéale.

Au centre du partimen entre Rainaut de Pon et Jaufré de Pon règne le contraste entre souffrance et plaisir, entre honneur social et désir égoïste[66]. Rainaut pose la question suivante : [*Traduction*] « quelle forme

---

Dans la strophe 4, Raimbaut proclame que rien ne lui procurerait davantage de plaisir que de tenir la dame nue dans ses bras (str. 4, 4 *sq.*). Voir aussi les partimens discutés ci-avant P./C. 372, 6a ; P./C. 52, 5 et P./C. 248, 34 ; ainsi que 240, 6a (voir note 62).

64 Je ne souhaite pas revenir sur le vieux débat au sein de la recherche pour savoir si la *fin'amor* (amour des troubadours, amour courtois) était de nature sensuelle-érotique ou intellectuelle-spirituelle ; pour un aperçu complet, voir Schnell, 1985, p. 78-103. Nous nous contenterons ici de noter ceci : l'idée que l'amour dit courtois – dans la mesure où l'on parvient à le saisir dans la poésie des troubadours – serait essentiellement un amour inaccompli ou un amour relevant purement du désir, a, à mon avis, méconnu l'aspect fondamental de la poésie d'amour troubadouresque. On n'y proclame pas l'exclusion du plaisir sexuel à la manière d'une leçon de morale, mais l'on y (re)présente sur le plan performatif le processus qui consiste à civiliser le désir sexuel. Pour le monde extérieur, pour la société, on met en avant des comportements décents, qui se retrouvent dans la *cortesia* d'une personne. Dans la relation que deux amants entretiennent l'un avec l'autre, des normes internes prennent le relais ; *cf.* Schnell, 1989a, p. 352-363 notamment.

65 Sur la relation entre exclusivité et représentativité, voir Schnell, 2013, p. 326-347 notamment.

66 Rainaut de Pon, « *Seign'en Jaufre, respondetz mi, si.us platz* » (P./C. 414, 1 = 261, 1), Harvey/Paterson (éd.), 2010, t. 3, p. 1120-1125.

d'amour a, à ton avis, le plus de valeur : un amant aime une dame de si haute naissance qu'il peut à peine imaginer "*s'amor aver*" (str. 1, 5 "avoir, obtenir son amour"), toutefois le simple fait que cet amour soit cause de douleur, est pour lui un honneur ; il l'aime tellement qu'il ne parvient pas à se soustraire à cet amour. L'autre amant "*a de sidonz son voler*" (str. 1, 8 "obtient sa volonté de sa dame"), de sorte qu'elle ne lui refuse aucun plaisir, cependant, il retire peu d'honneur de cet amour ». Jaufré a tôt fait de se décider. Il ne voudrait pas d'une dame qui trouve du plaisir à le voir souffrir et qui ne le considère pas comme son égal en amour. À attendre longtemps, on perdrait selon lui beaucoup de joies. La haute naissance de la dame, qui serait un frein pour l'homme, causerait une douleur inutile. C'est pourquoi Jaufré choisirait d'aimer bien et avec respect la dame qui n'oublie pas la récompense (str. 2). Rainaut réplique que ceux qui aiment des dames de grande valeur ne perdraient pas leur temps. Pour lui, l'homme « *qui plus vol aize que gran honor* » (str. 3, 3 « qui préférerait le plaisir à un grand honneur ») serait un sot. Un homme devrait faire de grands efforts pour une cause dont il tirerait grand bien et « *grans honors* » (str. 3, 6). La *fin'amor* (str. 3, 7), l'amour vrai, lui plairait pour la simple et bonne raison qu'elle serait pour lui synonyme d'« *honor* » (str. 3, 8). Supporter la douleur pour une bonne cause est donc source d'honneur pour un homme. Jaufré, au contraire, loue la dame qui sait ce qui est bon pour son ami et n'entrave pas son bonheur. Il est d'avis que son adversaire aime davantage l'espoir que le plaisir (« *q'en amatz mais l'entendre que.l jauzir* », str. 4, 8). Telle serait la raison pour laquelle les gens se moqueraient des Bretons qui attendraient encore le retour du roi Arthur. Rainaut est toutefois persuadé que sa dame l'exaucera un jour. Il ne veut pas céder au désespoir malgré la souffrance qu'elle lui impose, car il est d'avis qu'après le pire, viendra le meilleur, sa vie durant, tant qu'il aura d'abord acquis son « *onor* » (str. 5, 8). Il vivrait donc dans l'espoir d'une grande joie (« *per so dei eu lo gran joi esperar* », str. 5, 9). En réponse à cela, Jaufré proclame derechef que les plaisirs de l'amour (« *jauzimen d'amor* », str. 6, 3) lui importent davantage ; les tourments, il les laisse volontiers à son adversaire. S'il ne devait rester à ce dernier d'autre recours que de se consoler lui-même, il ne pourrait qu'en rire. Dans sa dernière réplique, Rainaut insiste une nouvelle fois sur la différence entre les deux positions : Jaufré ne saurait rien de l'amour car il opposerait « *onor e amor* » (str. 7, 3). Jaufré se défend (str. 8) en disant qu'il ne chercherait pas à séparer l'un de l'autre, mais qu'apparemment, ce serait Rainaut qui serait heureux que l'on se moque de lui.

Les mots-clés employés dans ce partimen permettent de faire facilement ressortir les divergences entre les deux positions. L'un des points de vue est caractérisé par les champs lexicaux de la souffrance (str. 1, 6 ; 2, 7 ; 3, 5 ; 5, 5), de l'espoir / de l'attente (str. 2, 5 ; 4, 8 ; 5, 7) et de l'honneur (str. 1, 6 ; 3, 3 ; 3, 6 ; 3, 8 ; 5, 8) ; l'autre par le champ lexical du plaisir / de la volupté (str. 3, 3 ; 4, 8 ; 6, 3 ; 6, 6). L'un des troubadours argumente sur la base de la valeur et de l'honneur inhérents à son comportement. Souffrir serait gage d'honneur. Pour l'autre troubadour, le critère décisif est le plaisir sexuel. Si l'on veut parler d'un paradoxe de la poésie courtoise, alors celui-ci réside tout au plus dans le fait que la disposition à la souffrance et aux tourments jouit d'un plus grand prestige social – sur le plan du discours du moins – que la position qui défend le plaisir sexuel[67]. Quand souffrance et plaisir s'affrontent dans le débat public sur l'amour, la souffrance l'emporte. Mais cela ne surprendra guère : pour la noblesse médiévale, faire l'apologie de la jouissance sexuelle[68] ne permet pas de prétendre à un amour exclusif. Un tel statut, une telle exclusivité implique de se montrer disposé à souffrir. Ceci n'induit aucunement que le plaisir sexuel soit exclu en tant que tel, comme en témoigne dans ce partimen le fait que Rainaut dise espérer que la dame mette un jour un terme à sa longue attente et se donne à lui. Au demeurant, les partimens cités précédemment ont bien montré que la critique ne porte pas sur l'union charnelle, mais sur certaines circonstances qui y président. On n'attend pas des amants qu'ils renoncent à l'accomplissement de l'amour, mais que celui-ci sacrifie à certains critères.

On retrouve la mise en opposition d'une cour inscrite dans la durée et source de souffrances avec un plaisir sexuel obtenu rapidement dans le partimen entre Guilhem de la Tor (qui a écrit entre 1216 et 1233) et un certain Imbert[69]. Guilhem pose la question dilemmatique suivante : [*Traduction*] « Monsieur Imbert, donnez-moi votre avis au sujet de cette alternative sur laquelle je vous interroge : vous aimez une dame d'un noble désir ("*de fin talan*", str. 1, 3) et tournez vers elle votre cœur

67 Voir par exemple Bernart de Ventadorn, Appel (éd.), 1915, N° XXXI (P./C. 70, 31), str. 4, 6 (« *que mais val mos mals qu'autre bes* » – [*Traduction*] « car ma souffrance vaut plus que le plaisir d'un autre »).

68 On trouve en revanche une telle apologie dans certaines chansons parodiques et satiriques, ou quand les hommes glorifient leurs soi-disant exploits sexuels.

69 Guillem de la Tor, « *Seigner n'Imbertz, digatz vostr' esciensa* » (P./C. 236, 8 = 250, 1), Bertoni (éd.), 1915, N° XVIII, p. 262 *sq.* ; Blasi (éd.), 1934, N° XII, p. 45-48 ; Harvey/Paterson (éd.), 2010, t. 2, p. 640-643 (les citations proviennent de cette édition). Traduction chez J. Monestier (éd.), 1991, p. 46 *sq.*

et votre désir ("*entendessa*", str. 1, 4) qu'elle vous accorde son amour, jusqu'à ce qu'elle se rende compte qu'elle ne peut pas pécher ("*qe non i pot pechar*", str. 1, 6)[70]. Il y a là une autre dame, d'aussi grande valeur, qui vous aime tellement qu'elle vous offre son amour ("*dona s'amistat*", str. 1, 9) sans que vous ayez à la prier longuement. À laquelle des deux va votre préférence ? » En soi, pour deux femmes de même réputation sociale, il ne devrait pas être bien difficile de choisir entre un long service d'amour non récompensé et une union charnelle rapidement obtenue, qui ne requiert aucun service d'amour[71]. Imbert se prononce en effet en faveur de la dame qui lui offre facilement son amour sans toutefois justifier son choix. Il indique seulement préférer une dame qui lui offre son amour sans qu'il ait à la prier longuement, à une dame qu'il devrait courtiser pendant un ou deux ans (str. 2). Guilhem fait toutefois remarquer qu'une dame respectable devrait avoir peur d'offrir son amour à un homme qui pourrait s'en vanter et répandre des rumeurs négatives à son sujet (elle mettrait donc sa réputation en jeu). Pour Guilhem, un amant sincère ne devrait pas se laisser décourager par une dame qui ne lui offrirait pas ses faveurs tout de suite ; s'il est digne de son amour, il l'honorera jusqu'à ce qu'elle le récompense (« *tro vegna.l guizerdos* », str. 3, 8) – option qui était pourtant exclue de la question de départ ! Guilhem ajoute que, lorsque l'on obtient facilement les joies de l'amour, on devrait toujours craindre qu'un autre les obtienne aussi aisément (str. 3). Imbert contre, en argumentant qu'il vaut mieux un bonheur qui commence bien et découle d'un bon vouloir, qu'un bonheur qui soit responsable de la souffrance qui lui est inhérente. Selon lui, une dame parfaite, à compter du moment où elle aimerait, ne devrait pas se faire prier trop longtemps par son ami, car tous deux trouveraient une plus grande joie et une plus grande satisfaction à devenir au plus vite un couple et à connaître un joyeux plaisir (« *ioi ioios* », str. 4, 8). Son interlocuteur défendrait une position insensée car il ne connaîtrait pas la joie acquise facilement.

Cette relation – qui se satisfait d'un plaisir sexuel obtenu sans qu'une cour inscrite dans la durée l'ait précédé – permet, via le jeu d'opposition, de donner des traits encore plus marqués à la 'norme' courtoise. Une

70 Sur les différentes interprétations de ce vers, voir Harvey/Paterson (éd.), 2010, t. 2, p. 645. Neumeister, 1969, p. 120, traduit également par « *sündigen* » (pécher).

71 Neumeister, *ibid.*, p. 204 : laquelle de ces deux nobles dames faut-il préférer : celle qui 's'éclipse' après un long service d'amour ou celle qui s'offre d'elle-même ? (« *Welche von zwei edlen Damen ist vorzuziehen : diejenige, "die sich nach langem Minnedienst zurückzieht, oder die sich unaufgefordert anbietende ?"* »).

situation inhabituelle (solliciter longuement les faveurs d'une dame en vain) révèle le caractère certes 'peu naturel' du comportement amoureux mis en scène dans les chansons d'amour, mais c'est justement par le biais de ce caractère 'peu naturel' que les troubadours et leur public se démarquent – sur les plans discursif et artistique – de tous les autres, qui, c'est du moins l'attitude qu'ils leur prêtent, seraient le jouet de leurs pulsions[72]. Cette fois encore, ce n'est pas le plaisir sexuel *per se* qui est proscrit, mais le fait de rechercher la jouissance sexuelle sans aucune forme d'auto-contrôle.

Dans le partimen entre Gaucelm Faidit (fin du XIIe siècle) et Peirol (vers 1160 – vers 1221), la différence entre « union sexuelle / absence d'union sexuelle » ne constitue pas non plus le seul critère distinctif entre deux relations amoureuses. Il s'y ajoute la différence numérique du temps passé ensemble, selon qu'il est long ou court. L'ensemble de ces éléments se condense alors dans la question dilemmatique[73], Peirol proposant l'alternative suivante : [*Traduction*] « Quel amant ressent le plus de plaisir : celui qui passe toute la nuit aux côtés de sa dame mais sans pouvoir la pénétrer ("*e non lo fai*" : "et ne le fait pas", I, 4) ou celui qui vient pour parler à sa dame, a seulement le temps de dormir une unique fois avec elle et doit partir ensuite (str. 1) ? ». On a de nouveau affaire à l'opposition entre, d'un côté, un rapport exclusivement sexuel, et, de l'autre, une relation érotique contrôlée.

Gaucelm pense que celui qui passe toute la nuit auprès de sa dame a – même sans la pénétrer – deux fois plus de plaisir que celui qui accomplit l'acte et part : pendant qu'il est auprès de sa dame, le premier connaît des centaines de plaisirs ; du moins, s'il s'y entend. Cela lui paraît bien plus agréable que d'accomplir hâtivement l'acte charnel (« *qe.l fars q'om en tal cocha pren* », str. 2, 8). À l'opposé, Peirol considère le fait de passer la nuit auprès de celle qui vous est la plus chère sans pouvoir goûter son plaisir (« *e no.n pot aver son talen* », str. 3, 5) ni accomplir sa volonté (« *ni sa voluntat faire* », str. 3, 6) comme une épreuve terrible. Nul pécheur ne vivrait pareille torture en enfer. Gaucelm rétorque que Peirol s'y connaît bien peu en amour s'il pense qu'un amant souffre en

72 On en trouve l'exemple parfait dans le partimen entre Aimeric de Peguillan et Elias d'Ussel (P./C. 10, 37 = 136, 5), Carstens, 1914, p. 82-85 ; Harvey/Paterson (éd.), 2010, t. 1, p. 58 *sq.* ([*Traduction*] « A-t-on le droit de rompre la promesse faite à la dame de ne pas la pénétrer lorsque l'on partage le lit avec elle ? »).

73 Peirol, « *Gaucelm, digatz m'al vostre sen* » (P./C. 366, 17 = P/C. 167, 23), Aston (éd.), 1953, N° XXX (p. 151-153) ; Mouzat (éd.), 1965, N° LX (p. 498-501) ; Harvey/Paterson (éd.), 2010, t. 3, p. 1006-1009 (les citations proviennent de cette édition).

tenant sa dame dans ses bras et en l'embrassant. Celui qui craindrait d'être traité ainsi ne serait pas un amant courtois (« *non es cortes amaire / cui tals maltraigz fai espaven* », str. 4, 7 *sq.*). La variante cultivée de la relation érotique, qualifiée de courtoise, se démarque ainsi du commerce purement sexuel[74].

Si l'on transpose cette conception exprimée dans le partimen à la chanson d'amour, on parvient aux conclusions suivantes : les chansons d'amour fournissent à une élite courtoise un terrain où exprimer leur revendication d'exclusivité. Cette dernière repose sur un chant et un discours qui thématisent des relations raffinées entre les sexes et une érotique subtile. Nous ne chercherons pas à savoir dans quelle mesure ce discours correspondait à la réalité. Mais ce qui est sûr, c'est que cette forme de chant et de discours fins, subtils, riches en allusions, sémillants, spirituels et incisifs sur l'amour érotique participait aussi de la réalité sociale. Les chansons courtoises contribuaient à l'autoportrait que la société courtoise – du moins, ceux qui s'en considéraient comme les tenants – brossait d'elle-même. Qu'un grand nombre de partimens aient pour sujet l'union sexuelle dans toutes les constellations possibles, atteste certes bien du consensus sur le fait que le but ultime de la cour faite à la dame était l'union sexuelle[75]. Toutefois, pour se distinguer, la société courtoise devait *imaginer* – ou laisser imaginer – un chemin plus exigeant pour atteindre ce but. La lecture des tensons et partimens que nous avons cités peut venir étayer la thèse que les chansons d'amour n'étaient pas le lieu où s'exprimait une hésitation personnelle subjective des troubadours entre désir et renoncement. Les chansons se faisaient bien plutôt l'écho – du moins en apparence – de ce que le potentiel public se piquait de ne pas subir le désir sexuel, mais de le contrôler et de l'esthétiser.

Les tensons et partimens ne thématisent cependant pas non plus un désir inassouvi. La conception selon laquelle un amour accompli entraînerait la mort du désir y est rejetée comme une insinuation qui n'aurait pas cours pour les amants courtois. Les tensons et partimens cités tournent autour de la question de savoir comment le désir sexuel

---

74 Dans la plupart des manuscrits, on trouve la str. 2, 7 sous la forme : [*Traduction*] « celui qui se satisfait de baisers et d'étreintes est le meilleur amant ("*meiller amaire*", str. 2, 7) ». Harvey/Paterson (éd.), 2010, corrigent dans leur édition en « *melleur afaire* ».

75 Les métaphores sexuelles et les allusions obscènes parodiques que l'on trouve également dans les chansons de troubadours classiques corroborent que le désir sexuel est l'impulsion décisive pour le service d'amour. Sur la question de l'obscénité dans la poésie courtoise, voir Lewent, 1936 ; Schnell, 1978, notamment p. 92-102 ; Bec (éd.), 1984 ; Höfner, 1988 ; A. Rieger, 2000 ; D. Rieger, 2011, en particulier p. 112 *sq.*

peut être transformé en une relation des sexes où la jouissance est contrôlée. Le rejet ne porte pas sur l'union sexuelle en tant que telle mais sur un accomplissement non courtois de cette union. Est considéré comme non courtois le fait de ne pas vouloir respecter son/sa partenaire sexuel/le par exemple[76] ; respecter l'autre étant, à son tour, vu comme un élément cardinal de la maîtrise de soi. La maîtrise de soi, quant à elle, constitue un élément essentiel de la civilité. On peut alors se demander dans quelle mesure respect de l'autre, maîtrise de soi et civilité sont conciliables avec un concept qui parle d'« avoir », de « posséder » son/sa partenaire sexuel/le.

76 Ceci est très explicite dans le partimen entre Guiraut Riquier et Falco (P./C. 248, 28 = 147, 1), Harvey/Paterson (éd.), 2010, t. 2, p. 754-757. Y sont mises en opposition une relation amoureuse dans laquelle l'amant doit se satisfaire de savoir que sa bien-aimée l'aime et une relation dans laquelle l'amant peut assouvir complètement son désir sexuel, mais en sachant que ceci déplaît à sa dame, qui, de plus, ne l'aime pas. Il est donc question du principe de réciprocité. Un homme a-t-il le droit d'assouvir son désir sexuel si cela déplaît à sa partenaire ? La réponse de l'un des interlocuteurs est la suivante : [*Traduction*] « Il ne faut pas vouloir avoir son propre plaisir au prix du déplaisir de l'autre » (« *c'autra malsabensa / mon plazer non tensa* », str. 6, 9 *sq.*). Le fait que le respect de la volonté de la dame compte parmi les règles fondamentales de l'amour courtois devrait être connu ; *cf.* Schnell, 1989a, p. 105-111.

PROBLÉMATISATION DES TERMES « POSSÉDER » ET « AVOIR »

La thèse du paradoxe amoureux repose sur l'idée que les troubadours voulaient à la fois « avoir et ne pas avoir », qu'ils désiraient l'accomplissement de l'amour tout en voulant jouir de l'état de non-possession[1]. Mais de quelle forme de relation amoureuse parle-t-on quand on emploie les termes « avoir » et « posséder » ? À partir de quel moment, un amant « a »-t-il ou « possède »-t-il la femme désirée ? Pour un grand nombre de philosophes et de médecins médiévaux, l'être humain ne désire que ce qu'il n'« a » pas, ne « possède » pas[2]. Ainsi, on trouve effectivement au Moyen-Âge la conception selon laquelle le premier coït mettrait fin au désir, car l'homme « aurait » dès lors la femme et la condition préalable au désir disparaîtrait donc. En conséquence, l'homme « a » la femme, il la « possède » dès l'instant où il dort avec elle. Ceci rappelle un poème de Serlon de Wilton (mort en 1181). Serlon dit « avoir une femme » quand il a eu un rapport sexuel avec elle[3]. Il affirme ne plus la désirer après le premier *coït*, puisqu'il l'« a eue ». Plus que celle qu'il a déjà « eue » (possédée), l'attirerait celle qu'il n'a pas encore eue (« *plus habita semper habenda placet* », v. 16). Est-ce que les troubadours partageaient cette conception ? Renonçaient-ils à l'accomplissement de l'amour pour cette raison ?

Nous l'avons montré, la conception selon laquelle l'union charnelle n'assouvit pas le désir sexuel au sens où celui-ci cesserait, ni d'ailleurs – comme il conviendra de le prouver – au sens où elle impliquerait « avoir » la personne aimée, a aussi ses défenseurs au Moyen-Âge[4]. Selon cette approche, le premier coït accroîtrait au contraire le désir sexuel. Le discours médiéval portant sur la relation entre désirer et « avoir », entre accomplissement de l'amour et fin de l'amour, assouvissement sexuel et renouveau du désir, relation amoureuse et lien marital est, on le voit,

1 Voir ci-avant p. 11-21 sur Spitzer, 1944.
2 Voir les textes cités aux pages 51-59.
3 Serlon de Wilton, Öberg (éd.), 1965, N° 20. Voir ci-avant p. 55 n. 19.
4 Voir ci-après p. 123 *sq*.

pour le moins contrasté. De toute évidence, les multiples facettes de ce discours correspondent à différentes formes de désir, dont l'une ne peut être assouvie par un seul et unique accomplissement. C'est cette forme du désir qui est mise en scène, entre autres, dans les albas, dans le *Tristan* de Gottfried de Strasbourg, dans l'histoire d'amour d'Héloïse et Abélard, dans de nombreux lais de Marie de France ou encore dans le récit *Eraclius* de Meister Otte[5]. Parallèlement, on trouve apparemment une forme du désir qui prend fin avec l'union sexuelle ; c'est celle dont parle le poème de Serlon de Wilton cité précédemment. Il serait tentant, sur la base de ce poème, de supposer que lorsque le désir disparaît avec la prise de possession de l'objet sexuel, cela est dû au fait que l'homme ne recherche que le sexe dans cette relation amoureuse. Cependant, le passage de l'histoire de Troie de Guido delle Colonne (voir chapitre V) – où le désir de Médée, personnage féminin qui représente ici les deux sexes, *croît* après le premier coït – dément une telle supposition. Par ailleurs, certains auteurs de tensons et partimens (voir chapitre VI) font état d'un accroissement du désir suite à l'union sexuelle avec la dame convoitée[6].

De quelle forme de désir relève l'amour chanté dans les chansons d'amour[7] ? Y-a-t-il une raison de penser que l'amour célébré dans la poésie des troubadours est de la sorte qui s'éteint après l'union sexuelle, c'est-à-dire après l'accomplissement ? La thèse du paradoxe amoureux établie par Spitzer le suggère. Cependant, les chansons d'amour parlent d'un désir qui met l'accent sur la valeur éthique et sociale de la femme[8]. Qu'un tel désir cesse après l'union sexuelle, et la dame serait dégradée au rang de simple objet sexuel, comme le donne à entendre Serlon de Wilton dans son poème. Il ne serait pas venu à l'esprit des troubadours de souligner avec une telle impertinence dans leurs chansons d'amour l'expérience sexuelle ni l'interchangeabilité sexuelle de tous les êtres féminins qu'ils n'auraient pas encore « eus[9] ». Au contraire, ils mettent

5 Voir ci-avant p. 61-66.

6 Voir ci-avant p. 77 n. 23 et p. 80 n. 31.

7 Afin de lever tout malentendu, je tiens à souligner qu'il n'est pas question ici de faits relevant du vécu des auteurs mais d'esquisses discursives portant sur le vrai amour ; voir ci-avant p. 23-46.

8 Le fait que certains troubadours composent des parodies obscènes sur l'habitus du chevalier servant qu'un seul regard de sa dame suffirait à combler de bonheur, indique que le but poursuivi par l'homme qui courtise une dame est bien, au final, l'union sexuelle, mais ceci témoigne également de l'exigence de la poésie courtoise d'imaginer un amour au-delà de toute sexualité grossière.

9 Voir Schnell, 1979, p. 36 *sq.*

en avant l'unicité et la valeur de la dame courtisée[10] ; valeur qui, en plus d'être l'élément déclencheur de la cour, devrait garantir la pérennité de l'amour après l'acte charnel. Dans la poésie courtoise, il est très souvent question des qualités éthiques, esthétiques et sociales de la femme. C'est pourquoi le « je » textuel préfère, malgré la difficulté, continuer à courtiser une femme parée de ces qualités que jouir rapidement de toutes les marques de faveurs d'une autre femme[11]. Aux dires du « je » textuel des chansons de troubadours, c'est la valeur éthique, esthétique et sociale de la femme qui attise le désir ; valeur qui – et cela relève bien évidemment de projections discursives – perdure après l'union charnelle. Logiquement, le désir devrait donc survivre à l'union sexuelle. Au regard de la persistance des troubadours dans un amour exceptionnel et élitaire, le paradoxe amoureux de Spitzer s'applique difficilement à leurs chansons d'amour. En effet, cela reviendrait à réduire le désir du « je » textuel à un élan purement sexuel et dont l'assouvissement marquerait la fin. Des descriptions d'unions sexuelles de ce type existent bien, on les trouve notamment dans les chansons d'amour en latin médiéval et dans les pastourelles en langue vernaculaire.

On a constaté à plusieurs reprises que la structure (soi-disant) paradoxale de l'amour courtois s'exprime sous la forme de deux extrêmes dans les partimens : succomber à son désir charnel d'un côté et dompter ce désir de l'autre ; ici, jouissance facile, là, désir exprimé par le biais du service d'amour[12]. Si l'on accepte la thèse selon laquelle les tensons et les partimens opposent avec ingéniosité et subtilité ce qui, dans le meilleur des cas, ne fait qu'un, alors on ne peut pas exclure que ce qui est scindé dans de nombreux partimens de façon sophistiquée en deux situations extrêmes, entre thèse et antithèse[13], à savoir autodiscipline *et* accomplissement de l'amour, se rejoint potentiellement dans le concept de l'amour courtois. Le *fin amador* en tant que [*Traduction*] « représentant de la *cortezia* comprise comme incarnation du comportement

10 Voir ci-avant p. 67-102.

11 Voir ci-avant p. 87 n. 41.

12 Neumeister, 1969, p. 120 et 131, fait remarquer à juste titre que l'amour courtois se situe dans l'entre-deux entre « représentations courtoises de valeurs » et « un amour qui s'épuise dans la sensualité ». D. Rieger, 1994, p. 26, définit de façon similaire la structure paradoxale de la *fin'amor* (« *paradoxe Struktur der* fin'amor ») : selon lui, elle résiderait dans la contradiction entre désir sensuel et normes morales invitant à dompter ce désir (« *Normen zur Bändigung dieses Begehrens* »). Prendre en compte cette contradiction aurait toutefois dû le préserver de l'écueil qui consiste à placer sur le même plan tout accomplissement présumé de l'amour dans le cadre de l'amour courtois et les unions voluptueuses des chansons d'amour en latin médiéval (ou des pastourelles en langue vernaculaire).

13 D. Rieger, 1994, p. 17 et 26.

courtois » se distingue par sa maîtrise de soi[14] qui ne doit en aucun cas être confondue avec l'abstinence sexuelle. À mon avis, la recherche sur les troubadours, en faisant de l'amour courtois un amour inaccompli, a commis l'erreur d'ériger en principe absolu l'un des deux extrêmes énoncés dans les partimens, celle qui professe que dormir avec la dame ne serait pas courtois et signifierait qui plus est la mort de l'amour et la fin du désir.

Or, de nombreux partimens (voir ci-avant) *n'*opposent *pas* amour accompli et amour inaccompli, mais les différences dans les *conditions* qui président à l'union charnelle : cour installée dans la durée *versus* cour rapide ; état psychique avant l'union sexuelle *versus* celui d'après ; acte charnel au début d'un rendez-vous galant *versus* à la fin ; baiser en plein jour *versus* coït dans l'obscurité ; relation amoureuse au vu et au su de tous *versus* à l'abri des regards. La possibilité d'un amour accompli n'est aucunement bannie de l'horizon de pensée de la poésie des troubadours, mais il faut alors que l'accomplissement de l'amour satisfasse à certaines normes civilisées et courtoises[15]. Une relation amoureuse orientée uniquement vers l'assouvissement sexuel, et qui prendrait fin avec le premier acte sexuel, contredirait le modèle courtois de la bonne façon d'aimer élaboré dans les chansons d'amour comme dans les partimens.

Il serait possible d'expliquer le constat discursif contrasté dont nous avons fait état, cette opposition entre « mort de l'amour après le coït » et « désir accru suite au coït », en recourant à un critère de différenciation numérique. Dans quelques textes, la fin du désir ne résulte pas du premier coït mais d'une forme de satiété due à un grand nombre d'unions sexuelles avec une même personne. Cette conception est citée dans un texte arabe du XIe siècle que la recherche en *courtly love* invoque souvent en raison de ses soi-disant parallèles avec la poésie d'amour courtois sur le plan de la théorie amoureuse. Mais l'on y trouve également la prise de position contraire[16].

> [*Traduction*] « Certains disent que s'unir fréquemment nuit à l'amour. Il s'agit d'une affirmation ignominieuse qui ne vaut que pour les personnes qui se lassent facilement de toute chose. Non. Plus l'union s'inscrit dans la durée et plus le sentiment d'appartenance mutuel grandit. »

---

14 Warning, 1979, p. 121.

15 Le fait que l'opposition entre amour accompli et non accompli n'occupe pas le cœur de la discussion courtoise sur l'amour a déjà été constaté ; voir par exemple Paden, 1979 ; Bumke, 1986, t. 2, p. 513-516 ; Schnell, 1979, p. 25-29.

16 Ibn Ḥasm al-Andalusi, 1961, p. 79.

Le désir sexuel peut donc s'éteindre quand il est *rassasié*, c'est-à-dire après un grand nombre d'unions charnelles avec la même femme. Cependant, de tels présupposés n'ont pas cours pour un amour vrai et sincère.

Gautier de Châtillon, dans un poème sur l'amour compris comme jouissance trouvée dans l'union sexuelle, semble réfuter cette idée du désir qui s'éteint une fois qu'il est assouvi : [*Traduction*] « L'amour est de cette sorte qui plaît encore après dix fois et ne cause aucune insatisfaction[17] ». L'une des règles du traité d'amour d'André le Chapelain dit également : [*Traduction*] « L'amant ne peut se rassasier des étreintes de sa bien-aimée[18] ».

Au regard de ces passages tirés de différents textes, l'affirmation de Spitzer, selon laquelle le désir des troubadours s'éteindrait sous l'effet d'une seule et unique union sexuelle, apparaît comme inadéquate. Inadéquate, elle l'est aussi pour une autre raison. La recherche sur l'amour courtois a souvent attiré l'attention sur les correspondances entre mystique chrétienne et conception de l'amour troubadouresque[19]. Il conviendrait donc de tenir compte de l'avis des théologiens ayant traité de l'amour, tels Richard de Saint-Victor ou Gérard de Liège. Dans leurs écrits, amour sexué et amour de Dieu se différencient l'un de l'autre en ce que le plaisir érotique et sexuel non encore assouvi est intensément désiré, tandis que le plaisir « eu » génère rapidement un sentiment de lassitude ; au contraire, ne pas avoir goûté l'exaltation spirituelle et religieuse est source de dépit, alors que qui la connaît ne peut s'en lasser[20].

On retrouve une telle différenciation entre un amour spirituel et inscrit dans la durée d'une part, et un amour sensuel et éphémère d'autre

17 Gautier de Châtillon, Strecker (éd.), 1964, p. 42 (N° 25, 2). On ignore toutefois si le coït est pratiqué à dix reprises avec la même femme.

18 Andreas Capellanus, Trojel (éd.), 1972, p. 311 (« *Amans coamantis solatiis* [abandon sexuel] *satiari non potest* » ; regula XXVII). On trouve toutefois une autre prise de position au sein d'un dialogue entre une dame et son soupirant, Andreas Capellanus, Trojel (éd.), 1972, p. 182 *sq.* (I 6 ; 8. Dialogue) : il y est dit que quiconque aurait connu la joie du haut du corps d'une dame ne saurait s'en lasser, mais que l'amour de celui qui aurait joui du bas cessera bientôt. *Cf.* ci-avant p. 64 n. 16.

19 Wechssler, 1909, déjà soutenait la thèse selon laquelle la poésie courtoise avait été influencée de façon décisive par la mystique chrétienne. Voir aussi plus récemment Saouma, 2016. Knapp, 2009, conteste la possibilité d'une réconciliation entre conception chrétienne et conception troubadouresque de l'amour.

20 Richard de Saint Victor, Dumeige (éd.), 1955, p. 143, N° 17 : « Voluptates enim carnales non habite ardenter desiderantur, habite vero fastidiuntur cito, e contrario delicie spirituales non habite fastidiuntur, habite vero amplius desiderantur ». Voir aussi sur ce point Peter von Moos, 2003, p. 87. Cette opposition entre amour religieux-spirituel et amour charnel devient dans le dialogue d'amour humaniste de Tullia d'Aragon l'antinomie entre un amour vulgaire et charnel (qui connaît vite l'assouvissement) et un amour honorable et raisonnable (qui dure éternellement) ; voir ci-avant p. 53 n. 11.

part, dans le traité du théologien Ælred de Rievaulx (XIIe siècle) sur le « Miroir de la charité[21] ».

> [*Traduction*] « Tant que l'esprit corrompu (*"corrupta mens"*, III, 9, 26) ne possède pas ce qu'il désire, il se représente le bonheur qu'il aurait à jouir de cette chose. Mais dès qu'il a pris possession de ce qu'il désirait et sent qu'il souffre du manque habituel (*"cum se solita indigentia senserit laborare"*, *ibid.*) ou bien qu'une forme de lassitude rejaillit des choses dont il a abusé, il se consume de désir pour quelque nouvel objet ; non pas pour trouver l'assouvissement mais pour se faire de nouveau le méprisable jouet fou de la même sotte vacuité. Voilà le cycle dans lequel sont pris les incroyants (*"Hic est circuitus impiorum"*, *ibid.*) ».

De la description d'Ælred ressort que les incroyants se comportent, si l'on nous permet l'expression, comme le hamster dans sa roue[22]. Ils se figurent la jouissance de ce qu'ils ne possèdent pas (encore) sous les plus belles couleurs, mais ressentent, dès qu'ils en ont pris possession, le même vide qu'auparavant et convoitent un nouvel objet. Cette spirale entre désirer, 'avoir', être rassasié et convoiter de nouveau se poursuivrait indéfiniment chez les êtres qui ont succombé aux plaisirs terrestres. Ce qui nous intéresse ici, c'est l'inexorable mécanique du cycle « vouloir avoir quelque chose » / « se lasser de ce que l'on a ». Les troubadours font également une fixation sur le « vouloir avoir », ou plus précisément « vouloir posséder (la femme) ». Partir du principe qu'ils se lasseraient pour autant de la dame qu'ils ont désiré auparavant après avoir joui de l'union charnelle – comme le fait Ælred avec les incroyants –, contredirait l'exigeant concept amoureux articulé dans les chansons d'amour.

Si l'on souscrit à la thèse selon laquelle les troubadours auraient exploité des modèles de pensée chrétiens dans leur conceptualisation de l'amour[23], il est difficile d'affirmer dans le même temps qu'ils auraient renoncé à l'accomplissement de l'amour parce qu'ils craignaient que

---

21 Ælred de Rievaulx, Hoste/Talbot (éd.), 1971, p. 114-117, III 7, 20-9, 26. Voir sur ce point Rüffer, 1999, p. 247 *sqq.*

22 Léon l'Hébreu, Giovannozzi (éd.), 2008, p. 15, décrit dans le premier de ses dialogues la même attitude : un grand nombre d'humains désireraient ce qu'ils n'auraient pas ; mais dès qu'ils auraient ce qu'ils désiraient auparavant, le désir pour cette chose s'amoindrirait. Aussitôt naîtrait un nouveau désir pour d'autres choses qu'ils ne possèderaient pas. De la sorte germeraient continuellement des désirs changeants et toujours nouveaux. Ce qu'Ælred de Rievaulx (XIIe siècle) et Léon l'Hébreu (XVIe siècle) décrivent ici rappelle le dictum de Jacques Lacan qui dit que chaque désir serait sans fin parce que ce qui est désiré ne serait que le substitut de quelque chose de fondamentalement différent qui demeurerait inaccessible. Voir par exemple Jacques Lacan, 1986. Voir aussi ci-avant p. 13 n. 10.

23 Warning, 1979, p. 152.

cela mette un terme à leur désir. Une telle crainte impliquerait en effet qu'ils aient sacrifié à cette vision de l'amour et du désir dénoncée par les théologiens comme un amour non chrétien et charnel, dont on se lasse rapidement après l'assouvissement sexuel.

Parallèlement, nous avons constaté (*cf.* chapitre V) que la littérature courtoise du Moyen-Âge fait aussi état d'un désir qui perdure *après* l'union sexuelle. Certains personnages masculins de la poésie des troubadours et du roman courtois veulent réitérer le coït, encore et toujours, bien qu'ils 'possèdent' déjà l'objet d'amour désiré, c'est-à-dire qu'ils aient déjà dormi avec la dame convoitée[24]. Au regard de ces textes se pose de nouveau la question suivante : à partir de quel moment 'a'-t-on ce que l'on désire et à partir de quel moment le désir s'éteint-il ?

Je suis d'avis qu'il conviendrait d'éviter le terme d'« assouvissement sexuel » dans le cadre de l'analyse des chansons d'amour courtoises, dans la mesure où ce qu'il suggère est l'exact opposé de « L' » amour tel que les troubadours le conçoivent. En effet, ce terme implique que le désir est assouvi – et ainsi tari – suite à l'union charnelle, selon le principe : nous ne désirons que ce que nous n'avons pas. Or, certains auteurs médiévaux pensent que ce qui est décrit comme une mécanique inexorable, à savoir l'équation « l'union sexuelle signifie *avoir* et, partant, la fin du désir », n'a pas tout le temps cours, ni dans tous les cas. De toute évidence, il est donc nécessaire de distinguer différentes formes du désir les unes des autres.

---

24 Voir ci-avant p. 61 *sq.* sur les albas et le *Roman de Tristan*.

LES OBSTACLES RENDENT L'OBJET AIMÉ PLUS ATTRACTIF

La thèse du paradoxe amoureux élaborée par Spitzer affirme que les troubadours, ou plus exactement le « je » de leurs textes, préférerai(en)t *désirer* l'accomplissement de l'amour plutôt que vivre cet *accomplissement*. En effet, selon cette thèse, les troubadours auraient tiré une grande jouissance de leur désir, lequel s'estomperait sous l'effet de l'accomplissement de l'amour. L'idée que les obstacles et difficultés qui s'opposent à l'union sexuelle de deux amants intensifient le désir et augmentent la valeur de l'objet aimé était certes répandue au Moyen-Âge, cependant on ne trouve dans les textes qui se font l'écho de cette idée aucun indice qui permettrait de dire que le désir pouvait être attrayant en tant que tel, voire qu'un désir accru exercerait en soi davantage d'attrait. Dans ces textes, l'accent repose plutôt sur la conviction – donnée comme une expérience relevant du vécu – que, si d'aventure des obstacles entravaient l'assouvissement d'un désir érotico-sexuel, cela n'augmenterait pas la jouissance du désir, mais purement et seulement le désir même. En conséquence, l'*union charnelle* serait vécue comme d'autant plus jouissive. On rencontre au moins trois variantes de cette idée.

La première variante part du principe que, d'une manière générale, l'être humain désire davantage quelque chose de difficilement accessible, voire d'interdit, que quelque chose de facile à obtenir, voire de permis. Ovide, dans *Les Amours* (II 19), en est convaincu[1] :

> « Ce qui est permis ne cause aucun plaisir; ce qui ne l'est pas excite plus vivement. Il a l'amour propre cuirassé, celui qui aime ce qu'un autre ne lui défend pas d'aimer » (v. 3 *sq.*).
>
> « Un amour pleinement satisfait et trop facile est bientôt pour moi un motif d'ennui et me fait mal, comme à l'estomac un mets trop sucré » (v. 25 *sq.*).
>
> « Tant pis ! Trop de facilité ne vaut rien pour moi : ce qui me suit, je le fuis; ce qui me fuit, c'est moi qui le poursuis » (v. 35 *sq.*).

---

1 Ovide, Henri Le Bonniec (éd.), 1989, II 19, p. 67-69. Voir aussi, par exemple, Horace, *Satires*, I 2 (ce qui est interdit et offre une résistance attirerait l'être humain).

Ce point de vue est non seulement repris dans la poésie d'amour en latin médiéval[2], dans des dialogues humanistes[3] et dans des traités maritaux des XVe et XVIe siècles[4], mais aussi par les troubadours[5]. Toutefois, ces derniers emploient la plupart du temps cet argument anthropologique-psychologique comme un argument de valeur. Cela se traduit par exemple dans la 'profession de foi' suivante : ils préféreraient courtiser longtemps une dame inaccessible mais exceptionnelle que se voir offrir toutes les faveurs amoureuses par une autre femme de moins grande valeur. La valeur (morale et sociale) de la dame est proportionnelle au degré de difficulté pour l'atteindre[6]. Gaucelm Faidit clame ainsi dans une chanson que l'on ne saurait obtenir une chose excellente sans souffrir. Selon lui, l'amant apprécierait davantage et tiendrait pour plus précieux ce qu'il acquerrait dans une grande douleur que ce qu'il aurait chaque jour à disposition[7]. André le Chapelain considère également que l'on accorde moins de valeur à ce qui est facilement accessible qu'à ce qui l'est difficilement. Dans sa 14e *regula amoris*, il écrit : « *Facilis perceptio contemptibilem reddit amorem, difficilis eum carum facit haberi* » (« Une prise de possession rapide rend l'amour méprisable, tandis qu'une [conquête] difficile le rend précieux »)[8].

2 Schnell, 1979, p. 35-39.

3 Valla, Schenker (éd.), 2004, p. 286 *sq.* (III 5, 6) : les amants pouvant arriver à satiété en raison de trop fréquents témoignages de faveur sexuels (« *satietate complentur* ») et leur ardeur amoureuse pouvant ainsi se refroidir (« *ardor ille vehemens magis et magis ipso usu refrigeratur* »), l'art des bien-aimées résiderait dans ce qu'elles résistent parfois au désir de l'homme (« *non semper facere sui potestatem* »). Toute résistance stimulerait les amants. Au XIXe siècle, on en fait un conseil pour les épouses ; Johann Michael Fick, 1840, p. 70 : l'épouse devrait faire preuve d'une forme de retenue intelligente sur le plan sexuel et se montrer parfois un peu revêche, car l'amour serait et resterait toujours désir, qui disparaîtrait dès qu'il serait rassasié jusqu'à saturation (« *denn die Liebe ist und bleibt doch immer Sehnsucht, die verschwinden muss, sobald sie übersättiget wird* »).

4 Voir par exemple Tiraqueau, 1554, II 54-56.

5 Voir par exemple Bernart de Ventadorn, Appel (éd.), 1915, N° XLII (P./C. 70, 42), str. 2-4 ; Folquet de Marseille, Stroński, (1910) 1968, N° I (P./C. 155, 5), str. 2.

6 Voir ci-avant p. 87 n. 41 et p. 105 (préférer courtiser une dame inaccessible ; plus une femme est inaccessible, plus elle est idéale).

7 Gaucelm Faidit, Mouzat (éd.), 1965, N° 13 (P./C. 167, 35), str. 4. Il s'agit ici d'un point de vue largement répandu et depuis longtemps, comme en atteste un rapide regard sur les écrits de Jean Chrysostome (mort en 407). Ce Père de l'Église a dit du syneisaktisme pratiqué par les premiers chrétiens – et qui consiste pour un homme à vivre sous un même toit, mais sans rapports sexuels, avec une ou plusieurs femme(s) qui a/ont pour lui le statut de sœur(s), fiancée(s), amante(s) –, que ces « mariages spirituels » étaient bien plus excitants érotiquement parlant que le mariage conventionnel. L'acte sexuel avec l'épouse légitime n'étant soumis à aucun interdit, l'homme perdrait rapidement tout désir, il s'ennuierait ; Cancik, 1976, p. 57.

8 Andreas Capellanus, Trojel (éd.), 1972, p. 310 (*regula XIV*) ; chez Meister Otte, Graef (éd.), 1883, v. 3368-3401, une *vetula* professe qu'un amour dont l'objet ne pourrait être obtenu

Les troubadours ont également pu emprunter et la thèse que l'être humain désire précisément ce qui lui est difficile d'obtenir, et l'idée que la valeur de l'objet convoité augmenterait de ce fait, à des théologiens et philosophes médiévaux[9]. Chez Thomas d'Aquin, la sémantique psychologique du « *arduum* » (l'être humain désirerait davantage ce qui est difficile à obtenir) est également transformée en une sémantique théologico-morale : ce qui serait difficile à obtenir serait bon. Un tel processus visant à donner une coloration éthique au topos transparaît également chez les troubadours.

La *domna* n'est pas la seule à profiter de cette transformation éthique de la thèse psychologique selon laquelle ce qui n'est accessible que difficilement jouit d'un plus grand attrait, les troubadours y gagnent également[10]. Dans le cadre de notre étude, il convient de souligner que l'argumentation se place sur le plan de la valeur et non de la jouissance[11].

La deuxième variante du topos consiste dans l'idée que le désir ne peut naître que de l'absence ou du manque. Selon cette conception, tout ce que nous n'avons pas ou qui est absent ou qui se soustrait à nous (ce qui oppose une résistance) fait naître le désir. Ce principe constaté chez certains philosophes et théologiens[12] est également à l'œuvre dans de nombreuses poésies d'amour[13]. La distance sociale, les restrictions

---

qu'au prix de grands efforts est un amour pur ; elle blâme les hommes qui se rabattent sur des femmes peu farouches.

9 Voir par exemple Thomas d'Aquin, 1962, Ia IIae q. 22-48, notamment q. 26 ; Lutz, 1909, p. 144-148 ; Knuuttila, (2004) 2010, p. 243-246 ; Brungs, 2002, notamment p. 129-143 ; Brungs, 2005 ; Stoellger, 2010, en particulier p. 103 *sqq.* ; Schockenhoff, 2013.

10 Le fait que ce soit principalement les femmes qui désirent ce qui est interdit est, dans la littérature médiévale et de l'époque moderne, un motif qui relève du topos ; voir par exemple Bernart de Ventadorn, Appel (éd.), 1915, N° XLIII (P./C. 70, 43 ; str. 5) ; Andreas Capellanus, Trojel (éd.), 1972, p. 348 *sq.* ; Petrus Pictor, Van Acker (éd.), 1972, N° XIV (« *De muliere mala* »), v. 33 *sqq.* ; Daniel de Beccles, Smyly (éd.), 1939, v. 2046-2051 ; André Tiraqueau, 1554, VIII 16 ; Johannes Nevizzanus, 1570, p. 44-46. Voir aussi *Thesaurus proverbiorum medii aevi*, t. 3, 1996, p. 362 (1.6.4, *sub voce* « *Frau* »).

11 Dans le traité d'amour du Moyen-Âge tardif *Les demandes d'amour*, Brook (éd.), 1993, p. 78, est posée la question de savoir quel amour est de plus longue durée : celui que l'on obtient rapidement ou celui que l'on a longuement désiré : l'amour longuement désiré, nous dit-on, car il serait considéré comme de plus grande valeur (15e question en prose).

12 Voir ci-avant p. 51-59. Voir aussi Bernard de Clairvaux, *Sermo 51*, p. 1025-1029 : « *Subtractio nempe rei quam amas, augmentatio desiderii est, et quod ardentius desideras, cares aegrius* » (51, 1). ([*Traduction*] « Te voir priver d'une chose que tu aimes augmente ton désir de cette chose ; et plus tu désires ardemment quelque chose, plus douloureux est le manque »). On retrouve cette assertion dans un manuscrit du XVe siècle, qui comprend également un traité d'amour en langue vernaculaire : « *Substratio namque rei augmentum desiderii est, et quod ardentius desideras cares egrius* » ; J. Thomas, 1958, p. 796.

13 Peter von Moos, 2003, p. 89, écrit à propos des *Epistolae* : [*Traduction*] « Ce sont précisément l'absence, la rareté et le manque qui stimulent l'amour et donne sa valeur à l'objet aimé.

temporelles, l'éloignement spatial ou l'absence constituent également chez les troubadours les facteurs décisifs de l'augmentation du désir. On pourrait aussi affirmer ici : ce qui n'est pas aisément accessible éveille le désir. Cependant, dans le cas des chansons de troubadours, recul, distance et absence ne sont nullement le reflet d'une réalité relevant du monde du vécu : ce sont des éléments auxquels les auteurs recourent au sein de leur concept de l'amour afin de rendre plausible le désir[14].

On trouve la troisième variante du topos affirmant que les obstacles augmentent le désir dans l'idée qu'ajourner l'union sexuelle constituerait un excellent moyen d'accroître le désir de l'homme dans une relation amoureuse. Ici encore, c'est le but poursuivi, et non le chemin qui y mène, qui est placé au centre des préoccupations.

Dans son manuel d'épistolographie, Boncompagno (XIIe siècle) cite cinq raisons pour lesquelles une femme refuse de s'offrir à un soupirant qui l'y enjoint[15]. La première raison met en avant le naturel des femmes : elles refuseraient de satisfaire toutes les prières qu'on leur adresse. La deuxième résiderait dans la peur de la femme qu'un prétendant, au désir duquel elle accèderait rapidement, suppose qu'elle en fasse de même avec tous les hommes. La troisième raison est celle qui nous intéresse le plus : la femme courtisée penserait que l'homme qui brigue ses faveurs trouverait plus doux ce qui lui a été longtemps

---

Cette pensée de portée structurelle pour l'ensemble de la correspondance [...] » (« *Gerade Abwesenheit, Seltenheit, Mangel bilden den Stachel der Liebe und die Kostbarkeit des Liebesobjekts. Dieser für den ganzen Briefwechsel strukturell tragende Gedanke* [...] »). On retrouve cette idée dans le roman *Érec* de Hartmann von Aue. Le héros éponyme donne au chevalier Mabonagrin, qu'il a vaincu et qui se trouve constamment auprès de sa bien-aimée, le conseil de s'éloigner par moments de son amie. Il aurait entendu de la bouche même de femmes que les adieux à leur bien-aimé et le retour de celui-ci ne leur seraient pas désagréables. Bien qu'elles ne le disent pas publiquement, elles souhaiteraient que l'on renaisse à leurs yeux et que l'on ne soit pas tout le temps auprès d'elles (Hartmann von Aue, Leitzmann (éd.), 1985, v. 9417-9432). Voir aussi Andreas Capellanus, Trojel (éd.), 1972, p. 139 (« Car il est bien clair pour tout le monde que, si l'on obtient sans effort une chose que l'on désire, l'on est amené à lui accorder peu de prix et à mépriser finalement ce que l'on désirait d'abord de tout son cœur. Au contraire : quand la possession de quelque bien est différée par la difficulté de l'obtenir, on l'accueille avec d'autant plus de convoitise, et on fait d'autant plus d'efforts pour le conserver. Donc si des amants ont, non sans peines, de rares étreintes, l'amour qui les enchaîne l'un à l'autre est d'autant plus vif et leurs cœurs sont unis par une passion d'autant plus profonde et d'autant plus infrangible (71). ») Nous citons ici la traduction de Claude Buridant, 1974, p. 105. Cette affirmation rappelle celle d'Albert le Grand, voir ci-après p. 116 n. 19.

14 Dans le même temps, ils sont utilisés afin de conférer un *semblant* de spiritualité à l'amour tel qu'il s'articule dans les œuvres ; *cf.* Schnell, 1985, p. 139-141, 219-224, 275-286 et 435-451.

15 Boncompagno, Baethgen (éd.), 1927, p. 14 ; Core (éd.), 2015, p. 21 *sq.*

refusé[16]. Ce « plus doux » peut tout aussi bien renvoyer à la personne aimée qu'à l'union sexuelle[17].

Augustin avait lui aussi conscience de l'effet que l'on provoquait en différant l'union sexuelle, comme le montre son conseil aux jeunes mariés ; un conseil qui a inspiré, entre autres, nombre de décrets médiévaux. En effet, il n'est pas rare au Moyen-Âge que recueils de décrets, commentaires de sentences et sermons de mariage se réfèrent, dans leur réponse à la question de savoir pourquoi la jeune mariée n'est pas remise à son mari tout de suite après la signature du contrat de mariage, pourquoi les époux doivent attendre deux mois après qu'un consensus marital a été trouvé pour accomplir le *debitum* conjugal, au passage des *Confessions* d'Augustin dans lequel ce Père de l'Église expose que l'homme désirerait et estimerait davantage la mariée tant qu'il ne la 'possèderait' pas (sexuellement)[18]. Ce qui est présenté par Boncompagno comme un agissement calculateur de la part des femmes, est, chez Augustin, un moyen qui permet d'accroître l'amour du jeune marié, la femme non encore 'eue' revêtant, aux dires d'Augustin, une plus grande valeur à ses yeux. Albert le Grand cite, quant à lui, trois raisons qui justifient que les mariés se refusent au coït conjugal ou le diffèrent jusque sur une période d'un (!) mois après la cérémonie du mariage. Il poursuit ce

16 La quatrième raison énoncée par Boncompagno dit que la femme attendrait qu'on lui offre quelque chose avant de consentir à l'acte sexuel. La cinquième raison serait la peur de tomber enceinte.

17 Les deux options sont exprimées dans *L'art d'amours*, Roy (éd.), 1974, une adaptation de l'*Ars amatoria* d'Ovide rédigée aux XIIIe/XIVe siècles. À un endroit (l. 877-885), il y est dit que certaines femmes se font longuement désirer parce qu'elles pensent qu'elles n'en seront que plus aimées, selon le principe « une forteresse prise au premier assaut est de moindre valeur » (voir aussi *ibid.*, l. 4335 *sq.*). D'autres passages (l. 4892 *sq.*, 4950-4965 et 5168 *sq.*) insistent au contraire sur le fait qu'un plaisir attendu longtemps est plus grand qu'un plaisir obtenu aisément et sans danger.

18 Augustin, *Confessiones*, VIII 3 ; Yves de Chartres, VIII 33 (591B : « Institutum est ut jam pactae sponsae non tradantur statim, ne vilem habeat maritus datam, quam suspiraverat sponsus dilatam ») ; Gratien, Richter/Friedberg (éd.), 1879, C. 27 q.2 c.39 (« Institutum est, ut jam pactae sponsae non statim tradantur, ne vilem habeat maritus datam, quam suspiravit sponsus dilatam ») ; Pierre Lombard, IV 27, 12 ; Thomas d'Aquin, 1980, In 4 Sent. dist. 27 q. 1 ar 3b ; Denys le Chartreux, Leone (éd.), 1902-1913, t. 25, In 4 Sent. dist. 27, p. 74 ; Johannes von Freiburg, 1476, II 4, 2, 34 ; Nikolaus von Dinkelsbühl, 1490, Sermo 10 (« Nuptie facte sunt ») ; voir aussi Katrin Janz-Wenig (éd.), 2017, p. 177 (il y est dit, en référence à Aristote, *Topica*, III 2 : « Magis enim amamus cum habemus, quod non est facile sumere » – [Traduction] « Nous aimons davantage ce que nous n'[avons] pas obten[u] facilement quand nous l'avons »). Dans un traité de mariage de 1591, il est dit dès le tout début qu'un certain laps de temps doit s'écouler entre les fiançailles et le mariage car ce délai attiserait le désir (« because the deferring of that which we love, doth kindle the desire »), tandis qu'un objet facile à obtenir semblerait de moindre valeur ; Robert Matz (éd.), 2016, p. 60.

faisant la réflexion amorcée par Augustin et complète l'argumentation de ce dernier : remettre l'union sexuelle à plus tard attiserait le désir érotique et enflammerait les cœurs des époux, de sorte que, par la suite, leur attachement respectif n'en serait que plus fort et plus durable[19]. Pour Albert, il semble donc aller de soi que l'amour – compris comme désir érotique – est partie intégrante du mariage. La somme canonique *Summa Coloniensis* (1169 env.) fournit une explication plus détaillée encore (la plus détaillée de toutes) de l'intérêt qu'il y a à différer l'union sexuelle[20] :

> [*Traduction*] « Au regard du pacte nuptial, dans lequel seuls les vœux de mariage ont été échangés, Augustin a jugé bon que celle qui est désormais "fiancée" ne soit pas tout de suite remise au jeune marié, afin d'éviter que celui-ci n'éprouve qu'indifférence pour son épouse, de qui il languit tant qu'il est privé d'elle ; du fait de ce délai, le désir ["*desideria*"] grandit et l'amour ["*amor*"] se nourrit de l'absence. »

D'après cette somme médiévale à teneur juridique, l'amour grandit sous l'effet du désir accru de s'adonner à l'acte sexuel. Le désir (« *desiderium* ») est conçu comme une condition préalable à l'amour[21]. Les mots « désir » (« *desiderium* ») et « amour » (« *amor* »), qui, dans les textes philosophiques et théologiques, font parfois l'objet d'une distinction terminologique, peuvent être employés indifféremment l'un de l'autre dans la poésie d'amour en langue vernaculaire. *Amor* et *minne* sont *voler*, *dezir*, *talan* voire même *gir*, *gern*[22].

19 Albert le Grand, Borgnet (éd.), 1894, t. 30, dist. 27 art. 8, p. 142 : « *Tertia est, ut desiderium dilatum affligat animos eorum, et ex hoc amplius postea in sui invicem perseverent dilectione* ». Derrière les réflexions d'Augustin et Albert le Grand se trouve Ovide, *Ars amatoria*, III 473 *sq.* (« *mora semper amantes incitat* » – [*Traduction*] « chaque délai enflamme plus encore les amants »).

20 Adolf von Scheurl (éd.), p. 175 : « De nuptialibus pactis, in quibus tantum est sponsio futuri ».

21 *Cf.* Knuuttila, (2004) 2010, p. 245, sur Thomas d'Aquin.

22 Daude de Pradas, par exemple, dans sa chanson « *Ab lo doux temps que renovella* » (P./C. 124, 1), Schutz (éd.), 1933, N° I, emploie ainsi indifféremment et côte à côte « aimer » et « désirer » (str. 5, 5 *sq.* : « *mas non cuich far negun orguoill, / si la ren qu'eu plus am e vuoill* »). Bernart de Ventadorn, « *Can vei la lauzeta mover* » (P./C. 70, 43), Appel (éd.), 1915, N° XLIII, str. 2, chante son impossibilité à ne pas [*Traduction*] « aimer, celle dont [il] n'[a] jamais rien obtenu. Elle [lui] a pris [son] cœur et [lui-même] et elle-même, et le monde entier » (str. 2, 3-6). Mais l'amour, selon lui, ne consiste en rien d'autre que dans le désir et un cœur qui désire (« *no.m laisset re mas dezirer e cor volon* », str. 3, 7 *sq.*). Sur la technique littéraire employée par Wolfram dans son *Parzival* et qui consiste à remplacer le terme abstrait de *minne* par le terme cru de *gir*, voir Schnell, 1985, p. 219-224 et 409. Sur la distinction / convergence sémantique entre « aimer » et « désirer » au sein d'un partimen (P./C. 101, 11a ; voir ci-avant p. 93 n. 58) et chez Léon l'Hébreu (voir ci-avant p. 52 n. 7).

Dans les textes que nous venons de citer, remettre à plus tard l'union sexuelle ne sert pas à accroître la jouissance de l'homme qui désire, mais à augmenter la valeur de l'objet désiré. Exacerber le désir par l'attente n'a donc pas pour but de rendre ce dernier plus jouissif mais de faire paraître l'objet aimé plus précieux – et d'accroître ainsi l'attachement émotionnel.

Il n'est pas inintéressant de noter que théologiens et canonistes médiévaux ont eu recours, dans le cadre de la discussion sur le droit matrimonial, à l'idée grandement répandue que l'on désire ce qui est difficilement accessible[23]. Il apparaît donc que l'Église médiévale avait bien conscience de ce que l'amour (« *amor* ») – étayé par le désir sexuel – était une condition préalable utile au mariage et constituait un effet secondaire de nombre d'unions conjugales dont il convenait de tenir compte.

Dans tous les textes cités, comme dans la poésie des troubadours, il est dit que le désir de l'accomplissement de l'amour augmente quand un soupirant est éconduit, qu'une distance spatiale est instaurée ou que l'acte est différé[24]. À aucun moment, il n'est question de la jouissance que l'on tirerait potentiellement de ce désir. Les troubadours se distinguent-ils sciemment de ces autres mises en perspective en prenant en compte les répercussions des conditions défavorables qui ajournent encore et toujours l'accomplissement de l'amour uniquement en ce qu'elles les touchent eux-mêmes ? S'agit-il donc malgré tout d'une jouissance égoïste rendue possible par le fait que l'accomplissement de l'amour est remis à plus tard ? Ceci ne serait possible que si l'on suppose que cette prétendue jouissance a une réalité sur le plan du vécu. Mais si, au contraire, l'on souscrit à la thèse que les troubadours ont eux-mêmes construit ces conditions défavorables qui entravent l'union charnelle – « *lauzengiers* », distance spatiale avec la dame, statut social plus élevé de cette dernière, incertitude de la dame quant aux motivations réelles de son prétendant,

23 Les théologiens connaissaient la maxime psychologique, qui, depuis Ovide, avait continué à se diffuser et qui veut que le désir humain prenne précisément pour objet ce qu'il ne peut atteindre qu'en fournissant des efforts : « *Nitimur in vetitum semper cupimusque negata* » (Ovide, *Amores* III 4, 17). *Cf.* Schnell, 1979, notamment p. 35-42, où l'on trouve un grand nombre d'exemples ; Lutz, 1909, p. 146 *sq.* Dirc Potter, Leendertz (éd.), 1845-1847, II 1776-1797, dans son traité sur les formes terrestres de l'amour (vers 1412), parle également de l'augmentation du désir sexuel quand il ne connaît satisfaction qu'après le mariage ; voir sur ce point van Oostrom, 1992, p. 229 *sq.*

24 L'abbé cistercien Adam de Perseigne (fin du XIIe siècle) transpose même à l'amour mystique et spirituel l'idée que différer ou rejeter l'amour augmente le désir ; Raciti, 1980, p. 338, l. 901-908. Voir également Bernard de Clairvaux, *Sermo* 75, p. 1144.

etc. –, ce qui implique que ces dernières participent d'un concept de l'amour et non d'une réalité amoureuse, alors il n'est plus nécessaire d'associer ces conditions défavorables à un état d'âme psychique des troubadours ancré dans le vécu. Les textes cités qui témoignent de la conception largement répandue de ce que l'on accorde davantage de valeur (ou, plus précisément, un plus grand attrait) à ce qui est difficilement accessible constituent le contexte discursif qui permet aux troubadours de présenter leur amour comme élitaire. La poésie des troubadours n'est pas dictée par le fait que les auteurs auraient joui, dans le monde du vécu, du sentiment de non-possession ; elle est bien plutôt le fruit d'un discours aux multiples ramifications qui analyse les conditions nécessaires à une relation amoureuse qui soit source de prestige. Une dame qui s'abandonnerait facilement à son amant serait considérée comme de moindre valeur, mais cette dévalorisation ne vaudrait pas uniquement pour elle, objet de l'amour, elle toucherait également l'amour que lui porte le « je » textuel. Il convient de garder à l'esprit ces prémisses discursives et conceptionnelles de l'amour des troubadours.

PERTE DE POUVOIR SUITE AU COÏT ?

Relation amoureuse *versus* relation conjugale

Si « avoir » et « posséder » signifient purement et simplement que la femme se donne à l'homme[1], alors l'homme « a » la femme dès l'instant où tous deux se livrent à l'acte sexuel. Toutefois, si l'on conçoit la relation amoureuse dans un cadre temporel plus long, le terme « avoir » n'a plus nécessairement cours, du moins si l'on tient compte de la différenciation courtoise établie au Moyen-Âge entre relation amoureuse et relation conjugale. En effet, il ne serait alors être question d'« avoir » ou de « posséder » la personne aimée dans le cadre d'une relation amoureuse. On ne prend conscience de cela que par le biais de la mise en opposition entre relation amoureuse et relation conjugale, telle qu'on la trouve dans différents discours médiévaux. Ainsi, nous parvenons à un nouveau critère qui aide à délimiter les différentes formes de relations sexuelles les unes par rapport aux autres.

Afin de déterminer quelle pertinence revêt l'aspect sexuel pour définir et différencier les différents types de relations amoureuses au Moyen-Âge, il paraît opportun de comparer le discours sur l'amour avec le discours sur le mariage. Tous deux abordent en effet la question de l'union sexuelle et de ses possibles conséquences. Une telle comparaison montre par ailleurs qu'un autre sujet est corrélé à celui de la sexualité : celui du pouvoir, ou du moins de la hiérarchie. Le fait que la relation entre l'amant et la dame – à laquelle il s'adresse en employant les termes de « *domna* » et « *midons* » – soit décrite dans la poésie courtoise comme une relation de pouvoir laisse supposer que l'amour dont il est question dans la poésie courtoise ne traite pas uniquement de désir, de sexe et d'accomplissement de l'amour, mais également des rapports de pouvoir affectés par cet amour[2]. On trouve au Moyen-Âge un grand nombre d'exemples qui attestent de ce que l'union sexuelle modifie la relation

1 Voir ci-avant p. 72 n. 12 (Daude de Pradas, 124, 2), p. 79 n. 27 (Peirol, P./C. 366, 30) et p. 94 n. 60 (Simon, P./C. 436, 2).

2 La thèse d'Erich Köhler (voir ci-avant p. 14 n. 12, p. 26 n. 10 et 11) n'a considéré ce point que sous l'angle des aspects spécifiques à un groupe. Cependant, si l'on tient également

de pouvoir entre la femme et l'homme. Cela vaut tout aussi bien pour les relations amoureuses que pour les relations conjugales. Nous nous contenterons d'éclairer ici certains aspects d'un matériel textuel d'une grande complexité.

CONSÉQUENCES DU COÏT POUR UNE RELATION AMOUREUSE

Il ressort de la littérature d'amour médiévale que le rapport de domination n'est pas le même dans une relation amoureuse que dans l'institution du mariage – indépendamment du fait de savoir si les amants ont déjà dormi ensemble ou non. Que ce soit avant ou après le coït, dans une relation amoureuse, c'est la femme qui domine. Telle est du moins la teneur de la poésie d'amour courtoise. Dans la relation amoureuse, la femme est toujours « *domina* ». Les poètes antiques tels que Catulle, Tibulle, Properce et Ovide, emploient déjà le terme « *domina* » quand ils s'adressent à leur bien-aimée[3]. Manifestement, l'objet aimé féminin reste en position de force, et ce, même là où l'on peut supposer qu'une relation sexuelle a (eu) lieu[4].

Dans le dialogue (retouché maintes fois) *De voluptate sive De vero bono* (1431/1433) de Lorenzo Valla, l'un des personnages parle avec mépris des amants, lesquels toléreraient selon lui toutes sortes d'injustices de la part de leur bien-aimée et s'adresseraient à leurs amies (« *amiculas* ») en employant le titre « suzeraine » (« *dominas* »). [*Traduction*] « Maîtresses,

compte des discours médiévaux portant sur la différence entre l'amour et le mariage, on parvient à d'autres possibilités d'interprétation.

3 *Cf.* Lieberg, 1962, p. 57, 69, 182 *sqq.* et 275 *sq.* ; Copley, 1947 ; Kelly, 1975, p. 71 *sq.* ; Lilja, 1965, p. 76-89 et 186-192. Felbeck/Kramer, 2008, p. 2 *sq.* établissent un large parallèle entre les poèmes d'amour de Catulle et ceux des troubadours.

4 On ignore si les poèmes d'amour des poètes élégiaques antiques sont basés sur des relations amoureuses réelles, mais ce qui importe dans le cadre de notre argumentation, c'est le fait que certains poèmes imaginent une relation sexuelle et que la bien-aimée conserve tout de même son statut de *domina*. Selon les médecins médiévaux, pour l'homme, la bien-aimée est toujours sa *domina*, quels que soient son statut social et son apparence. Les amants se conduiraient à l'égard de la personne désirée comme les subalternes à l'égard de leur seigneur ; un mot de la femme aimée aurait pour l'amant valeur d'ordre, comme cela est le cas d'un mot du maître pour le valet : « *talium amantium actus* [...] *similes sunt actibus subditorum erga proprios dominos. Quemadmodum etenim hi timent domini maiestatem offendere et eiusdem fideli subiectione servire conantur ut gratiam obtinent (obtineant ?) et favorem, sic ex parte alia proportionatur circa rem dilectam heroyci afficiuntur amantes* » ; Arnaud de Villeneuve (vers 1300), 1520, f° 215rb ; voir Schnell, 1985, p. 114 ; Wack, 1986, p. 196.

suzeraines, elles le sont aussi et veulent que l'on vive en les craignant et en espérant après elles[5] ». Au vu du contexte dans lequel on trouve ce passage, il apparaît que les amants ont déjà dormi ensemble ; il n'en demeure pas moins que la femme domine.

Toutefois, on trouve également au Moyen-Âge la thèse selon laquelle la relation entre les deux amants évolue suite à la première union sexuelle. Ainsi, le spécialiste de l'art épistolaire amoureux, Maître Boncompagno (XIIe siècle), avance que l'homme écrit différemment à la femme *post factum* que *ante factum*[6]. Cependant, aucun exemple ne vient étayer cette affirmation, Boncompagno ne présentant que des esquisses de lettres qui correspondent à la phase *ante factum*.

Le trouvère Adam de la Halle (XIIIe siècle) décrit plus drastiquement le possible revirement des rapports de pouvoir suite à la première relation sexuelle[7]. Il critique ceux qui font semblant d'aimer mais ne veulent en réalité que jouir[8], leur reprochant de s'ériger en tyran vis-à-vis de leur bien-aimée dès que celle-ci se serait donnée à eux (str. 1 et 2). Pour Adam de la Halle, le coït marque ainsi le renversement des rapports de force au sein de la relation amoureuse.

Dans l'Angleterre des XVe/XVIe siècles, la discussion néoplatonicienne sur l'amour postule que la femme courtisée perd sa domination sur l'homme suite à l'union sexuelle car celle-ci impliquerait que l'homme 'possède' la femme[9]. Or, le terme 'possession' induit le pouvoir de disposer d'une chose ou d'une personne[10].

L'une des nouvelles de l'*Heptaméron* de Marguerite de Navarre (paru à titre posthume en 1559) attribue aux relations amoureuses une double relation de domination[11]. En public, les femmes aimées adopteraient un comportement dominateur, elles trôneraient tels des juges devant leurs amants agenouillés à leurs pieds comme des serviteurs. Mais dès qu'elles seraient seules avec leur amant, « *le nom de maistresse* » se transformerait en celui d'« *amye* » et celui de « *serviteur* » en « *amy* ». Dans les moments intimes de partage érotico-sexuels, le rapport de force entre les amants change.

5 Valla, Schenker (éd.), 2004, p. 286 *sq.* (« Et certe sunt here et domine et a se sperari seque timeri volunt »).

6 Boncompagno, Baethgen (éd.), 1927, p. 12 ; Luca Core (éd.), 2015, p. 18.

7 Adam de la Halle, Berger (éd.), 1900, N° V, str. 1 et 2 (Raynaud, 1884, N° 149).

8 Sur un passage similaire chez Marcabru, voir Schnell, 1985, p. 84 note 365.

9 Dawson, 2008, p. 150 *sq.* et 161 ; voir aussi ma critique du livre : Schnell, 2010, p. 225 *sq.*

10 Sur la problématique de la terminologie de la « possession » dans le discours d'amour, voir ci-avant p. 111-118.

11 Marguerite de Navarre, François (éd.), 1960, 10e Nouvelle, p. 84.

Dans un premier temps, on peut donc retenir que l'on trouve dans la littérature occidentale des énoncés variés sur les possibles conséquences de l'union sexuelle sur les rapports de pouvoir au sein d'une relation amoureuse.

CONSÉQUENCES DU COÏT CONJUGAL

À la différence des relations amoureuses, l'union sexuelle est une condition sine qua non dans le mariage[12]. Sur le plan sexuel, les deux époux peuvent pareillement disposer du corps de l'autre, comme cela est écrit dans le Nouveau Testament (1. Cor. 7, 1-5) et a été codifié juridiquement par les canonistes et décrétistes médiévaux. Les dispositions relevant du droit canon et portant sur la question du *debitum*, du devoir conjugal, remplissent des tomes entiers. Il en ressort qu'il n'existe pas de rapport de domination entre les époux sur le plan de la sexualité. Dans tous les autres domaines cependant, et en vertu des préceptes néotestamentaires et canoniques, la femme doit obéir à l'homme dans le mariage. C'est lui le chef de famille (« *vir caput mulieris* »)[13].

Pour autant, la première union sexuelle a également des conséquences pour le couple marié, lesquels diffèrent bien évidemment de celles que l'on observe dans les relations amoureuses. Le droit réciproque à disposer l'un de l'autre dans le mariage n'intervient qu'après la première relation sexuelle. De l'avis de nombreux canonistes des XIIe/XIIIe siècles, le premier accouplement charnel des époux a des conséquences sur le statut juridique du mariage : ce n'est qu'avec son accomplissement que le mariage devient pleinement valable (« *matrimonium ratium*[14] », « *coniugium perfectum*[15] »). Après la première union sexuelle, le mariage ne peut plus être dissous si l'un des époux souhaite entrer au couvent. Les droits des époux l'un sur l'autre changent avec le coït : une fois le mariage consommé, aucun des époux ne peut refuser à l'autre l'union

12 Les mariages délibérément non consommés ou « *chaste marriages* », dans lesquels les époux décident d'un commun accord de renoncer à l'union sexuelle constituent une exception à cette règle ; Hugues de Saint-Victor, notamment Sp. 865 B. Voir par exemple Gold, 1982 ; McGlynn/J. Moll, 1996.

13 Éph. 5, 22-33 ; 1. Pierre 3, 1.

14 Brundage, 1987, p. 243 *sq.*, 288, 296 *et passim.*

15 Voir Schnell, 1982a, p. 118-126.

charnelle s'il la désire : chacun doit accorder à l'autre le *debitum*[16]. Avec le premier acte sexuel, les époux perdent donc leur droit à disposer librement de leur corps : ils se 'possèdent' l'un l'autre. Si l'on veut parler de la domination de l'homme dans le mariage, il faut noter que cette dernière n'entre en vigueur qu'avec la première union sexuelle.

DIVERGENCES ENTRE RELATION AMOUREUSE ET RELATION CONJUGALE

Bien que, comme nous venons de le voir, relations amoureuses et conjugales s'accordent pour différencier l'« avant premier coït » de l'« après », les divergences entre ces deux types de relation font l'objet au Moyen-Âge d'un consensus encore plus grand. On attribue à la relation amoureuse les paramètres suivants : aspiration, incertitude, fugacité, absence de contraintes, domination de la femme et plaisir, tandis que la relation conjugale est caractérisée par des termes comme possession, certitude, constance, soumission de la femme, sollicitude ; la première est une relation qui se joue en secret, la seconde en public[17].

La domination de la femme dans la relation amoureuse, à savoir le droit qui lui est accordé d'accepter ou non une proximité sexuelle, implique pour l'homme une incertitude structurelle, c'est-à-dire l'exact opposé de la 'possession'. Cette incertitude est notamment étayée par la conviction largement répandue au Moyen-Âge selon laquelle amour et in-quiétude sont indissociables, que l'union sexuelle ait eu lieu ou non. Cette inquiétude résulterait de l'incertitude quant au comportement futur de la personne aimée[18]. Dans la mesure où elle n'appartient pas à son amant, ou pour le dire autrement, où l'homme ne la possède pas, la

16 Sur la question de l'accomplissement du *debitum*, voir Schnell, 2002, p. 292-305 et 370-383.

17 *Cf.* Schnell, 2008, en particulier p. 102-104.

18 Andreas Capellanus [XIIe siècle], Trojel (éd.), 1972, p. 4 (I 1) : « Postquam etiam amor utriusque perficitur, non minus timores insurgunt ; uterque namque timet amantium, ne, quod est multis laboribus acquisitum, per alterius labores amittat [...]. Timet etiam, ne in aliquo offendat amantem ; tot enim timet, quod nimium esset narrare difficile ». (« Mais une fois que l'amour est partagé, les angoisses qui surgissent ne sont pas moins grandes ; en effet, chacun des deux amants craint de perdre, à cause des entreprises d'un tiers, ce qu'il a acquis au prix de tant d'efforts [...]. L'amant a également peur d'offenser celle qu'il aime d'une façon ou d'une autre, et ses craintes sont si nombreuses qu'il est bien difficile de les rapporter ») Nous citons ici la traduction de Claude Buridant, 1974, p. 47 *sq.*

bien-aimée – à l'inverse de l'épouse – est libre de disposer de son amour et elle peut l'offrir à un autre. Il en découle un trouble émotionnel chez l'homme. La jalousie constitue ainsi pour les esprits médiévaux un autre attribut de l'amour ('libre')[19].

La portée du principe explicatif introduit dans la discussion par Spitzer – à savoir que les troubadours renonçaient à l'accomplissement de l'amour par crainte que celui-ci ne mette fin au désir dans la mesure où ils 'posséderaient' alors leur dame – semble donc trop restreinte. Il n'y a pas de place pour la 'possession' dans les relations amoureuses, à moins de supposer que l'amour chanté par les troubadours ne se distingue finalement pas des relations amoureuses 'représentées' dans les *Carmina Burana* ou les pastourelles, à savoir des relations éphémères et dans lesquelles l'homme ne recherche que le sexe[20]. Pour le discours médiéval courtois portant sur l'amour, au contraire, en amour, on n'« a » ni ne « possède » son partenaire.

Au regard de la délimitation discursive entre relation amoureuse et relation conjugale que nous venons d'esquisser, on ne sera guère surpris de trouver dans la littérature médiévale l'idée que mariage et amour sont incompatibles[21]. Cependant, on observe dans le même temps une forme de réaction, de mouvement inverse. La littérature courtoise des XIIe et XIIIe siècles tente en effet d'harmoniser relations amoureuse et conjugale. Les textes en question attestent également du caractère discutable de la thèse de la mort de l'amour suite à l'accomplissement de l'amour.

19 *Cf.* Andreas Capellanus, *ibid.*, p. 310 (« *Qui non zelat, amare non potest* »), p. 311 (« *Ex vera zelotypia affectus semper crescit amandi* ») ; voir aussi *L'art d'amours* [XIIIe/XIVe siècles], Roy (éd.), 1974, l. 1014-1028 et 1604-1611. Des voix contraires se font également entendre, *cf.* Huot, 1993, p. 101 *sq.* (sur Gui de Mori) ; Södergård (éd.), 1956, v. 1008-1084 (pour et contre). Sur l'interdépendance entre amour et jalousie jusqu'aux XVIIe/XVIIIe siècles, Schlumbohm, 1974, p. 216-229. Au contraire, dans le discours médiéval sur le mariage et dans le discours théologico-moral en général, la jalousie est décriée. *Cf.* Fritsch-Staar, 1995, p. 76-82 ; Gilles de Rome, 1607, II 1, 22 et 23 ; Edmund Tilney, Wayne (éd.), 1992, p. 122 *sq.*, l. 796-817. Au XVIIe siècle, la jalousie dans le mariage est considérée comme ridicule, comique, dangereuse ou tragique ; Peter, 2002, p. 110 *sqq.*

20 Dans une chanson d'amour de Reinmar (MF 212, 13), on trouve l'opposition entre un bonheur obtenu rapidement (accomplissement de l'amour) et qui s'évanouit tout aussi vite, et un bonheur acquis après avoir longtemps courtisé la dame (accomplissement de l'amour) qui, lui, perdure. Ce n'est donc pas l'accomplissement sexuel qui constitue le critère de distinction mais la durée de la cour ; voir aussi Kasten (éd.), 1995, N° 92 et p. 728-730.

21 Voir Schnell, 1985, p. 115-126.

HARMONISER LES RAPPORTS DE FORCE tels qu'on les observe dans les relations amoureuses et les relations conjugales

La caractéristique principale de ces efforts d'harmonisation est qu'ils thématisent l'aspect de la domination et de la soumission. Ils visent à préserver dans la relation conjugale le statut d'exclusivité dont jouit la femme dans la relation amoureuse, afin d'atténuer le contraste flagrant entre ces deux types de relation. Nous nous contenterons ici de quelques exemples tirés de la littérature courtoise romane et anglophone des XIIe/XIIIe siècles[22]. Ces exemples permettent dans le même temps de constater que l'idée du paradoxe amoureux essuie, dans ses implications (mort de l'amour suite à l'union sexuelle), le rejet d'un large pan de la littérature courtoise[23].

Chrétien de Troyes, à la fin de son roman *Cligès* (vers 1176), décrit comme suit l'entente heureuse des amants Cligès et Fenice dans le mariage : « *Et s'amie a femme li donent, / Andos ensemble les coronnent. / De s'amie a faite sa femme, / Mes il l'apele amie et dame, / Car por ce ne pert ele mie / Que il ne l'aint come s'amie, / Et ele lui tot autresi / Com amie doit son ami. / Et chascun jor lor amors crut*[24] ». Le recours fréquent à la terminologie de l'amour pour un couple marié doit permettre d'abolir les différences entre les deux formes de relation. Fenice demeure « amie » et « dame » jusque dans le mariage. Ceci mérite d'être relevé dans le cadre de notre argumentation, dans la mesure où les deux amants avaient déjà dormi ensemble bien avant que le mariage ne soit conclu (*Cligès*, v. 6274-6305). L'union sexuelle n'a donc en rien entaché le statut de suzeraine du personnage de Fenice.

Renaut, à la fin de son roman courtois *Galeran de Bretagne* (vers 1210/1220), décrit de façon presque identique le couple d'amoureux fraîchement mariés[25] :

---

22 Voici quelques études issues de la recherche sur le sujet : Payen, 1981 ; Noble, 1982 ; Schnell, 1982b ; Schnell, 2008 ; Schnell, 2002, chap. VII ; Green, 2009, part II.

23 Ulrich von Türheim, Schröder (éd.), 1999, str. 310, 12-17, parle par exemple, dans ce roman d'amour et de mariage, de désir amoureux entre les époux même après que le coït conjugal a eu lieu.

24 Chrétien de Troyes, Zink (éd.), 1994, p. 493, v. 6669-6677 : « On lui donne son *amie* pour *femme* [c'est nous qui soulignons], et on les couronne tous deux ensemble. De son amie, il a fait sa femme, mais il l'appelle amie et dame, ce qui n'empêche pas celle-ci d'être aimée comme son amie, ni de l'aimer elle-même aussi comme une amie doit aimer son ami. Chaque jour s'accrut leur amour ».

25 Renaut, cité ici dans la traduction de Jean Dufournet (éd.), 2009, v. 7738-7757, p. 492.

> Celui qui est à la fois mari et ami (« *barons et amys* », 7739) emmène sa femme dont il admire la beauté. Ils ne font plus qu'un seul cœur et un seul corps dont ils retirent une joie pleine et entière. Loin de faiblir [!], le désir (« *voulenté* », 7742 ; « *desir* », 7743) en eux devient plus intense, car un loyal amour (« *amours loiaux* », 7744) ne diminue pas dans un cœur qui ignore le mensonge. Ils s'aiment tant, ils se chérissent tant qu'ils ne peuvent se lasser d'être ensemble. Ici on voit bien que le vilain ment quand il affirme que la plénitude n'a pas de saveur, car la leur est si agréable qu'on peut bien dire à leur sujet que dans la plénitude ils sont insatisfaits. Cette insatisfaction est telle que ne peuvent l'assouvir ni plaisirs ni délices. Liés tous deux d'un seul et même lien, leur amour grandit de jour en jour.

Dans ce passage, on a l'impression que l'auteur reprend une question dont débattent partimens en occitan et en langue d'oïl : savoir si le désir amoureux s'amenuise suite à l'union sexuelle ; et qu'il y répond de façon explicite : dans le cas d'un amour sincère, le désir ne s'éteint pas après le coït, au contraire, il croît. Alors que la recherche sur la *fin'amor* postule que le désir cessait chez les troubadours quand ils avaient atteint leur but, l'auteur de roman Renaut nous enseigne que cela ne vaut que pour les mauvaises gens. Selon lui, le vrai amour ne cesserait pas, même après des centaines d'unions amoureuses.

Dans de nombreux romans des XIIe et XIIIe siècles, les époux nomment leur épouse « *douce amie* » et témoignent ainsi du lien qui existe entre le discours amoureux et le discours marital[26]. En écho, on pense à la célèbre réponse qu'Énide fait au comte qui lui demande si le chevalier qui gît sans connaissance à terre est son époux *ou* son ami : « les deux », dit-elle[27]. Gautier d'Arras s'inspire pour son roman *Ille et Galeron* (vers 1170/1180) de trois cas juridiques[28] dont a également traité le droit canon matrimonial. On s'attend donc à y trouver un condensé du discours sur le mariage. L'un de ces cas concerne un chevalier qui a perdu un œil à la guerre : sa fiancée ou épouse a-t-elle le droit de le répudier à son retour du combat ? Tandis que le droit canon considère qu'il est du *devoir* de l'épouse d'accueillir son mari, même s'il devait désormais lui inspirer du dégoût, le héros défiguré du roman de Gautier ne désire pas infliger

26 Voir par exemple *Chanson de Guillaume*, Suard (éd. et trad.), 2010, v. 945, 1015, 1285, 1332, 1433, 2437 ou encore *Le Roman du Comte de Poitiers*, Malmberg (éd.), 1940, v. 129 et 186-219.

27 Chrétien de Troyes, Zink (éd.), 2004, p. 209, v. 4680-4683 : « *Si li commença a enquerre / Dou chevalier, qu'ele li die / S'ele estoit sa fame ou s'amie. / "L'un et l'autre, fait ele, sire*["] » ; voir aussi la scène correspondante chez Hartmann von Aue, Cormeau/Gärtner (éd.), 1985, v. 6172 *sq.* « *"was er iuwer âmis oder iuwer man ?" / "beide, herre"* ». Dans *Érec et Énide*, Chrétien associe à de nombreuses reprises les termes « *amie* » et « *fame* » (épouse) pour parler d'une seule et même relation homme/femme (v. 2434-2441, 3320-3323, 3478, 3764 *sq.*, 4914-4920, 6298 *sq.*).

28 Schnell, 1982b.

la vue de son visage à sa femme. Plutôt que d'imposer par voie de justice la poursuite du mariage, Ille dissout de lui-même la communauté conjugale et part en secret. Ce n'est qu'après que Galeron s'est lancée à sa recherche et qu'elle a répondu par l'affirmative lorsqu'il lui a demandé si elle l'aimait encore, qu'Ille met de côté ses scrupules. Le récit passe alors du discours marital au discours courtois. Le principe directeur de l'action est donc logiquement la levée de contraintes et non le devoir ou le droit. Il en va de même dans les deux autres cas juridiques repris par Gautier d'Arras (sort des disparus ; entrée au couvent). Dans ce roman, le principe du libre choix, de l'absence de contraintes, élément constitutif du discours d'amour (courtois), a vidé de son sens le discours marital traditionnel qui raisonne en termes de droit et de devoir. Ici est présentée une relation conjugale dans laquelle, à l'instar d'une relation amoureuse, seules la volonté et la sympathie de la femme dominent.

De telles constructions qui confèrent au mariage les attributs de la relation amoureuse relèvent certes de l'utopie ; toutefois, elles ont intéressé la société courtoise. On les retrouve dans l'utopie du *Roman de la Rose* et dans le conte « Franklin's Tale » des *Canterbury Tales* de Chaucer. Dans *Le Roman de la Rose* de Jean de Meun, le personnage de l'Ami déplore que la relation entre les sexes s'inverse totalement après que le mariage a été conclu. Il observe que l'homme, qui, avant le mariage, se présente comme le serviteur de la dame, exercerait ensuite une domination sur la femme, et note qu'amour et domination s'excluraient[29]. Selon lui, l'amour ne pourrait séjourner que dans des cœurs indépendants et libres d'accorder leur affection[30]. Jean de Meun ancre son plaidoyer au sein de l'utopie d'un état paradisiaque qui ne connaît pas la domination et qui aurait existé au début de l'histoire de l'humanité[31]. L'aspect fictif de ce programme littéraire d'un mariage dénué de rapport de domination et situé dans l'autrefois et l'avenir est plus que patent.

29 Le statut de suzeraine de la dame dans la relation d'amour n'est manifestement pas perçu comme une domination, vraisemblablement parce qu'il résulte de la soumission volontaire de l'homme à la femme. Au contraire, le statut de domination de l'homme dans le mariage découle d'une soumission forcée de la femme. C'est pourquoi il convient de distinguer sur le plan catégoriel la relation de dépendance telle qu'on l'observe dans la relation amoureuse de celle à l'œuvre dans le mariage.

30 Guillaume de Lorris et Jean de Meun, Strubel (éd. et trad.), 2004, v. 8435-8470 et 9425-9496. Ovide, dans les *Métamorphoses*, II, 846 *sq.* proclamait déjà qu'amour et domination étaient incompatibles.

31 Walther, 1979. Les v. 9425-9496 rappellent également l'interprétation théologique de la Genèse biblique : la femme aurait été créée en tant que « *socia* » et non « *ancilla* » de l'homme ; voir sur ce point Schnell, 1998a.

Chaucer place de façon plus explicite encore « The Franklin's tale », son exemple de rapprochement entre mariage et relation amoureuse, dans un monde irréel et magico-féérique. Un valeureux chevalier aime la plus belle dame qui soit. Cette dernière consent finalement à l'épouser, à la condition qu'il soit certes son suzerain et maître aux yeux du monde (en public), mais qu'en secret (entre eux, dans le domaine privé) règne le principe de l'absence de contraintes (741 et 751 *sq.*) : il doit lui promettre de ne chercher à aucun moment, que ce soit de nuit comme de jour, à s'emparer du pouvoir sans qu'elle ne donne son consentement (747). Au contraire, pour devenir son époux, il doit accepter de lui obéir et de la servir tel un amant, d'être serviteur en amour et maître dans le mariage (793). La dame ressent cet accord comme une « grande liberté » (755)[32]. Le narrateur abonde également en ce sens, amour et domination ne faisant selon lui pas bon ménage (761-769)[33]. Cet accord à valeur contractuelle entre deux époux et qui doit rester secret est une construction étonnante[34]. Une telle cohabitation du mariage (domination de l'homme en public) et de l'amour (l'homme comme serviteur en privé) au sein d'une seule et même relation relèverait donc bien de la fiction. À la fin de l'histoire, la catastrophe n'est évitée que grâce à la générosité fabuleuse de tous les protagonistes. « The Franklin's tale » constitue au final une expérience littéraire qui cherche à réconcilier droit matrimonial (et, partant, l'aspect public de la relation, la domination de l'homme, la hiérarchie, les devoirs) et l'amour (qui va de pair avec la sphère privée, la soumission de l'homme, l'absence de contraintes, la liberté). L'institution du mariage, qui est sanctionnée par une hiérarchie des sexes entérinée juridiquement, est combinée à une relation homme/femme conçue en quelque sorte comme une zone de non-droit, un espace caractérisé par l'absence de contraintes, la liberté et le secret. Il ne peut en résulter qu'un paradoxe : l'homme est à la fois en position de domination et de servitude (« *in lordship and servage* », 794). Il me semble que Chaucer réfléchit jusque dans leur expression la plus

32 Geoffrey Chaucer, N. F. Blake (éd.), p. 345 *sq.*

33 Lorsque le narrateur dit que les amants doivent s'obéir mutuellement (762), il ne s'agit pas là d'un écho à l'appel qui est fait aux époux de se jurer mutuellement obéissance dans les textes de mariage du Moyen-Âge tardif ; voir sur ce point Schnell, 1998b, p. 260-274. Derrière cet énoncé de Jean de Meun se cache plutôt le vœu d'un amour réciproque, tel que Bernart de Ventadorn l'expose dans une chanson : vouloir et permettre en amour reposeraient selon lui sur une volonté commune, *cf.* Bernart de Ventadorn, Appel (éd.), 1915, N° XV (P./C. 70, 15), str. 5, 1-4. Voir aussi l'exigence de réciprocité en amour exprimée par Walther von der Vogelweide (La 46, 32 ; 50, 19 ; 69, 1).

34 Voir, entre autres, Lucas/Lucas, 1991 ; Battles, 1999 ; McCarthy, 2002.

extrême les possibilités de réalisation de cet idéal amoureux littéraire d'une absence de contraintes au sein de l'institution sanctionnée publiquement et juridiquement qu'est le mariage. Cette tentative ne réussit sur le plan poétique qu'en raison de la fictionnalité mise en place – qui, de plus, occulte presque tous les détails du quotidien – et sur le plan conceptionnel qu'en opérant une séparation aux allures de casuistique entre les deux modes de relation, avec d'une part la sphère publique et de l'autre, la sphère privée[35].

Cependant, de temps à autre, l'utopie d'une relation conjugale dans laquelle s'appliquent les lois de l'amour extra-conjugal est transposée à la réalité historique. Ainsi, dans le traité d'amour *Puissance d'amours* (XIVe siècle ; ms. Wien, ÖNB, cod. 2621, f° 14), un précepteur spirituel donne au comte de Brabant le conseil suivant : celui qui veut amener la dame qu'il courtise à l'épouser doit la convaincre qu'il continuera à la traiter comme son *amie* dans le mariage[36].

La poésie des troubadours a également fait sienne la question de savoir si la relation entre les amants évolue quand ils se marient, et envisage ce cas de figure dans deux partimens (P./C. 194, 2 et 359, 1)[37].

Dans le partimen entre les cousins Gui et Elias d'Ussel (P./C. 194, 2), la question posée par Gui est la suivante : selon les lois de l'amour (« *segon drecha razon d'amor* », str. 1, 6) que devrait désirer davantage (« *plus aver talan* », str. 1, 5) un amant courtois (« *fin amador* », str. 1, 2) qui aime sincèrement sa dame et est aimé sincèrement en retour si, d'aventure, il était confronté au choix suivant : être le bien-aimé ou le mari (« *drutz o maritz* », str. 1, 7) de la dame[38] ? Dans le cadre de notre

35 On retrouve ce motif de la femme qui, avant que le mariage ne soit conclu, essaie de négocier une certaine liberté d'action, afin de ne pas subir la domination de son époux, jusque dans la littérature fictionnelle de l'époque moderne. Un des exemples les plus connus est *Paméla* de Samuel Richardson (1740). Voir aussi Dawson, 2008, p. 108-111 au sujet d'une pièce de théâtre rédigée par deux sœurs au XVIIe siècle.

36 Karnein, 1984, p. 153 voit dans cet énoncé quelque chose de fondamentalement nouveau et s'en sert, entre autres éléments, de base pour sa thèse selon laquelle la poésie médiévale ne confronte à aucun moment mariage et amour, ou alors tout au plus sommairement dans la littérature didactique portant sur l'amour courtois (à compter des XIIIe/XIVe siècles), forme d'entre-deux entre la poésie et la littérature scientifique de traités. (On trouve cette même analyse presque mot pour mot chez Karnein, 1997, p. 124 *sq.*). Toutefois, les exemples étudiés ici montrent que cette confrontation a déjà lieu dans la poésie du XIIe siècle.

37 Cette question est également traitée dans deux sirventès entre Peire Rogier et Raimbaut d'Aurenga (P./C. 356, 7 et 389, 34).

38 Texte cité d'après Harvey/Paterson (éd.), 2010, t. 2, p. 466-469 ; voir aussi texte et traduction allemande chez Carstens, 1914, p. 44-47 ; Neumeister, 1969, p. 107-109 (texte d'après J. Audiau, 1922, N° 14). Sur ce partimen, voir Neumeister, *ibid.*, p. 109-111 ; Camproux,

argumentation, on notera que ce partimen laisse entendre qu'il est possible qu'un « *fin'amador* » soit également le « *maritz* » de sa dame (str. 1). De plus, Elias, qui prend parti pour l'engagement marital avec la dame, se décrit comme quelqu'un dont le cœur est celui d'un amant courtois (« *cor ai de fin aman* », str. 2, 1). D'aucuns diront que le simple fait d'imaginer un époux aimant courtoisement sa femme doit avoir fait l'effet d'une plaisanterie dans les cercles courtois[39]. On leur opposera que ce partimen ne cherche pas à affirmer ou réaffirmer un antagonisme absolu entre relation conjugale et relation amoureuse, mais à trouver un équilibre en jouant sur le plus et le moins. Que doit désirer le plus un amant courtois (« *De cal deu plus aver talan* », str. 1, 5) ? Gui d'Ussel, à qui revient la défense de la position de l'"amour libre', concède volontiers qu'un époux peut aimer sa femme ; il indique seulement aimer pour sa part sa dame davantage en tant qu'amant qu'il ne le ferait s'il était son époux (« *s'eu mai non nam mi donz qe sos maritz* », str. 7, 4). Le 'détracteur' de la relation conjugale ne condamne donc pas cette dernière en bloc, il opère plutôt une gradation entre les types de relations[40]. Mais ce qui est ici plus particulièrement digne d'attention, c'est le fait que l'aspect sexuel est éludé. La frontière entre relation amoureuse courtoise et relation conjugale courtoise *ne* passe *pas* le long de la ligne « accomplissement de l'amour / non-accomplissement de l'amour ». L'absence d'accomplissement de l'amour dans une relation amoureuse n'est pas une *condition sine qua non* de l'amour dit courtois. Dans les deux types de relation (conjugale et amoureuse), l'activité sexuelle est considérée

1980 (pour Camproux, ce poème est une tenson parce que les deux cousins thématiseraient selon lui leurs situations personnelles respectives, p. 74 *sqq.*) ; Schnell, 1985, p. 121 *sq.* ; Schnell, 2002, p. 457-461 ; Neumeister, 2017 (selon Neumeister, la doctrine courtoise n'est pas remise en cause mais confirmée par le biais du renversement : le mariage ne serait que le 'renversement' de l'amour courtois et ne serait pas pris au sérieux ; pour lui, le poème est conçu comme une fin esthétique en soi (« *ästhetischer Selbstzweck* », p. 140)). Cingolani, 1984, notamment p. 33-47, cite des parallèles textuels afférents issus de la littérature courtoise.

39 « [*sich*] *im höfischen Kreis wie ein Witz angehört haben* » : Köhler, (1960) 1962, p. 259. L'idée largement répandue chez les historiens et les spécialistes en littérature selon laquelle le terme « amour » aurait été complètement étranger aux mariages médiévaux, a conduit à prendre pour argent comptant les propos d'André le Chapelain à ce sujet et, ainsi, à voir dans ce partimen entre Gui et Elias d'Ussel une parodie du mariage. Pourtant, si l'on se penche sur les récits historiographiques du XIIe siècle, on ne manquera pas de constater qu'ils parlent d'amour passionnel entre certains époux ; *cf.* Schnell, 2011, p. 332-334 notamment. De plus, la recherche sur la *courtly love* devrait enfin prendre acte de la mise en scène ironique et parodique dont André le Chapelain use dans les dialogues présentés dans *De amore* ; *cf.* Schnell, 1982a.

40 Les partimens ne sont, quoi qu'il en soit, pas le lieu d'une différenciation doctrinaire, mais d'un jeu littéraire à partir de dilemmes subtils.

comme allant de soi[41]. En revanche, ce qui importe, c'est de déterminer quelle relation promet à l'homme une plus grande reconnaissance sociale (« *pretz* », str. 3, 5). La question de la valeur d'un amour est tout aussi importante que celle du potentiel facteur de plaisir.

Peire Trabustale et Rainaut de Tres Sauzes discutent eux aussi, dans un partimen, de la question de savoir s'il vaut mieux avoir sa dame pour amie ou pour épouse, si cette dernière demandait à son amant de choisir[42]. Ici encore, l'acte sexuel est considéré comme allant de soi, et ce, même dans le cadre d'une relation amoureuse.

Des quelques 180 jeux-partis en ancien français à notre disposition, six abordent la question de savoir s'il faut préférer le mariage à une relation amoureuse 'libre'[43]. Dans leur approche du sujet, ces poèmes partagent souvent l'argumentation de leurs pendants occitans. Citons, à titre d'exemple, les questions dilemmatiques suivantes : « parmi ces deux amis, lequel trouve le plus de plaisir en amour : celui qui est marié ou celui qui jouit des faveurs de sa dame sans les chaînes de l'amour ? » « L'amour de deux amants s'amenuise-t-il s'ils se marient ? » « Préféreriez-vous avoir la dame que vous aimez pour amie ou pour femme ? » Ici non plus, il n'est pas question d'une incompatibilité de l'amour et du mariage mais de la plus ou moins grande présence d'amour[44]. Penchons-nous sur l'un de ces six jeux-partis. La question qui y est posée est la suivante : [*Traduction*] « Préféreriez-vous avoir la dame que vous aimez pour amie ou pour femme ? » (R. 1025)[45]. S'ensuit le débat suivant :

Bretel, saciés tout de fi :
Quant amis s'amie prent,
Plus doivent estre souvent
Lor doi chuer loial ami,
Sans fausser et sans kangier,
Et faire lor desirier /
Sans amour grever ;
Pour çou preng le marier. (str. 2)

---

41 La strophe II 5 évoque simplement une différence d'ordre quantitatif : toujours (« *totz temps* ») « avoir » la femme dans le mariage ; n'« avoir » la femme qu'« *un an* » en amour. Dans la poésie des troubadours, « avoir une dame » signifie toujours avoir un rapport sexuel avec elle ; voir ci-avant p. 79 n. 27 et p. 94 n. 60.

42 Peire Trabustal, « *Amics Rainaut, una domna valen* » (P./C. 359, 1), Harvey/Paterson (éd.), 2010, t. 3, p. 990-993. Voir aussi Schnell, 1979, p. 41.

43 Fiset, 1906, p. 420 (R. 1861, 1331, 1025, 1637, 704, 359). Pour une approche générale sur la stratégie discursive à l'œuvre dans les jeux-partis en ancien français, voir Lavis, 1991.

44 *Cf.* Schnell, 2002, p. 453-456.

45 Édité dans Långfors (éd.), 1926, t. I, p. 248-250. On situe les deux ménestrels, Jehan le Cuvelier et Jehan Bretel, dans la seconde moitié du XIIIe siècle.

Cuvelier, je vous afi
K'amours par marïement
Ne puet durer longement :
Il est adès aveuc li ;
Ki aime il doit en dangier
Manoir ; pour chou n'os gugier
C'on puist bien amer
Çou c'on a sans desirer. (str. 3)

Bretel, ains mais ne vous vi
Parler si volagement.
On set bien certainement,
Quant dame aime son mari
Et il li de cuer entier,
Il ne lour doit anuier
Ne, au droit parler,
On ne s'en doit saouler. (str. 4)

Cuvelier, je vous desdi.
Trop a grant saoulement
Em mariaje ; autrement
Aime on de chuer plus joli ;
Cil ki mainent tel mestier
Doivent perdre et gaanier :
Cil doit endurer
Et cele guerredonner. (str. 5)

Bretel, pour le voir vous di
Ke cil ki aime asprement
A tous jours loial talent
D'avoir a moullier celi
K'Amours li fait chouvoitier,
Et qant bien exploitier
I puet recouvrer,
Li amours en puet doubler. (str. 6, dernière strophe)

« Bretel, sachez avec certitude : quand un amant épouse son amie, leurs deux cœurs doivent être plus souvent de loyaux amis, sans fausseté et sans changement, et [ils doivent] accomplir leur désir, sans exiger trop de l'amour. C'est pourquoi je suis pour le mariage (str. 2). – Cuvelier, je vous assure que l'amour ne peut pas durer longtemps dans le mariage. Il en est ainsi avec lui : qui aime doit rester dans l'incertitude[46] ; c'est pourquoi je n'ose acquiescer à l'idée que l'on peut aimer bien ce que l'on a sans désirer (str. 3). – Bretel, je ne vous ai encore jamais entendu parler de façon aussi volage. On sait avec certitude [que] quand une dame aime son mari et que lui l'aime de tout son

46 Ici, relation amoureuse et incertitude sont donc considérées comme allant de pair. Il en résulte qu'il ne peut être question de 'possession' dans la relation amoureuse, voir ci-avant p. 123 *sq*.

cœur, cela ne doit ni leur être désagréable, ni, pour le dire tout franchement, on ne doit s'en saouler [arriver à saturation] (str. 4). – Cuvelier, je vous contredis. Dans le mariage, on arrive à trop grande saturation ; on aime autrement [= en dehors du mariage] de cœur bien plus joyeux ; ceux qui exercent un tel métier doivent perdre ou gagner : il doit persévérer et elle doit offrir (str. 5). – Bretel, pour vrai je vous le dis, que celui qui aime ardemment a tous les jours la possibilité légitime d'avoir pour femme celle qu'Amour lui fait désirer, et s'il obtient belle réussite, l'amour peut ainsi doubler (str. 6) ».

Pour ce jeu-parti non plus, nous ne disposons pas de la strophe du juge. La question de savoir quelle conception est la bonne ou la meilleure est laissée ouverte. Ici encore, on part du principe que le rapport sexuel a lieu dans la relation conjugale comme dans la relation amoureuse. Dans ce débat, il s'agit donc bien plutôt de déterminer dans quelle mesure les liens matrimoniaux ont des répercussions sur l'amour ; la question centrale de cette discussion est celle de savoir si une relation conjugale met fin à l'amour entre les partenaires. Bretel définit l'amour comme un désir (str. 3). Selon lui, seul celui qui désire pourrait aimer. Or, il rattache ce désir à une forme d'incertitude quant à la relation amoureuse. C'est pourquoi il déclare que l'amour (désir) est impossible dans le mariage. Bretel considère même qu'une certaine lassitude à l'égard de la (fréquente) union sexuelle pourrait survenir dans le mariage (str. 5). Cuvelier affirme pour sa part que deux époux qui s'aiment d'un vrai amour ne devraient pas se lasser de l'acte charnel (str. 4). On remarquera toutefois qu'il recourt à plusieurs reprises au verbe « devoir » au lieu de s'appuyer sur la 'réalité'. Les époux doivent selon lui assouvir leur désir sexuel sans mettre pour autant leur amour en danger (str. 2). Pour finir, il proclame même que si le sexe est satisfaisant, « s'il réussit » bien, l'amour pourrait doubler (str. 6).

Ce jeu-parti rappelle les tensons et partimens occitans étudiés ci-avant (chapitre VI) sur un point crucial : le débat ne porte pas sur l'alternative « désir *versus* accomplissement de l'amour », mais sur les conditions présidant à l'union sexuelle, à savoir ici « union sexuelle rare et incertaine *versus* union sexuelle fréquente et assurée ». Tant que l'union charnelle demeurerait incertaine, les amants ne courraient pas le risque de la satiété et, partant, de la lassitude ; il en irait apparemment différemment dans le mariage. Cuvelier semble introduire un autre concept de l'amour quand il réplique que si les époux sont unis par un amour vrai, celui-ci ne faiblira pas sous l'effet de fréquentes unions sexuelles, mais doublera au contraire. Dans cette optique, l'essence de l'amour ne réside pas dans l'aspiration ni dans le désir, mais dans un attachement profond et cordial, dans la sincérité et la constance (str. 2, 3-5).

Ce jeu-parti jette une tout autre lumière sur la thèse du paradoxe amoureux. Si l'amour des troubadours est autant lié à la haute valeur morale et sociale de la dame que les chansons d'amour le donnent à croire, et si cet amour repose sur des valeurs, alors l'union sexuelle ne devrait pas avoir la conséquence qu'on semble lui prêter et redouter, à savoir la mort de l'amour[47]. Ce jeu-parti propose toutefois deux interprétations de l'amour : a. l'amour comme désir, comme aspiration à l'accomplissement de l'amour ; b. l'amour comme amitié intime et sincère des cœurs. Si l'on applique la première définition à l'amour des troubadours, cela signifierait que dans les chansons d'amour troubadouresques le désir s'articulerait après le coït. Toutefois, il est postulé que le désir faiblirait sous l'effet du coït, ce qui implique donc que l'apologie qui est faite de la dame et la fierté tirée d'un amour reposant sur des valeurs ne serviraient en fait qu'à voiler péniblement le but ultime et exclusif : l'union sexuelle. La fin du désir entraînerait alors effectivement la fin de l'amour, selon la définition a. : « l'amour est le désir d'union sexuelle ». Je me demande toutefois si les troubadours n'auraient pas aussi faite leur la deuxième définition de l'amour. Attribuer aux troubadours un concept de l'amour dans lequel ce dernier – compris comme profond attachement reposant sur des valeurs – n'aurait pas survécu au premier coït, me paraît incompatible avec l'exigence de reconnaissance sociale exprimée dans les chansons d'amour.

Cette hypothèse implique un autre point de rupture dans la conception de l'amour que l'on prête aux troubadours. Si les troubadours renonçaient à l'union sexuelle – non sur le plan du vécu mais dans leur concept de l'amour – par crainte que leur désir ne cesse, alors ils admettaient adopter précisément le comportement inadapté que les femmes attribuent aux hommes : la recherche exclusive du plaisir sexuel et la perte d'intérêt pour la dame une fois qu'elle s'est donnée à eux. C'est pourquoi les voix féminines des *Frauenlieder* expriment souvent leur incertitude quant aux véritables intentions de leur prétendant et mettent ce dernier longtemps à l'épreuve[48], afin de déterminer s'il leur voue un amour sincère[49]. Si la thèse du paradoxe amoureux, à savoir la mort de l'amour suite à l'accomplissement de l'amour, s'avérait exacte pour les troubadours, alors ces derniers se rendraient coupables du 'délit' dont les personnages féminins méfiants soupçonnent leurs admirateurs masculins.

---

47 Voir ci-avant p. 104 n. 7.
48 Voir ci-avant p. 41 n. 58.
49 Voir la citation tirée du *De amore*, p. 57 n. 26.

RÉSUMÉ

Tenir compte des discours portant sur la relation entre amour et mariage ouvre à la recherche sur le *fin'amor* troubadouresque et le paradoxe amoureux de nouvelles perspectives d'interprétation. En effet, nous avons pu constater qu'au Moyen-Âge la discussion sur le sujet est particulièrement riche en contradictions.

D'une part, la mise en opposition de l'amour (absence de contraintes) et du mariage (devoir) s'est avérée courante. Les auteurs associent la domination de la femme et une forme de liberté à la relation amoureuse, tandis que la domination de l'homme ainsi qu'une union sexuelle contrainte, car relevant du devoir, caractérisent la relation conjugale. Dans la relation amoureuse, la femme conserve sa position de pouvoir même après une potentielle union sexuelle : l'union amoureuse n'est possible que si la dame y consent.

D'autre part, nous avons constaté que certains textes scindent la relation amoureuse en deux phases : celle qui précède le coït et celle qui le suit. Cependant, l'union sexuelle ne change rien au statut de « *domna* » de la femme et les textes critiquent de façon catégorique toute tentative entreprise par l'homme pour renverser le rapport de force après la première union sexuelle. Ne plus respecter la dame comme « *domna* » après la première union et ne plus la désirer de ce fait, telle est précisément l'attitude ou du moins la crainte que le paradoxe amoureux prête aux troubadours. Et ce, alors que la poésie d'amour courtoise offre une pléthore d'exemples de femmes qui, après s'être offertes à leur prétendant, continuent de disposer librement de leur corps en tant que « *domina* » et dont les souhaits sont des ordres pour leurs amants. Cet aspect joue un rôle important dans les relations conjugales conçues comme des relations amoureuses par les auteurs : préserver le rôle de « *domna* » de la dame, ou du moins le principe d'égalité et de réciprocité dans la relation conjugale, tels sont les mots clés de cette alliance.

Quelles sont les conséquences des mises en relation que nous avons esquissées entre ce qui relève du discours matrimonial et ce qui tient du discours amoureux pour la terminologie de la recherche sur les troubadours ? Dans quelle mesure le (soi-disant) renoncement des troubadours à l'union sexuelle avec la dame courtisée peut-il encore être étayé par l'argument que 'posséder' la dame, l''avoir' serait synonyme de mort de l'amour ?

Au regard de la maxime de libre disposition de soi appliquée dans les relations amoureuses courtoises à la femme, comme au regard du principe d'absence de contraintes en œuvre dans les relations amoureuses dites courtoises, employer les termes « posséder » et « avoir » pour désigner la position masculine au sein d'une telle relation se révèle inadéquat. Dans la relation d'amour, il ne saurait être question de « posséder » la dame. Celui qui applique la maxime du comportement amoureux conventionnel et presque proverbial – à savoir que le coït signifierait 'posséder' la femme et aurait pour corolaire un désintérêt de l'homme – au désir des troubadours et en conclut que ces derniers auraient craint l'union sexuelle parce que celle-ci aurait mis fin à leur désir, abaisse ce désir vers un plan conceptionnel qui est diamétralement opposé au concept amoureux de la poésie troubadouresque.

On s'accorde couramment à dire que l'amour tel qu'il s'articule dans les chansons d'amour se caractérise par la revendication d'aimer une femme, entre autres, pour les vertus qui lui sont attribuées. Dans la mesure où ces valeurs sont célébrées comme étant apparemment objectives (!), il ne peut – logiquement – pas y avoir d'interruption du désir après que l'union charnelle a eu lieu. En effet, le désir étant rattaché aux qualités objectivement vérifiables d'une dame (fictive), cet amour existe tant que ces vertus existent. Le désir du troubadour se porte sur un être qui réunit toutes les valeurs physiques, éthiques et sociales possibles. Il s'élève ainsi au-dessus de la forme conventionnelle du désir, dont le seul but est le plaisir charnel. L'amour pour les qualités non physiques de la dame est partie intégrante du désir du troubadour, c'est pourquoi l'union sexuelle avec cet être extraordinaire ne peut pas – ne devrait pas – engendrer la fin de l'amour. L'être désiré demeure attractif et désirable en raison de ses valeurs non physiques. Comme le suggèrent constamment les troubadours, leur désir se définit justement par le fait qu'il ne s'éteint pas avec l'acte charnel. Seuls les faux amants perdraient tout intérêt pour la dame après l'accomplissement de l'amour. Le « je » textuel des chansons d'amour formule un amour qui survit au temps. Tel est également le message des autres genres littéraires (alba, *Frauenlied*, partimen). Il semble donc que l'explication proposée par Spitzer, à savoir que les troubadours auraient renoncé à l'accomplissement de leur amour de peur que celui-ci ne meure, ne rende pas compte du caractère élitaire revendiqué par la poésie des troubadours[50].

---

50 Les tensons et partimens étudiés aux pages 67-102 et qui traitent de la question de savoir ce qu'est le vrai amour ont montré que l'union sexuelle ne constitue pas l'unique

On pourrait objecter que les troubadours auraient seulement craint la mort de l'aspiration, la fin du désir et non celle de l'amour. Cependant, on a constaté à diverses reprises – et ce, également dans les chansons d'amour – que les termes *voler*, *desir*, *dezirer* étaient associés au terme *amor*. Le désir *est* amour[51]. Les troubadours qui désiraient une union sexuelle proclamaient dans le même temps la sincérité et la véracité de leur amour (*fin'amor*). Désir et amour convergent également dans la modestie des prières adressées à la dame, quand les troubadours disent qu'un salut, un sourire, un regard de leur bien-aimée les comblent de bonheur.

Compte-tenu du fait que dans la littérature courtoise certains principes constitutifs de la relation amoureuse (comme par exemple le principe de l'absence de contraintes) ont même été transposés dans les relations conjugales[52], l'emploi généralisé du verbe « avoir » pour parler de l'union sexuelle de deux *amants* paraît inexact. Dans l'acception courtoise de « l'amour », il n'y a pas de place pour l'idée d'« avoir » ou « posséder » le partenaire, et encore moins la dame. Cependant, et il s'agit ici *d'un constat fascinant*, les troubadours ont recouru aux expressions « avoir » (« *aver* ») et « posséder » (« *possezir* ») la dame pour décrire indirectement l'union imaginée des amants avec leur dame. « *Aver* » ou « *possezir* » désignaient le moment de l'acte sexuel et non un laps de temps plus long dans lequel l'amant aurait disposé de sa dame[53]. Comment interpréter ce constat ?

Si la « prise de possession », le fait « d'avoir » l'objet aimé est limité à l'instant de l'union sexuelle, il en découle que le concept de l'amour élaboré par les troubadours se concentre sur le moment de l'acte sexuel et ne s'étend pas au-delà de ce cadre temporel. C'est ce que montre la limite temporelle de l'esquisse amoureuse des chansons d'amour. Tensons et partimens sont les seuls à oser élargir cet horizon en s'intéressant également à ce qui suit la première union charnelle.

---

critère de distinction ; les conditions y présidant étaient également prises en compte par les locuteurs.

51 On trouve même cette idée dans un texte religieux du XIIe siècle : « *Quid est diligere nisi concupiscere et habere velle et possidere et frui ?* » ([*Traduction*] « Qu'est-ce qu'aimer si ce n'est vouloir désirer et avoir, posséder et savourer ? ») ; Hugues de Saint-Victor, *De sacramentis*, II 13, 7, p. 187-618, colonne 534 A. Voir aussi ci-avant p. 116 n. 22.

52 Voir ci-avant p. 126 sur *Ille et Galeron* de Gautier.

53 Voir par exemple l'emploi d'« *aver* » dans la poésie des troubadours : P./C. 366, 30, str. 1, 5 ; P./C. 436, 2, str. 1, 4 ; 2, 5 und 7. Le spécialiste de l'art épistolaire amoureux Maître Boncompagno écrit également « avoir une femme » pour désigner l'acte charnel (« *quam non habuit [...] aut illam, quam habuit* »). Boncompagno, Baethgen (éd.), 1927, p. 12 ; Core (éd.), 2015, p. 17. *Cf.* aussi ci-avant p. 55 et 103 sur Serlon de Wilton.

Il me semble que les chansons d'amour, que ce soit en Allemagne ou en France, étaient tellement focalisées sur l'union sexuelle en tant qu'ultime et unique but d'une relation amoureuse que tout ce qui vient après n'entrait absolument pas dans leur champ de vision. Le cadre temporel des chansons d'amour s'arrête à la (première) union sexuelle et la focalisation sur ce seul moment légitime bien le fait que les auteurs recourent aux termes « avoir » et « posséder ». Lors de l'acte sexuel, l'homme 'a' sa dame, il la possède.

Cependant, on ne remarque cette sémantique de l'« avoir » et du « posséder » dans les chansons d'amour troubadouresques qu'en comparant les textes avec la mise en relation ou en opposition des relations amoureuses et conjugales telle qu'elle est opérée à la même époque dans les tensons et partimens. Dans le même temps, l'accent extrêmement marqué que les chansons placent sur ce moment de l'« avoir » apparaît clairement. La limitation thématique et conceptuelle des chansons d'amour au laps de temps qui précède et englobe la première union sexuelle amène sémantique de l'amour et sémantique du désir à se confondre. Toutefois, cette focalisation conceptuelle et temporelle sur l'acte sexuel espéré contredit la thèse du paradoxe amoureux : qui ne se soucie pas de ce qui suit l'union charnelle qu'il désire n'a pas besoin de redouter les conséquences de ladite union – à savoir le possible déclin du désir.

LE TRAVAIL DU POÈTE COMME OBJET DU CHANT SUR L'AMOUR

L'intérêt porté pendant des décennies par la recherche sur la poésie courtoise « au » concept de l'amour chez les troubadours a relégué au second plan le fait que nous avons affaire à de la poésie, et, qui plus est, à de la poésie chantée. Or, il convient de toujours garder à l'esprit que les troubadours ne cherchaient pas uniquement à performer un idéal amoureux, mais aussi à faire la démonstration de leur excellence artistique. Ils voulaient être « maîtres » dans leur art.

Ainsi, Raymond de Saint-Gilles, dit aussi Raymond de Toulouse, souligne sa maîtrise dès le début de l'une de ses chansons[1] :

Pos vezem boscs e broils floritz
E.il prat son groc vert e vermeill
E.l chant e.l refrim e.l trepeill
Auzem dels auzellos petitz,
Be.s taing c'un novel chan fabrec
En aqest bel douz temps d'abril;
E si ben so.il mot maestril,
Leu seràn d'entendr' a unquec.
E car non trop guair'on desplec
Mon ferm natural sen sotil,
Per tan non clam mon saber vil
Si tot enqer grans non parec.
C'aissi com si trobav' escritz
Bons motz, tan gen los appareill
Qu no.m par que ia.n truep pareill
Q'en chantan formes meillors ditz.

« Maintenant que nous voyons buissons et arbustes en fleurs, que les prairies sont jaunes, vertes et vermeilles et que nous entendons le chant et le gazouillis des petits oiseaux, il est temps pour moi de fabriquer un nouveau chant en ce doux temps d'avril. Et bien que ce soient les mots d'un maître, ils seront

1 Peire Raimon de Tolosa, « *Pos vezem boscs e broills floritz* » (P./C. 355, 14), Cavaliere (éd.), 1935, N° XII, p. 80-82, str. 1 et 2 ; voir aussi Rüdiger, 2001, p. 192 *sq.*

> compréhensibles pour tout un chacun[2]. Et bien que je n'aie guère l'occasion de développer mon esprit sûr et affûté de nature, je n'en tiens pas moins mon savoir pour grand, même si pour le moment il n'a pas paru grandiose. Car j'assemble de bons mots avec tant d'élégance que l'on croirait que je les ai trouvés écrits ; et je ne crois pas pouvoir trouver quelqu'un qui pourrait mieux transposer un sujet en chanson. »

Modestie et retenue ne sont pas le propre des troubadours. Ils sont aussi humbles et soumis en amour qu'ils sont fiers lorsqu'il s'agit de donner à voir leur art du chant : la fierté qu'ils tirent de leur travail de poète, de leur maîtrise de la composition poétique, s'exprime sans ambages.

Ainsi, Peire Vidal affirmait par exemple vers 1190 être un empereur parmi les poètes[3] et que nul ne lui arrivait à la cheville dans l'art de faire des vers (*trobar*)[4]. Raimbaut d'Aurenga (vers 1160/1170) s'enorgueillit de ce que, comparés à lui, les meilleurs ménestrels soient des enfants[5]. Dans une autre chanson, il se vante encore davantage : personne au siècle précédent, ni aucun de ses contemporains, n'aurait composé un poème d'une telle perfection que le sien[6]. Jaufré Rudel (mort vers 1147) conclut un de ses poèmes en chantant lui aussi les louanges de son art :

> Bon est le 'vers', car jamais je n'échouai [dans cet art] : tout ce qui s'y trouve y est à sa place ; que celui qui de moi l'apprendra se garde bien de le briser et de le mettre en pièces ; tel l'auront dans le Quercy sire Bertrand et le comte dans le pays de Toulouse[7].

---

2 Voir aussi ci-avant p. 37 n. 44 à propos de la chanson de Raimon de Miraval (P./C. 406, 22) sur la compréhension des chansons d'amour courtois. Peire d'Alvernha (P./C. 323, 13) souhaite également que ses paroles, ainsi que les tonalités qu'il a choisies, soient bien comprises, Zenker (éd.), 1900, N° XVI, str. 1 ; Fratta (éd.), 1996, N° X, str. 1.

3 Peire Vidal, « *Estat ai gran sazo* » (P./C. 363, 21), Avalle (éd.), 1960, N° IX, p. 94-98, str. 5, 5-9 ; Frazer (éd.), 1996, p. 88 *sq.*

4 Peire Vidal, « *Ajostar e lassar* » (P./C. 363, 2 ; composé avant 1187), Avalle (éd.), 1960, N° III, p. 37-43, str. 1, 1-5. Voir de plus Peire Vidal, « *Tan mi platz jois es solatz* » (P./C. 364, 48 ; composé vers 1189), Avalle (éd.), 1960, N° IV, p. 47-49, str. 2 (il y dit élaborer des chansons parfaites quand il est amoureux ; et même donner naissance à des mots magnifiques et des tonalités d'or au moment-même où il écrit, bien qu'il ne soit pas aimé). Voir aussi Monson, 1986, en particulier p. 157 (il parle de la « maîtrise totale qu'exerce le poète sur sa matière, de l'excellence de son art »).

5 Raimbaut d'Aurenga, Pattison (éd.), 1952, N° XVII (P./C. 389, 17), str. 3, 6 *sq.*

6 Raimbaut d'Aurenga, *ibid.*, N° XXIV (P./C. 389, 28), str. 1.

7 Jaufré Rudel, « *No sap chantar qui so non di* » (P./C. 262, 3). Le texte nous est parvenu sous diverses formes, c'est pourquoi l'ordre des strophes varie selon les éditions ; Jaufré Rudel, Jeanroy (éd.), 1924, N° VI, str. 6 (nous citons ici cette traduction) ; Jaufré Rudel, Pickens (éd.), 1978, N° VI, str. 7 ; Chiarini (éd.), 1985, N° I, str. 6.

La rivalité sur le plan de la théorie de l'amour (« qui aime le mieux ? ») impliquait toujours une lutte esthétique en matière de chant[8]. Dans un sirventès certes burlesque et au ton empreint d'autodérision, Peire d'Alvernha (qui a écrit vers 1150-1180) affirme ainsi être le « *maiestres de totz* » (maître de tous)[9]. Dans un autre sirventès (P./C. 323, 24), il ne tarit une nouvelle fois pas d'éloges sur lui-même[10] :

> [*Traduction*] « Dans l'ancien et nouvel art de composer, je veux montrer aux connaisseurs combien je m'y entends, afin que les générations à venir prennent conscience qu'avant moi aucun vers parfait n'a été composé (“*c'anc tro per me no fo faitz vers entiers*”, str. 1, 4) ; et que celui qui ne croit pas que je dise la vérité, entende maintenant ce qu'il en est de mon talent (“*auia dese con estau a razon*”, str. 1, 6)[11] ».

Nous ne devrions pas commettre l'erreur de ne pas tenir compte de la fierté du poète exprimée ouvertement dans les sirventès quand nous étudions les chansons d'amour. Elle n'en est en effet pas absente. Ainsi, dans une chanson (un « *vers* »), Peire d'Alvernha interdit qu'un ménestrel incompétent mutile la chanson parfaite qu'il a composée[12] :

> Avec pure joie commence ce vers, qui fait assonancer de beaux mots (« *qui bel mots assona* », str. 1, 2) et rien en lui n'est erreur (« *e de ren no.i a faillenssaa* », str. 1, 3) ; je ne souhaite cependant pas que quelqu'un l'apprenne à qui mon chant ne parle pas ; c'est pourquoi je ne veux pas qu'un chanteur incompétent, qui défigure chaque chant, tourne ma douce chanson en un cri (« *mon doux sonet torn' en bram* », str. 1, 8).

Nous devons nous attendre dans la poésie d'amour courtois à l'expression de la part des auteurs d'une conscience de soi particulièrement prononcée[13]

8 Gruber, 1983, p. 6. Voir aussi D. Rieger, 1980, p. 84-89 et 258-260 (sur Bernart Marti, P./C. 63, 6) ; Laura Kendrick, 1988 ; Monika Unzeitig, 2005.

9 Peire d'Alvernha, « *Chantarai d'aquestz trobadors* » (P./C. 323, 11), Zenker (éd.), 1900, N° XII, p. 110-117, str. 14, 4 ; Fratta (éd.), 1996, N° VIII, p. 52-59, str. 14, 4. Sur la question de la fierté que Peire d'Alvernha retire de son travail de poète, voir aussi Michel Zink, 2013, p. 165-177.

10 Peire d'Alvernha, « *Sobre.l veill trobar e.l novel* » (P./C. 323, 24), Zenker (éd.), 1900, N° III, p. 87 *sq.* ; Fratta (éd.), 1996, N° XX, p. 154-157.

11 Cité d'après l'édition de Fratta.

12 Peire d'Alvernha, « *Ab fina joia comensa* » (P./C. 323, 2), Zenker (éd.), 1900, N° IV, p. 88-91, str. 1 ; Fratta (éd.), 1996, N° I, p. 8-11, str. 1 (cité d'après cette édition).

13 Sur le statut de l'auteur dans les chansons de troubadours, Wolf, 1983, p. 204 *sq.* et 210-214 (selon lui, il manquerait au *Minnesang* précoce une conscience poétologique comparable à celle que l'on observe dans la poésie des troubadours) ; Kasten, 1986, p. 111-130 (sur la conscience que les ménestrels professionnels avaient d'eux-mêmes et de leur art) ; D. Rieger, 2016 (notamment sur les pastourelles et sur Guillaume IX d'Aquitaine) ; Schnell, 2012a, et particulièrement p. 37-40.

qui marginalise parfois la thématique amoureuse[14]. Dans la continuité de la recherche sur les troubadours des années 1940/1960, qui s'est penchée sur l'aspect formel des chansons d'amour courtois (Guiette, Dragonetti, Bec, par exemple)[15], l'art poétique propre à la poésie d'amour courtois troubadouresque est revenu au centre de l'attention dans les années 1980/1990. Ces études conclurent que le travail du poète est un sujet tout aussi important, si ce n'est plus important, que la thématique de l'amour. Depuis peu, la poésie des troubadours n'est plus perçue comme étant en premier lieu une poésie de l'amour, mais comme un phénomène poético-rhétorique[16]. Ces dix dernières années, les germanistes spécialisés dans la recherche sur le *Minnesang* ont également redécouvert l'importance que les *Minnesänger* conféraient à l'aspect formel de leur art dans leurs chansons[17].

Dans les années 1980 déjà, la recherche notait que le discours sur l'amour tel qu'il s'articule dans les chansons d'amour participait d'un débat sur la poétique[18]. En effet, les troubadours (de même que, à partir de 1170 environ, les *Minnesänger* classiques allemands)[19] ont thématisé leur travail de poète dans leurs poèmes[20]. Guilhem de Montanhagol par exemple commence l'une de ses chansons par une réflexion sur l'écriture des vers[21] :

> Les premiers troubadours n'ont pas tant parlé de l'amour jadis au temps joyeux, que maintenant nous ne pouvons, après eux, faire de belles chansons, nouvelles, agréables et sincères. On peut dire ce qui n'a pas encore été dit, car autrement, un troubadour n'est ni bon ni courtois si ses chants ne

14 Sur l'interdépendance entre l'auto-représentation du « je » qui courtise la dame et la manière dont le « je » qui performe la chanson se met en scène, voir Schnell, 2012b, p. 121 *sq.*

15 Guiette, 1960 ; Dragonetti, 1969 ; Bec, 1992.

16 Voir par exemple Billy, 2010 ; Billy, 1993 ; Billy, 2012.

17 On peut presque parler d'un attrait conjoncturel pour l'étude des qualités tonales du *Minnesang* médiéval. On se contentera ici de quelques indications bibliographiques : Braun, 2013 (selon Braun, le *Minnesang* du XIIIe siècle, comparé à celui du XIIe siècle, demandait que l'on attache plus d'importance à son esthétique et moins à ses contenus ; cette thèse semble difficilement applicable à la poésie d'amour courtois en langue romane) ; Köbele, 2014.

18 Gruber, 1983 (p. 189 *sq.* sur une joute poétique entre Peire Vidal und Gaucelm Fadit) ; Kendrick, 1988 ; Gaunt, 1989 ; Kay, 1990, p. 1-49 ; Meneghetti, 1999.

19 Sur les *Minnesänger* allemands, voir Schnell, 2012a, p. 37-40, 58 et 70 ; Schnell, 2012b, p. 84 *sq.* et 97 *sq.*

20 Spence, 1999, en particulier p. 170-176. Alain Corbellari, 2009, se focalise uniquement sur le concept de l'amour, p. 375-385.

21 Guilhem de Montanhagol, Peter T. Ricketts (éd. et trad.), 1964, p. 83-87 (« *Non an tan dig li primier trobador* » (P./C. 225, 7), str. 1).

> sont pas nouveaux, gais et bien composés sur des idées nouvelles et un art (« *maestria* ») nouveau.

Composer des chansons d'amour courtois attestait d'une maestria qui pouvait et devait être apprise et affinée continuellement. L'une des chansons de Raimbaut d'Aurenga témoigne de façon saisissante de ce que les troubadours accordaient plus d'importance à la perfection formelle qu'au contenu. Dans chacun des 44 vers de cette chanson, on trouve le terme « *malastrucs* » (malheureux) ou « *malastre* » (malheur)[22]. Raimbaut attire de la sorte l'attention de l'auditeur sur la perfection de son élocution, sur la forme (tonalité, rythme, rhétorique) et non le fond (la thématique de l'amour) : une rhétorique parfaite peut susciter un grand plaisir esthétique et reléguer le contenu au second plan. Peire d'Alvernha n'exige pas d'une chanson parfaite qu'elle propose quelque chose de nouveau en matière de contenu, mais qu'elle 'sorte du lot' sur le plan formel[23] :

> [*Traduction*] « J'entonnerai, puisque je vois que je dois le faire, un chant nouveau qui me résonne dans la tête ("*d'un chant nou que.m gronh dins lo cays*", str. 1, 2). Chanter m'a mis au tourment [de trouver] comment commencer à chanter de sorte que mon chant ne ressemble à aucun autre ("*qu'autruy chantar non ressembles*", str. 1, 5). Car jamais une chanson qui ressemblait aux chansons d'autres [troubadours] n'a été de valeur ni bonne. »

Dans la poésie d'amour courtois médiévale, en plus *d'exposer* leur amour, les troubadours cherchaient tout particulièrement à *exposer* leur travail de poète et chanteur. Ces deux aspects convergeaient parfois dans l'affirmation que plus un poète aimerait, plus il saurait versifier[24]. Cette superposition des thématiques de l'amour et du chant[25] permettait aux

22 Raimbaut d'Aurenga, Pattison (éd.), 1952, N° XXXVI (P./C. 389, 14).

23 Peire d'Alvernha, « *Chantarai, pus vei qu'a far m'er* » (P./C. 323, 12), Zenker (éd.), 1900, N° V, p. 91-93 (traduction vers l'allemand p. 158 *sq.*), str. 1 ; Fratta (éd.), 1996, N° 9, p. 65-68.

24 Bernart de Ventadorn, Appel (éd.), 1915, N° XXXI (P./C. 70, 31), str. 1 affirme par exemple qu'il ne serait pas étonnant qu'il chante mieux que n'importe quel autre ménestrel ; en effet, il aimerait aussi mieux que les autres. Dans la chanson N° XV (P./C. 70, 15), on trouve une affirmation similaire : le chant de celui qui n'aimerait pas de tout son cœur n'aurait pas de valeur. Voir de plus Bernart de Ventadorn, *ibid.*, N° VI, str. 3 ; N° VIII, str. 1 ; N° XIII, str. 1 ; N° XV, str. 1 ; N° XXII, str. 1 ; Guillem de Saint-Didier, Sakari (éd.), 1956, N° III (P./C. 234, 4), str. 1 ; Guilhem Adémar, Almqvist (éd.), 1951, N° XII (P./C. 202, 12), str. 1.

25 Voir par exemple sur ce sujet Regan, 1974 ; D. Rieger, 1976, p. 305-312 (le chant serait lié à l'amour et, inversement, l'amour influencerait le chant) ; Warning, 1979, p. 130 ; Eifler, 1991 ; Gouiran, 1999, notamment p. 88-92 ; Schnell, 2001, p. 119-125 ; Reuvekamp-Felber,

troubadours d'attribuer à la thématique de l'amour le même statut de référence qu'à celle du chant[26]. Il n'en demeure pas moins que les troubadours, tout comme leur public, prêtaient davantage attention à l'art de la versification et du chant[27]. En témoigne notamment le fait que les troubadours aient continuellement fait allusion à leur chant dans leurs chansons. C'est également ce qu'indiquent les innombrables références intertextuelles dont les troubadours (et trouvères) usaient dans leurs textes[28].

Dans l'image qu'ils se faisaient d'eux-mêmes, les troubadours accordaient donc une grande importance à *l'écriture de vers* portant sur l'amour. Ceci invite à se demander si, par le passé, la recherche, en mettant l'accent sur la thématique de l'amour, n'a pas donné une image déformée du phénomène de la « poésie d'amour courtois ». Il paraît probable que la thèse du paradoxe amoureux ait attribué au *contenu* des chansons une prédominance qui n'a jamais été la sienne et qu'elle n'ait ce faisant pas identifié l'importance de l'esthétique. Étudier la poésie d'amour courtois d'un point de vue poétologique invite à relativiser la thèse du paradoxe amoureux dans la mesure où ce dernier, s'il a jamais existé, peut alors être interprété comme un *instrument mis au service d'un procédé poétique*, et non comme l'expression d'un état d'âme psycho-émotionnel.

Un autre élément plaide en ce sens : le fait que la rivalité poétique entre les troubadours ait également inclus une concurrence sur le plan des concepts amoureux laisse supposer que leurs prises de position sur ce sujet ne relevaient pas d'un état psychique personnel mais qu'elles servaient d'instrument au service de leurs joutes poétiques[29]. Au sein

---

2001 ; Schnell, 2015, p. 552 *sq.* Voir par ailleurs ci-avant p. 36-46 sur la question de la performativité des chansons de troubadours. Albrecht von Johansdorf (MF 93, 12) fournit un bel exemple de cette superposition des thématiques de l'amour et du chant en rattachant l'aspect du salaire aux deux activités ; voir sur ce point Schnell, 2012b, p. 158 *sq.*

26 Voir ci-avant p. 36-46 sur la performance en public.

27 Voir aussi par exemple Strohschneider, 1996 ; Bein, 1996 ; Schnell, 2001. J'ai l'impression que la thématique du travail du poète est bien plus présente dans le *Minnesang* classique que dans « la » poésie d'amour en latin médiéval.

28 *Cf.* Zumthor, 1970 ; Zumthor, 1972, p. 189-243, voit dans la poésie médiévale une manifestation formelle et autoréférentielle qui tourne donc autour d'elle-même. Gruber, 1983, partage cette opinion. À l'inverse de Zumthor qui, en raison de l'intertextualité des chansons d'amour courtois, exclut toute subjectivité des énoncés des chansons, Kay, 1990, p. 6 *sq.* fait valoir que subjectivité et respect d'une tradition ne s'excluent pas (nécessairement). De plus, elle insiste sur le fait que les troubadours s'efforçaient tout particulièrement de mettre en évidence leur travail de poète. Voir aussi Meneghetti, 1999.

29 Ce que l'on a coutume d'appeler « *Sängerstreit* » (« la dispute des troubadours-*Minnesänger* ») et qui opposa Reinmar et Walther von der Vogelweide en offre un bel exemple.

de la poésie d'amour courtois médiévale s'exprimaient des conceptions toujours diverses sur la bonne manière d'aimer. Chaque chanson d'amour courtois constituait par conséquent un fragment du discours courtois contrasté portant sur le bon comportement amoureux[30]. De nombreuses chansons d'amour courtois débattent ainsi de savoir si le fait d'attendre longtemps qu'une dame accorde ses faveurs est justifié et défendable ou si l'amoureux ne devrait pas plutôt insister pour que l'union charnelle ait lieu rapidement. Peire Vidal, Peire d'Alvernha et Folquet de Marseille, entre autres, prennent part à ce débat[31]. L'un des troubadours plaide pour la longue attente, l'autre y voit une attitude insensée et recommande de se 'servir rapidement'.

Le fait qu'au XIIe siècle des positions concurrentes sur ce que serait le bon comportement amoureux aient été articulées dans les chansons d'amour courtois[32] peut être interprété de deux façons différentes et conduire à deux conclusions différentes. 1. Ces rivalités conceptionnelles étaient sérieuses. Chaque position était habitée par une conviction. Il ne serait alors plus possible de parler d'une homogénéité du concept courtois de l'amour, ce qui rendrait à son tour obsolète la thèse d'un paradoxe amoureux qui aurait affecté l'état psychique de tous les troubadours. 2. L'affrontement de positions diverses quant à la question de savoir comment se comporter en amour à l'égard de la dame que l'on courtise participait d'une escarmouche littéraire que se livraient des troubadours isolés. On peut alors imaginer que de telles confrontations revêtaient un caractère ludique et que la divergence entre, d'une part, la perspective pragmatique qui met l'accent sur le monde du vécu et, d'autre part, la perspective théorique qui fait la part belle à l'idéal,

Même pour qui se refuse à parler de querelle, il est indéniable que Walther cherchait à se démarquer de Reinmar sur le plan littéraire. Voir Ranawake, 1982 ; Schweikle, 1986 ; Bauschke, 1999.

30 Sur les alternatives conceptionelles, voir Schnell, 1989a, p. 336-342. Kay, 2001, conçoit le terme « *contradictions* » différemment. Elle entend par là les nombreuses contradictions au sein du concept courtois de l'amour, comme par exemple l'antagonisme de l'amour conçu comme phénomène sensuel et spirituel ; celui de l'amour vu comme souffrance et joie ou encore comme extase et mort.

31 *Cf.* Gruber, 1983, p. 220-228 ; Schnell, 2012b, en particulier p. 104-123. Voir Peire Vidal (P./C. 364, 37), Peire d'Alvernha (P./C. 323, 2 ; 323, 12 ; 323, 23) et Folquet de Marseille (P./C. 155, 10).

32 Cette controverse sur l'amour peut aussi trouver son expression dans un seul et même poème. Ainsi Bernart de Ventadorn rejette-t-il dans la 3e strophe de sa chanson « *Chantars no pot gairevaler* » (P./C. 70, 15) l'idée que l'amour doive être réciproque ; mais dans la 5e strophe, il condamne une relation amoureuse qui ne serait pas basée sur une volonté commune des amants.

était l'expression espiègle d'un jeu de l'esprit. Cette interprétation est, entre autres, corroborée par le fait qu'un seul et même troubadour défende des positions différentes selon les chansons : une fois, il plaide pour une longue attente; la fois d'après pour la jouissance rapide des plaisirs de l'amour[33]. Si tel est le cas, il conviendrait de se représenter la poésie d'amour courtois médiévale comme une manifestation littéraire toute en subtilité et pleine d'esprit, qui ne dédaignait ni l'ironie ni la parodie (et était destinée à augmenter le prestige de quelques cercles de la noblesse). Ceci semble difficilement conciliable avec la thèse d'un paradoxe amoureux qui aurait eu toute puissance sur les troubadours.

Cette cohabitation/confrontation de considérations variées sur ce qu'est un bon comportement amoureux que l'on observe dans les chansons d'amour courtois rappelle les joutes des tensons et les partimens (voir chapitre VI). Ces derniers étaient également le lieu d'un débat autour de la question de savoir si l'homme devait courtiser longuement la dame qu'il aimait ou plutôt se tourner vers une dame qui lui offre toutes les faveurs amoureuses. Les tensons et partimens ne faisaient donc que détailler ce qui était esquissé depuis le début dans la poésie d'amour courtois.

Les troubadours ne parlaient pas d'une seule voix quand il s'agissait d'exposer leur *conception de l'amour* ; cette diversité des prises de position découle de la rivalité *artistique* qui les opposait. Dans la mesure où les troubadours rattachaient leur art de la versification et du chant à la compétence en amour, on ne s'étonnera pas de ce que la concurrence qui faisait rage entre eux dans le domaine des capacités rhétoriques et esthétiques se soit également étendue au domaine de l'amour et ait trouvé un écho dans la lutte pour savoir qui aimait le mieux. Les prises de positions contraires sur ce qu'est la bonne façon d'aimer sont donc inhérentes à la poésie courtoise, et ce, même au sein de l'œuvre d'un seul et unique troubadour. L'idée d'un paradoxe amoureux au sens de Spitzer, qui s'exprimerait dans tous les textes de tous les auteurs, perd donc toute légitimation.

Étant donné la grande importance attribuée à la thématique « chanter / composer des vers » dans la poésie d'amour courtois, il est tout naturel de se demander pourquoi les troubadours ont choisi de démontrer leur maîtrise artistique en recourant à l'objet discursif « amour[34] ». Afin de répondre à cette question, penchons-nous sur les procédés mis en œuvre

33 Schnell, 2012b, p. 113 *sq.*, sur Folquet de Marseille, Peire d'Alvernha et Peire Vidal.
34 Il ne faut toutefois pas perdre de vue que l'amour n'était pas la seule thématique abordée par la poésie des troubadours ; voir ci-avant p. 47-49.

dans la poésie d'amour courtois pour retranscrire discursivement la thématique de l'amour. Dans les chansons d'amour, l'idéalité de l'amour entre les sexes consiste en ce que l'homme qui courtise une dame en vue d'obtenir ses faveurs est à la fois prêt et apte à ne pas faire de sa volonté propre la ligne directrice de sa conduite. Au contraire, il s'applique à respecter la volonté de la femme et doit par conséquent être en mesure de contrôler son désir sexuel. La maxime « pour pouvoir régner sur les autres, il faut être capable de se dominer soi-même » jouait au Moyen-Âge un rôle-clé dans le discours sur le pouvoir, ce qui explique que la thématique de l'amour ait pu s'agréger à la discussion portant sur la bonne façon de dominer. Le discours littéraire sur les conditions d'un amour idéal fournissait donc une surface où les réflexions quant aux conditions de mise en place d'une relation de pouvoir idéale étaient projetées[35]. Il n'est pas nécessaire de justifier le fait que la thématique de l'amour – et ce, dans ses innombrables nuances – ait été *per se* attrayante. Cependant, on notera que cette idée d'un amour qui implique de contrôler son désir permettait également à la noblesse de légitimer son statut d'élite[36].

35 Schnell, 1994 ; Schnell, 2000.
36 Voir ci-avant p. 26-36.

CONCLUSION

Cette étude a appréhendé la discussion sur le paradoxe amoureux conçu comme un phénomène relevant du monde de la vie et en a montré les limites. Pour ancrer la poésie des troubadours mais aussi l'ensemble de la poésie d'amour courtois médiévale sur le plan historique, il convient plutôt de s'intéresser aux aspects poétologiques et performatifs, ainsi qu'aux éléments qui relèvent de l'histoire du discours.

1. Faute de preuve, il n'est pas possible de répondre à la question de savoir si le paradoxe amoureux – compris comme renoncement volontaire à l'accomplissement de l'amour – a réellement existé sur le *plan de l'état d'esprit personnel et subjectif* du troubadour. La thèse selon laquelle les troubadours auraient renoncé à l'accomplissement de l'amour afin de ne pas nuire au prestige de la dame n'a aucun sens si on la comprend sur le plan du vécu : premièrement, parce que la discrétion, le secret, sont des éléments constitutifs essentiels du concept courtois de l'amour et, qu'en conséquence, il était exclu que toute relation sexuelle avec une dame en particulier soit exposée en public. (« Se vanter » de ses exploits sexuels était fustigé comme un comportement non courtois). Deuxièmement, les dames chantées étaient la plupart du temps des dames fictives. Il me paraît donc plus judicieux d'appliquer la thèse du paradoxe amoureux – si tant est que cela ait un sens – au discours.

2. À la question : « le paradoxe amoureux joue-t-il un rôle important sur *le plan du discours* ? », on répondra par la négative pour ce qui concerne la poésie des troubadours.

a. Seuls environ trois textes témoignent d'une volonté du troubadour de renoncer à l'accomplissement de l'amour afin de préserver la réputation de la dame. Quatre textes font état de ce que le poète préfère renoncer à l'accomplissement de l'amour plutôt que de partager les faveurs de la dame avec d'autres hommes. Au regard des milliers de chansons occitanes, françaises et allemandes à notre disposition, ce constat paraît bien modeste (voir p. 26-36). De toute évidence, l'expression de ce paradoxe amoureux est donc une prise de position isolée et exacerbée.

b. La lecture des tensons et partimens a par ailleurs démontré que le verdict ne portait pas sur l'union sexuelle en tant que telle, mais que ce sont les conditions et circonstances présidant à une telle union qui déterminaient si l'union sexuelle était convenable ou non aux yeux de la société courtoise. La critique portait sur les unions sexuelles qui ne respectaient pas les critères courtois. Ne pas pouvoir voir sa partenaire, ne pas pouvoir lui parler, pratiquer l'acte sexuel sans son consentement, ne pas l'avoir courtisée avant de recevoir ses faveurs ou encore s'unir avec une dame de moindre valeur morale étaient autant de points de réprobation. Obtenir d'une dame socialement et moralement élevée la faveur amoureuse ultime dans le respect des règles de conduite courtoises était, sans réserve, considéré comme le bonheur suprême.
c. Nous n'avons pas trouvé dans la poésie d'amour courtois de preuves étayant l'idée que les troubadours et *Minnesänger* auraient renoncé à l'union charnelle de crainte de voir leur désir disparaître suite à cette dernière. Au contraire, la littérature courtoise d'amour propose des exemples témoignant de ce que la (première) union charnelle peut même accroître le désir (p. 51-102). Quant aux amants qui, après la première union sexuelle, perdraient tout intérêt pour la dame qu'ils désiraient auparavant, la poésie d'amour courtoise les condamnait de façon catégorique : il s'agirait de 'faux' amants. Il est peu probable que les troubadours aient souhaité encourir un tel reproche.
d. Nombre d'auteurs médiévaux étaient d'avis que l'on désire ce que l'on ne possède pas. C'est sur cette idée qu'est fondée la thèse selon laquelle les troubadours auraient renoncé à l'accomplissement de l'amour parce qu'ils n'auraient pas voulu – une fois en 'possession' de la dame – voir leur désir cesser. Cependant, dans les relations d'amour idéales – et comme le montre un grand nombre de poèmes d'amour courtois –, la femme ne devient pas la 'possession' de l'homme, et ce, même après l'acte charnel. Le fait que la femme s'offre à l'homme ne signifie donc pas que celui-ci puisse disposer de son 'amie' comme il l'entend. Le principe de l'absence de contraintes est un élément constitutif important « du » discours d'amour courtois, qui se différencie ainsi de la relation conjugale (p. 125-138). En amour courtois, il ne saurait donc être question d'« avoir » ou de « posséder » (p. 103-109). C'est pourquoi le désir peut survivre à l'accomplissement de l'amour dans une relation amoureuse. D'après certains traités d'amour, la dame conserve son statut de « *domna* » dans une telle relation bien que l'union sexuelle ait eu lieu.

e. Objecter que les troubadours auraient seulement craint la fin de leur désir, de leur aspiration, de leur ardeur amoureuse et non la fin de leur amour revient à dissocier deux aspects qui, pour les troubadours – et pour beaucoup de théoriciens de l'amour du XIIe siècle au XVe siècle –, allaient toujours de pair : l'amour (« *amor* ») et le désir (« *desir* »). Le désir était soit considéré comme une condition préalable à l'amour – et l'amour mourrait en conséquence avec le désir –, ou alors l'amour était identifié au désir (voir p. 51-59).

La thèse du paradoxe amoureux qui veut que les troubadours aient renoncé à l'accomplissement de l'amour parce qu'ils auraient craint que ce dernier cesse ne peut donc être étayée par aucune des positions données comme courtoises.

3. Prendre en compte la relation qu'entretenaient les troubadours avec leur public permet par ailleurs d'asseoir cette récusation de la thèse du paradoxe amoureux. La question initiale est la suivante : quel avantage un troubadour espérait-il retirer d'un chant portant sur les longues années d'une cour marquée par les privations et qui paraît souvent vouée à l'échec ? Pour répondre à cette question, il faut prendre en considération le fait qu'un auteur de chansons ne compose pas ses vers pour lui-même mais pour les autres. Ces 'autres' ont donc vraisemblablement à leur tour influencé le poète dans ses thématiques et dans sa manière de les aborder. En effet, chacun de ces poètes recherchait au final la reconnaissance de son public (p. 139-147). On peut supposer que le troubadour et son public étaient en accord au sujet de l'idéal amoureux élaboré dans les chansons et qui consiste à solliciter les faveurs d'une dame au moyen d'une cour difficile, douloureuse et inscrite dans la durée. Le troubadour et son public étaient unis dans leur volonté de – et leur aptitude à – supporter les difficultés et les obstacles qui se mettaient en travers de leur chemin alors qu'ils briguaient l'amour de l'objet qu'ils aimaient. En effet, cet objet paré de toutes les qualités était à la fois initiateur et légitimation de la cour en question. En dirigeant son amour vers la femme (fictive) la plus belle, la plus parfaite et la plus irréprochable qui soit[1], le poète contribuait à accroître sa propre réputation. Il se distinguait du commun des mortels et faisait de son amour quelque chose de spécial en choisissant pour muse la femme la plus parfaite

1 Voir par exemple Bernart de Ventadorn, Appel (éd.), 1915, N° XXII (P./C. 7022), str. 5 (3), 1 *sq.* (il dit avoir choisi la meilleure femme parmi les meilleures) ; Pistoleta, Niestroy (éd.), 1914, N° IX (P./C. 372, 3), str. 5 ; Guillem de Saint-Didier, Sakari (éd.), 1956, N° III (P./C. 234, 4), str. 4.

possible. Mais les auditeurs, en s'identifiant à cette attitude amoureuse, pouvaient également soigner leur réputation. La poésie d'amour courtoise était ainsi reliée au monde de valeurs imaginaire établi par son public. Pour autant, renoncer à l'accomplissement de l'amour n'était pas nécessaire. Bien au contraire, si un tel renoncement avait été inscrit a priori dans les chansons d'amour courtois, celles-ci se seraient aliéné un facteur de suspense important. On peut en effet douter du caractère divertissant pour une élite laïque d'une poésie d'amour profane dans laquelle l'homme qui courtise une dame renonce d'entrée de jeu à une possible union. Les obstacles qui se dressaient devant l'union charnelle rendaient la cour amoureuse performée lors du chant à la fois exemplaire et intéressante. Ce qui nous amène à la question de la performance des chansons d'amour courtois.

4. La *performance* de l'idéal amoureux discursif renforçait le lien entre le poète et le public. La mise en voix de la chanson contribuait au prestige du poète/ménestrel qui revendiquait ainsi unir en lui l'attitude de l'amant idéal à la maîtrise artistique du poète parfait. Mais les auditeurs qui se donnaient l'impression d'être ouverts à un idéal amoureux formulé avec autant d'art gagnaient aussi en prestige en assistant à la performance des chansons. L'idéal de l'amour courtois n'existe qu'au moment de sa représentation en chanson[2]. Après que la chanson avait été représentée, le public courtois pouvait de nouveau s'adonner à d'autres formes de divertissement[3]. Il ne faut pas chercher l'ancrage empirique de cet idéal dans la psyché d'un troubadour et encore moins dans son masochisme, mais dans la fonction qui incombait à la performance de la chanson, à savoir divertir de façon plaisante un public courtois tout en le confortant dans l'idée qu'il était sensible à un discours subtil sur l'amour[4]. Pour les auditeurs courtois, le concept de l'amour articulé dans une chanson d'amour ne revêtait pas plus d'importance que la mise en voix artistique en elle-même, car en écoutant de telles *chansons* d'amour, ils célébraient eux-mêmes leur *cortesia*[5].

À partir du moment où l'on ne s'interroge plus sur l'état d'âme psychique personnel des troubadours mais où l'on porte son regard sur

2 *Cf.* Hausmann, 2004, p. 184 (selon lui, l'éthos de la *fin'amor* ne s'exprimerait pas dans le comportement réel à l'égard des femmes mais dans l'acte d'interprétation et de réception, acte qui serait créateur d'un esprit de communauté (« *im tatsächlichen Verhalten gegenüber Frauen realisiert [worden], sondern im gemeinschaftsbildenden Vortrags- und Rezeptionshandeln* »).

3 Voir ci-avant p. 36 n. 38.

4 Sur le scepticisme à l'encontre d'un tel ancrage historico-fonctionnel, voir ci-avant p. 26-36 (sur le possible paradoxe discursif).

5 Voir ci-avant p. 36 n. 38 sur la description d'une fête chez Raimon Vidal de Besalú.

les fonctions qui incombaient à la performance de la chanson – dont, notamment, le fait de conforter la société courtoise dans son monde de valeurs (imaginaire)[6] –, on comprend qu'il est question dans nombre de chansons d'amour courtois d'un amour reposant sur des valeurs et non de la jouissance d'un désir inassouvissable. La recherche, en s'intéressant à la « pratique de la représentation » (à compter des années 1970) et à la performativité de la poésie d'amour courtois (depuis les années 1990), a apporté de nouvelles connaissances qui ôtent tout fondement à la thèse que Spitzer a formulée en 1944. En chantant devant un auditoire et, légitimé par le soutien ponctuel de seigneurs de la haute noblesse, en se donnant à voir comme le représentant de son public courtois, le poète devait se présenter comme un être capable d'un amour reposant sur des valeurs – sur le plan performatif du moins. C'est pourquoi le poète/ménestrel était rétribué par le public et non par la dame[7]. Le service d'amour (« *domnei* ») qui, dans le texte, s'adresse à la dame, faisait fonction, lors de la performance, de service à la société. L'idéalité de la dame, son inaccessibilité, la valeur de l'amour des troubadours et la reconnaissance sociale dont jouissait la performance esthétique d'une attitude amoureuse élitaire constituent un entrelacs aux mailles serrées. Le fait que les chansons reposent sur des valeurs propres à une société et participent d'un processus social s'inscrit en faux contre la position qui consiste à spéculer sur un paradoxe amoureux trouvant sa source dans une expérience exclusivement personnelle.

5. Un grand nombre de chansons d'amour courtois associent la *qualité de l'amour* à la *qualité du chant*, et inversement. L'idéalité de la dame devient alors un témoignage, une preuve de la perfection à laquelle accède l'art du poète. Lors de la *performance*, le chant prend le pas sur l'amour, c'est lui qui occupe, pour ainsi dire, le devant de la scène[8]. La tâche principale des troubadours était de *composer des vers* sur l'amour *et de chanter* l'amour, non d'*aimer*. En mettant en scène, sous forme poétique, une cour inscrite dans la durée, et dont le but était de se voir accorder les faveurs d'une dame parfaite, en poétisant le renoncement à un plaisir obtenu rapidement auprès d'une dame complaisante, le troubadour pouvait se présenter comme le représentant de toute une classe

6 Rüdiger, 2001, parle de « mentalité » (« *Mentalität* »).

7 Voir ci-avant p. 36-46.

8 Voir ci-avant p. 139-147. Le fait que la thématique de l'amour ait été choisie comme sujet par les poètes est notamment dû au public visé et à l'aspect public de la performance : les nobles puissants pouvaient tirer profit sur le plan politique de l'intérêt qu'ils portaient à cette forme de poésie ; voir ci-avant p. 33 n. 32, p. 94 n. 59 et p. 147.

sociale qui, par la capacité qu'elle s'attribuait à réfléchir sur les formes d'un amour exigeant, se distinguait du commun des mortels, lesquels auraient vécu leurs viles pulsions sans discernement. Pour autant, il ne s'agissait aucunement de renoncer à l'accomplissement de l'amour. Le concept de l'amour des troubadours, dans toutes ses nuances et avec tous ses contrastes, ne se résumait pas à l'idée que l'amour meurt dès qu'il est accompli.

BIBLIOGRAPHIE

BIBLIOGRAPHIES ET LEXIQUES

P./C. = *Bibliographie der Troubadours von Alfred Pillet*, complétée, enrichie et éditée par Henry Carstens, Halle a. S., 1933 ; réimpr. New York, 1968.

R = RAYNAUD, Gaston, *Bibliographie des chansonniers français des XIIIe et XIVe siècles*, Paris, 1884.

Thesaurus proverbiorum medii aevi. Lexikon der Sprichwörter des romanisch-germanischen Mittelalters, t. 3, Berlin/New York, 1996.

WALTHER, Hans (éd.), *Initia carminum ac versuum medii aevi posterioris Latinorum*, Göttingen, 1959.

RECUEILS

KLD = *Deutsche Liederdichter des 13. Jahrhunderts*, éd. Carl von Kraus, t. I : « Text », 2e édition, revue et corrigée par Gisela Kornrumpf, Tübingen, 1978.

MF = *Des Minnesangs Frühling*, remaniée par Hugo Moser / Helmut Tervooren, I : « Texte », 38e édition revue et remaniée, Stuttgart, 1988.

SMS = *Die Schweizer Minnesänger*, revu et édité par Max Schiendorfer d'après l'édition de Karl Bartsch, t. 1 : « Texte », Tübingen, 1990.

AUDIAU, Jean, *Les poésies des quatre troubadours d'Ussel*, Paris, 1922.

BEC, Pierre, *Burlesque et obscénité chez les troubadours. Le contre-texte au moyen-âge*, Paris, 1984.

BERTONI, Giulio, *I trovatori d'Italia. Biografie, testi, traduzioni, note*, éd. Cav. Umberto Orlandini, Modena, 1915.

Commedie latine del XII e XIII secolo, éd. par Università di Genova, Facoltà di Lettere, Sassari, 1976.

HARVEY, Ruth / PATERSON, Linda (éd.), *The troubadour* tensos *and* partimens. *A critic edition*, 3 tomes, Cambridge, 2010.

KASTEN, Ingrid (éd.), *Deutsche Lyrik des frühen und hohen Mittelalters*, coll. Bibliothek des Mittelalters 3, Frankfurt a. M., 1995.

KASTEN, Ingrid (éd.), *Frauenlieder des Mittelalters*, Stuttgart, 1990.

KLEIN, Dorothea (éd.), *Minnesang. Mittelhochdeutsche Liebeslyrik*. Mittelhochdeutsch/Neuhochdeutsch, Stuttgart, 2010.

LÅNGFORS, Arthur (éd.), *Recueil général des jeux-partis français*, 2 tomes, Paris, 1926.

ŒUVRES

ADAM DE LA HALLE, *Chansons et Partures*, éd. Rudolf Berger, Halle, 1900.

ÆLRED DE RIEVAULX, « De speculo caritatis », in : ÆLRED DE RIEVAULX, *Opera omnia*, éd. A. Hoste / C. H. Talbot, coll. Corpus Christianorum, Continuatio mediaevalis 1, Turnhout, 1971.

ÆLRED DE RIEVAULX, *Spiegel der Liebe* (*De speculo caritatis*), trad. par Hildegard Brehm, Eschenbach, 1989.

AIMERIC DE BELENOI, *Aimeric de Belenoi. Saggio di edizione critica*, éd. Andrea Poli, Firenze, 1997.

AIMERIC DE BELENOI, *Poésies du troubadour Aimeric de Belenoi*, éd. Maria Dumitrescu, Paris, 1935.

ALBERTET, *Il trovatore Albertet*, éd. Francesca Sanguineti, Modena, 2012.

ALBERTET, « Les poésies du troubadour Albertet », éd. Jean Boutière, *Studi medievali*, n. s. 10, 1937, p. 1-129.

ALBERT LE GRAND, *Commentarii in IV sententiarum dist. XXIII–L*, in : ALBERTUS MAGNUS, *Opera omnia*, t. 30, éd. Auguste Borgnet, Paris, 1894.

ANDREAS CAPELLANUS, *De amore*, éd. E. Trojel, München, 1972.

ANDREAS CAPELLANUS, *Über die Liebe*, introd., trad. et comm. par Fidel Rädle, Stuttgart, 2006.

ANDRÉ LE CHAPELAIN, *Traité de l'amour courtois*, trad., introd. et notes par Claude Buridant, Paris, 1974.

(PS.-)ARISTOTE, *Problemata physica*, in : ARISTOTELES, *Werke in deutscher Übersetzung*, t. 19, trad. vers l'allemand par Hellmuth Flashar, 2e édition revue et corrigée, Berlin, 1975.

ARNAUD DE VILLENEUVE / ARNALDUS DE VILLANOVA, *Opera*, Lyon, 1520.

AUGUSTIN, *De trinitate*, coll. Patrologia Latina 42, p. 819-1098.

AUGUSTIN, *Confessiones*, coll. Patrologia Latina 32, p. 659-868.

BERNARD DE CLAIRVAUX, *Sermones in Cantica*, coll. Patrologia Latina 183, p. 785-1198.

BERNART DE VENTADORN, *Bernart von Ventadorn. Seine Lieder mit Einleitung und Glossar*, éd. Carl Appel, Halle a. S., 1915.

Bertran de Born, *Die Lieder Bertrans von Born*, éd. Carl Appel, Halle a. S., 1932.

Bertran de Born, *The poems of the troubadour Bertran de Born*, éd. et trad. par William D. Paden, Jr. / Tilde Sankovitch / Patricia H. Stäblein, Berkeley, 1986.

Blacatz, « Die Werke des Trobadors Blacatz », éd. Otto Soltau, *Zeitschrift für romanische Philologie* 23, 1899, p. 201-248.

Boccace, *Tutte le opere*, t. 1 : « Caccia di Diana – Filocolo », éd. Vittore Branca, Verona, 1967.

Boncompagno, *Rota Veneris. Ein Liebesbriefsteller des 13. Jahrhunderts*, éd. Friedrich Baethgen, coll. Texte zur Kulturgeschichte des Mittelalters 2, Roma, 1927.

Boncompagno da Signa, *La Rota Veneris*, éd. critique par Luca Core, Università degli Studi di Padova, 2015 ; http://paduaresearch.cab.unipd.it/8068/1/TESI.pdf [consulté le 10.02.2019].

Cardenal, Peire, *Poésies complètes*, éd. René Lavaud, Toulouse, 1957.

Cardenal, Peire, *Il trovatore Peire Cardenal*, 2 tomes, éd. Sergio Vatteroni, Modena, 2013.

Carmina Burana, prés., trad. et notes par Etienne Wolff, Paris, 1995.

Carmina Burana, textes choisis, introd., trad., notes et biblio. par A. Micha / F. Joukosky / P. Bühler, Paris, 2002.

Chanson de Guillaume, éd. et trad. François Suard, Paris, 2010.

Castiglione, Baldassar *Il libro del Cortegiano*, éd. Amedeo Quondam, Milano, ^{11}2003.

Chaucer, Geoffrey, *Troilus and Criseyde. A new edition of ›The Book of Troilus‹*, éd. Barry A. Windeatt, London/New York, 1984.

Chaucer, Geoffrey, *The Canterbury Tales*, éd. N.F. Blake, London 1980.

Chaucer, Geoffrey, *Die Canterbury-Erzählungen. Mittelenglisch und deutsch*, trad. vers l'allemand (prose) par Fritz Kemmler, explications de Jörg O. Fichte, t. 2, München, 1989.

Chrétien de Troyes, *Romans*, trad. par Charles Méla et Olivier Collet, coll. dirigée et éd. par Michel Zink, Paris, 1994.

Daniel de Beccles, *Urbanus magnus*, éd. J. Gilbart Smyly, Dublin, 1939.

Daude de Pradas, éd. Alexander Herman Schutz, Toulouse/Paris, 1933.

Daude de Pradas, Per sen de trobar. *L'opera lirica di Daude de Pradas*, éd. Silvio Melani, Turnhout, 2016.

Denys le Chartreux, *In libros IV sententiarum* in : Dionysius Cartusianus, *Opera omnia*, t. 19-25, éd. M. Leone, Montreuil, 1902-1913.

Drouart la Vache, *Li livres d'amours*, in : *Artes amandi. Da Maître Elie ad Andrea Cappellano*, éd. Anna Maria Finoli, Milano/Varese, 1969, p. 239-411.

Eberhard von Cersne, *Der Minne Regel*, éd. Danielle Buschinger, Göppingen, 1981.

Folquet de Marseille, éd. Stanislaw Stroński, Kraków, 1910 ; réimpr. Genève, 1968.

GAUCELM FAIDIT, éd. Jean Mouzat, Paris, 1965.
GAUTIER DE CHÂTILLON, *Die Lieder Walthers von Chatillon in der Handschrift 351 von St. Omer*, éd. Karl Strecker, 2e édition non modifiée, Berlin/Zürich, 1964.
GILLES DE ROME, *De regimine principum*, Roma, 1607.
GIRAUT DE BORNELH, *Sämtliche Lieder des Trobadors Giraut de Bornelh, mit Übersetzung, Kommentar und Glossar*, t. 1, éd. Adolf Kolsen, Halle a. S., 1910.
Gliglois, éd. Charles H. Livingston, Cambridge, 1932 ; réimpr. New York, 1966.
GOTTFRIED VON STRASSBURG, *Tristan und Isold*, éd. Friedrich Ranke, 7e édition, Berlin, 1963.
GRATIEN, *Decretum*, éd. Emil Ludwig Richter / Emil Friedberg, coll. Corpus Iuris Canonici 1, Leipzig, 21879.
GUI D'USSEL, *Die Tenzonen aus dem Kreise der Trobadaors Gui, Eble, Elias und Peire d'Uisel*, éd. Henry Carstens, thèse, Königsberg i. Pr., 1914.
GUIDO DE COLUMNIS / GUIDO DELLE COLONNE, *Historia destructionis Troiae*, éd. Nathaniel Edward Griffin, Cambridge (Mass.), 1936 ; réimpr. New York, 1970.
GUILHEM ADÉMAR, *Poésies du troubadour Guilhem Adémar*, éd. Kurt Almqvist, Uppsala, 1951.
GUILHELM DE CABESTANH, *Les chansons de Guilhem de Cabestanh*, éd. Arthur Långfors, Paris, 1924.
GUILHEM DE MONTANHAGOL, *Les poésies de Guilhem de Montanhagol, Troubadour provençal du XIIIe siècle*, éd. et trad. par Peter T. Ricketts, Toronto, 1964.
GUILHEM DE LA TOR, *Le poesie di Guilhem de la Tor*, éd. Ferruccio Blasi, Genève/Firenze, 1934.
GUILHEM DE LA TOR, *Guilhem de la Tor : troubadour périgordin*, éd. Jean Monestier, Périgueux, 1991.
GUILLAUME DE LORRIS et JEAN DE MEUN, *Le roman de la rose*, éd. et trad. par Arman Strubel, Paris, 2004.
GUILLEM DE SAINT-DIDIER, *Poésies du troubadour Guillem de Saint-Didier, publiées avec introduction, traduction, notes et glossaire*, éd. Aimo Sakari, Helsinki, 1956.
HARTMANN VON AUE, *Erec*, éd. Albert Leitzmann, achevé par Ludwig Wolff, 6e édition par Christoph Cormeau / Kurt Gärtner, coll. Altdeutsche Textbibliothek 39, Tübingen, 1985.
HEINRICH DER TEICHNER, *Gedichte*, t. 2 et 3, éd. Heinrich Niewöhner, coll. Deutsche Texte des Mittelalters 46, 48, Berlin, 1954 et 1956.
HONORÉ D'URFÉ, *L'Astrée*, nouvelle éd. par Hugues Vaganay, 2e partie, Genève, (réimpr.) 1966.
HORACE, *Satiren und Briefe, lateinisch und deutsch*, d'après la trad. de Otto Schönberger, reprise et commentée par Friedemann Weitz, Darmstadt, 2015.
HORACE, *Satires*, texte établi et trad. par François Villeneuve, Paris, 2018.
HUGUES DE SAINT-VICTOR, *De beatae Mariae virginitate*, coll. Patrologia Latina 176, p. 857-876.

IBN ḤASM AL-ANDALUSI, *Das Halsband der Taube*, trad. du texte arabe originel par M. Weisweiler, Frankfurt a. M., 1961.

Jaufré : ein altprovenzalischer Abenteuerroman des XIII. Jahrhunderts, éd. Hermann Breuer, Halle a. S., 1925.

JEAN DE MEUN, *Roman de la rose* : voir GUILLAUME DE LORRIS.

JENSEN, Frede (éd.), *Provençal philology and the poetry of Guillaume of Poitiers*, Odense 1983.

JOHANN VON SOEST, *Die Kinder von Limburg*, éd. Manfred Klett, Wien, 1975.

JOHANNES VON FREIBURG, *Summa confessorum*, Augsburg, 1476 (Hain 7365).

JOHANNES NEVIZZANUS, *Sylvia nuptialis*, Venezia, 1570.

LÉON L'HÉBREU, *Dialoghi d'amore*, éd. Delfina Giovannozzi, introd. par Eugenio Canone, Roma, 2008.

LÉON L'HÉBREU, *Dialogues of love*, trad. par Cosmos Damian Bacich / Rossella Pescatori, introd. et notes par Rossella Pescatori, Toronto, 2009.

Les demandes d'amour, in : *Two late medieval love treatises : Heloise's « Art d'amour » and a collection of « Demandes d'amour »*, éd. Leslie C. Brook, Exeter, 1993, p. 73-92.

Le Roman du Comte de Poitiers, éd. Bertil Malmberg, Lund/København, 1940.

MARGUERITE DE NAVARRE, *Heptaméron*, éd. Michel François, Paris, 1960.

MARIE DE FRANCE, *Lais Bretons (XII-XIIIe siècles) : Marie de France et ses contemporains*, éd. bilingue établie, trad., prés., annotée et revue par Nathalie Koble / Mireille Séguy, Paris, 2011.

MATZ, Robert (éd.), *Two Early Modern Marriage Sermons*, London/New York, 2016.

Mauricius von Craûn, éd. Dorothea Klein : voir *Études critiques*.

MEISTER OTTE, *Eraclius*, éd. Harald Graef, Strasbourg, 1883.

NIKOLAUS VON DINKELSBÜHL, *Sermones dominicales*, Strasbourg, 1490.

OVIDE, *Les amours*, texte établi et trad. par Henri Bornecque, 5e éd. par Henri Le Bonniec, Paris, 1989.

PEIRE D'ALVERNHA, *Die Lieder Peires von Auvergne*, Rudolf Zenker (éd.), Erlangen, 1900.

PEIRE D'ALVERNHA, *Poésie*, éd. Aniello Fratta, Roma, 1996.

PEIRE BREMON RICAS NOVAS, éd. Jean Boutière, Toulouse/Paris, 1930.

PEIRE BREMON RICAS NOVAS, éd. Paolo di Luca, Modena, 2008.

PEIRE RAIMON DE TOLOSA, éd. Alfredo Cavaliere, Firenze, 1935.

VIDAL, Peire, *Poesie Peire Vidal*, 2 tomes, éd. D'Arco Silvio Avalle, Milano/Napoli, 1960.

VIDAL, Peire, *The songs of Peire Vidal. Translation and commentary*, éd. Veronica M. Frazer, New York/Washington/Baltimore/Bern/ Frankfurt a. M./Berlin/Bruxelles/Wien/Oxford, 2006.

PEIROL, *Troubadour of Auvergne*, éd. Stanley C. Aston, Cambridge, 1953.

PETRUS PICTOR, *Carmina*, éd. L. van Acker, coll. Corpus Christianorum, Continuatio mediaevalis 25, Turnholt, 1972.

PIERRE LOMBARD, *Sententiarum libri quatuor*, coll. Patrologia Latina 192, p. 521-962.

PISTOLETA, *Der Trobador Pistoleta*, éd. Erich Niestroy, *Beihefte zur Zeitschrift für romanische Philologie*, N° 52, 1914, Halle a. S., p. 1-77.

PISTOLETA, éd. Cyril P. Hershon, *Revue des langues romanes* 107, 2003, p. 247-341.

PLATON, *Le banquet*, préf. de George Steiner, notes de François L'Yvonnet, texte établi et trad. par Paul Vicaire, Paris, 2017.

PLINE L'ANCIEN, *Naturalis historiae Libri XXXVII, Lateinisch-Deutsch*, livre X, éd. et trad. par Roderich König, München, 1986.

POTTER, Dirc, *Der minnen loep*, éd. K. P. Leendertz, Leiden, 1845-1847.

RAIMBAUT D'AURENGA, *The life and the works of the troubadour Raimbaut d'Orange*, éd. Walter T. Pattison, Minneapolis, 1952.

RAIMON DE MIRAVAL, « Drei Lieder des Trobadors Raimon de Miraval », éd. Adolf Kolsen, *Studi medievali*, n. s. 11, 1938, p. 148-158.

RAIMON DE MIRAVAL, *Les Poésies du troubadour Raimon de Miraval*, éd. Leslie T. Topsfield, Paris, 1971.

RAIMON VIDAL DE BESALÚ, « En aquel temps c'om era joys », in : *Nouvelles occitanes du moyen-âge. Textes établis, traduits et présentés*, éd. Jean-Charles Huchet, Paris, 1992, p. 141-221.

REINMAR, *Lieder, nach der Weingartner Liederhandschrift (B), Mittelhochdeutsch/Neuhochdeutsch*, texte éd., trad. et comm. par Günther Schweikle, Stuttgart, 1986.

RENAUT, *Galeran de Bretagne*, éd. bilingue établie par Jean Dufournet, Paris, 2009.

RICHARD DE SAINT VICTOR, *De IV gradibus violentae caritatis*, in : *Ives. Épître à Severin sur la charité – Richard de St. Victor. Les quatre degrés de la violente charité*, éd. G. Dumeige, Paris, 1955.

« Ripolsammlung », « Die Carmina erotica der Ripollsammlung », éd. Therese Latzke, *Mittellateinisches Jahrbuch* 10, 1975, p. 138-201.

ROBERT DE CASTEL, « Les poésies de Robert de Castel. Trouvère artésien du XIIIe siècle », éd. Johan Melander, *Studia Neophilologica* 3, 1930/1931, p. 17-43.

ROY, Bruno (éd.), *L'art d'amours. Traduction et commentaire de l' « Ars amatoria » d'Ovide*, éd. critique, Leiden, 1974.

RUDEL, Jaufré, *Les chansons de Jaufré Rudel*, éd. Alfred Jeanroy, 2e édition, Paris, 1924.

RUDEL, Jaufré, *The songs of Jaufré Rudel*, éd. Rupert T. Pickens, Toronto, 1978.

RUDEL, Jaufré, *Il canzoniere di Jaufre Rudel*, éd. Giorgio Chiarini, L'Aquila, 1985.

SERLON DE WILTON, *Poèmes latins*, éd. Jan Öberg, Stockholm, 1965.

SÖDERGÅRD, Östen (éd.), « Un art d'aimer anglo-normand », *Romania* 77, 1956, p. 289-330.

SORDELLO DE GOITO, *Ensenhamen d'onor*, éd. Marco Boni, Bologna, 1954.

Summa Coloniensis, in : *Die Entwicklung des kirchlichen Eheschließungsrechts*, éd. partielle par Adolf von Scheurl, Erlangen, 1877, p. 165-176 (« Anhang II »).

THOMAS D'AQUIN, *Summa theologiae*, Roma, 1962.

THOMAS D'AQUIN, *Scriptum in 4 libros sententiarum*, in : THOMAS VON AQUIN, *Opera omnia*, t. 1, Stuttgart-Bad Cannstatt, 1980.

THOMAS DE BRETAGNE, *Le roman de Tristan par Thomas*, trad., prés. et notes d'Emmanuèle Baumgartner et Ian Short, éd. Felix Lecoy, Paris, 2003.

TILNEY, Edmund *The flower of friendship. A Renaissance dialogue contesting marriage*, éd. et introd. par Valerie Wayne, Ithaca, 1992.

TIRAQUEAU, André, *De legibus connubialibus et iure maritali* (1513), Paris ²1546 (⁵1554).

TULLIA D'ARAGON, *Dialogo della infinitá di amore* [1547], in : *Trattati d'amore del Cinquecento*, éd. Giuseppe Zonta, Bari, 1912 ; réimpr. Roma/Bari, 1980, p. 185-247.

TULLIA D'ARAGON, *Dialogue on the infinity on love*, trad. et éd. par Rinaldina Russell / Bruce Merry, Chicago/London, 1997.

UC BRUNENC, « Der Trobador Uc Brunec (oder Brunenc) », in : *Abhandlungen Herrn Prof. Dr. Adolf Tobler zur Feier seiner fünfundzwanzigjährigen Thätigkeit als ordentlicher Professor an der Universität Berlin von dankbaren Schülern in Ehrerbietung dargebracht*, éd. Carl Appel, Halle a. S., 1895, p. 45-78.

UC BRUNENC, *Il trovatore Uc Brunenc. Edizione critica con commento, glossario e rimario*, éd. Paolo Gresti, coll. Beihefte zur Zeitschrift für romanische Philologie 309, Tübingen, 2001.

ULRICH VON TÜRHEIM, *Arabel. Die ursprüngliche Fassung und ihre Bearbeitung*, éd. critique de Werner Schröder, Stuttgart/Leipzig, 1999.

VALLA, Lorenzo, *Von der Lust Oder vom wahren Guten. De voluptate sive De vero bono. Lateinisch-deutsche Ausgabe*, trad. et éd. par Peter Michael Schenker, introd. par Eckehard Keßler, coll. Humanistische Bibliothek. Texte und Abhandlungen II 34, München, 2004.

WALTHER VON DER VOGELWEIDE, *Werke*, t. 2 : « Liedlyrik, Mittelhochdeutsch/neuhochdeutsch », éd. traduite et commentée, éd. Günther Schweikle, Stuttgart, 1998.

WOLFRAM VON ESCHENBACH, « Lieder », in : *Des Minnesangs Frühling (MF)*, ³⁸1988, p. 436-451.

YVES DE CHARTRES, *Decretum*, coll. Patrologia Latina 161, p. 47-1022.

ÉTUDES CRITIQUES

AKEHURST, F. R. P. / DAVIS, Judith M. (éd.), *A handbook of the troubadours*, Berkeley, 1995.

ASHCROFT, Jeffrey, « *Wenn unde wie man singen solte.* Sängerpersona und

Gattungsbewußtsein (Zu Rugge / Reinmar MF 108, 22, Walther L. 110, 13 und Hartmann MF 215, 14) », in : *Wechselspiele. Kommunikationsformen und Gattungsinterferenzen mittelhochdeutscher Lyrik*, éd. Michael Schilling / Peter Strohschneider, Heidelberg, 1996, p. 123-150.

ASKEW, Melvin W., « Courtly love. Neurosis as institution », *Psychoanalytic Review* 52, 1, 1965, p. 19-29.

BALLADIER, Charles, *Érôs au moyen-âge, désir et « delectatio morosa »*, Paris, 1999.

BATTLES, Dominique, « Chaucer's *Franklin's Tale* and Boccaccio's *Filocolo* reconsidered », *Chaucer Review* 34, 1999, p. 38-59.

BAUSCHKE, Ricarda, *Die ›Reinmar-Lieder‹ Walthers von der Vogelweide. Literarische Kommunikation als Form der Selbstinszenierung*, Heidelberg, 1999.

BAUSCHKE, Ricarda, « Kulturtransfer und Identitätsbildung. Mit einem Ausblick auf die Lyrik Reinmars », in : *Praktiken europäischer Traditionsbildung im Mittelalter*, éd. Manfred Eikelmann / Udo Friedrich, Berlin, 2013, p. 29-56.

BEC, Pierre, *Écrits sur les troubadours et la lyrique médiévale* (1961-1991), Caen, 1992.

BEC, Pierre, *La joute poétique. De la tenson médiévale aux débats chantés traditionels*, Paris, 2000.

BEIN, Thomas, « Das Singen über das Singen. Zu Sang und Minne im Minne-Sang », in : *›Aufführung‹ und ›Schrift‹ in Mittelalter und früher Neuzeit*, éd. Jan-Dirk Müller, Stuttgart, 1996, p. 67-92.

BEIN, Thomas, *Deutschsprachige Lyrik des Mittelalters. Von den Anfängen bis zum 14. Jahrhundert. Eine Einführung*, Berlin, 2017.

BENTON, John F., « Clio and Venus. An historical view of medieval love », in : *The meaning of courtly love*, éd. F. X. Newman, Albany (N.Y.), 1968, p. 19-42.

BERNSEN, Michael, *Die Problematisierung lyrischen Sprechens im Mittelalter. Eine Untersuchung zum Diskurswandel der Liebesdichtung von den Provenzalen bis zu Petrarca*, coll. Beihefte zur Zeitschrift für romanische Philologie 313, Tübingen, 2001.

BILLY, Dominique, « L'art des troubadours conçu comme un artisanat », *Langue française* 99, 1993, p. 5-25.

BILLY, Dominique, « Pour une réhabilitation de la terminologie des troubadours : *tenson*, *partimen* et expressions synonymes », in : *Il genere tenzone nelle letterature romanze delle origini. Atti del Convegno internazionale, Losanna 13-15 novembre 1997*, éd. Matteo Pedroni / Antonio Stäuble, Ravenna, 1999, p. 237-313.

BILLY, Dominique, « Le prestige de la forme chez Gaucelm Faidit », in : *Gaucelm Faidit. Amours, voyages et débats*, éd. Pierre Bec *et al.*, coll. Cahiers de Carrefour Ventadour, Egletons, 2010, p. 183-212.

BILLY, Dominique, « L'art poétique d'Arnaut Daniel », in : *Arnaut Daniel. Joglar, Orfèvre et Maistro*, coll. Cahiers de Carrefour Ventadour, Egletons, 2012, p. 107-131.

BLEUMER, Hartmut, « Der lyrische Kuss. Emotive Figurationen im Minnesang », in : *Machtvolle Gefühle*, éd. Ingrid Kasten, Berlin/New York, 2010, p. 27-52.

BLEUMER, Hartmut, « Ritual, Fiktion und ästhetische Erfahrung. Wandlungen des höfischen Diskurses zwischen Roman und Minnesang », in : *Die Kunst der Galanterie. Facetten eines Verhaltensmodells in der Literatur der Frühen Neuzeit*, éd. Ruth Florack / Rüdiger Singer, Berlin/Boston 2012, p. 51-92.

BOASE, Roger, *The origin and meaning of courtly love. A critical study of European scholarship*, Manchester, 1977.

BOLL, Katharina, *Alsô redete ein vrowe schoene : Untersuchungen zu Konstitution und Funktion der Frauenrede im Minnesang des 12. Jahrhunderts*, Würzburg, 2007.

BOYNTON, Susan, « Troubadour song as performance. A context for Guiraut Riquier's "Pus sabers no'm val ni sens" », *Current Musicology* 94, 2012, p. 7-36.

BRAUN, Manuel, « Aufmerksamkeitsverschiebung. Zum Minnesang des 13. Jahrhunderts als Form- und Klangkunst », *Wolfram-Studien* 21, 2013, p. 203-230.

BRUCKNER, Pascal, *Le paradoxe amoureux*, Paris, 2009.

BRUNDAGE, James A., *Law, sex, and Christian society in medieval Europe*, Chicago/ London, 1987.

BRUNGS, Alexander, *Metaphysik der Sinnlichkeit. Das System der Passiones Animae bei Thomas von Aquin*, coll. Akademische Studien und Vorträge 6, Halle a. Saale, 2002.

BRUNGS, Alexander, « Die *animae passiones* (S. th. I-II, qq. 22-48) », in : *Thomas von Aquin : Die* Summa theologiae. *Werkinterpretationen*, éd. Andreas Speer, Berlin, 2005, p. 198-221.

BUMKE, Joachim, « Liebe und Ehebruch in der höfischen Gesellschaft », in : *Liebe als Literatur*, éd. Rüdiger Krohn, München, 1983, p. 25-45.

BUMKE, Joachim, *Höfische Kultur*, 2 tomes, München, 1986.

CAMPROUX, Charles, « On the subject of an argument between Elias and his cousin », in : *The interpretation of medieval lyric poetry*, éd. W. T. H. Jackson, London, 1980, p. 61-90.

CANCIK, Hubert, « Zur Entstehung der christlichen Sexualmoral », in : *Religion und Moral*, éd. B. Gladigow, Düsseldorf, 1976, p. 48-68.

CARSTENS, Henry, *Die Tenzonen aus dem Kreise der Trobadors Gui, Eble, Elias und Peire d'Uisel*, thèse, Königsberg, 1914.

CHABANEAU, Camille, « Cinq tensos de Guiraut Riquier », *Revue des langues romanes* 32, 1888, p. 109-127.

CHINCA, Mark, « The medieval German love-lyric : a ritual ? », *Paragraph. A journal of the modern critical theory* 18, 1995, p. 112-132.

CINGOLANI, Stefano Maria, « "Estra lei n'i son trei" », *Cultura Neolatina* 44, 1984, p. 9-47.

COPLEY, Frank Olin, « *Servitium amoris* in the Roman elegists », *Transactions of the American Philological Association* 78, 1947, p. 285-300.

CORBELLARI, Alain, « Retour sur l'amour courtois », *Cahiers de recherches médiévales* [CRM] 17, 2009, p. 375-385.

DAWSON, Lesel, *Lovesickness and Gender in early modern English literature*, Oxford, 2008.

DENOMY, Alexander J., « Courtly love and courtliness », *Speculum* 28, 1953, p. 44-63.

DRAGONETTI, Roger, *La technique poétique des trouvères dans la chanson courtoise*, Bruges, 1969.

DUITS, Emmanuel-Juste, *L'autre désir, du sadomasochisme à l'amour courtois*, Paris, 2000.

EIFLER, Günter, « Liebe um des Singens willen. Lyrisches Ich und Künstler-Ich im Minnesang », in : *Festschrift für Heinz Engels zum 65. Geburtstag*, éd. Gerhard Augst / Otfrid Ehrismann, Göppingen, 1991, p. 1-22.

EISBRENNER, Axel, *Minne diu der werlde ir vröude mêret. Untersuchungen zum Handlungsaufbau und zur Rollengestaltung in ausgewählten Werbungsliedern aus ›Des Minnesangs Frühling‹*, Stuttgart, 1995.

EMMELIUS, Caroline, *Gesellige Ordnung. Literarische Konzeptionen von geselliger Kommunikation in Mittelalter und Früher Neuzeit*, Berlin/New York, 2010.

FAJARDO-ACOSTA, Fidel, *Courtly seductions, modern subjections. Troubadour literature and the medieval construction of the modern world*, Tempe (Arizona), 2010.

FELBECK, Christine / KRAMER Johannes, *Troubadourdichtung*, Tübingen, 2008.

FICHTNER, Gerhard, « »*Omne animal post coitum triste*« . Die Herkunft eines Sprichwortes und seine Verwendung bei Freud », *Jahrbuch der Psychoanalyse* 45, 2002, p. 151-171.

FICK, Johann Michael, *Ehestandsspiegel*, München, 1840.

FINDLEY, Brooke Heidenreich, « Reading sincerity at the intersection of troubadour/trobairitz poetry. Two poetic debates », *Romance Quarterly* 53, 4, 2006, p. 287-303.

FISET, Franz, « Das altfranzösische Jeu-parti », *Romanische Forschungen* 19, 1906, p. 407-544.

FRAPPIER, Jean, *Amour courtois et table ronde*, Genève, 1973.

FRITSCH-STAAR, Susanne, *Unglückliche Ehefrauen. Zum deutschsprachigen* mal mariée-*Lied*, Berlin, 1995.

GAUNT, Simon, *Troubadours and Irony*, Cambridge, 1989.

GAUNT, Simon, « Orality and Writing. The text of the troubadours poem », in : *The troubadours*, éd. Gaunt/Kay, 1999, p. 228-245.

GAUNT, Simon, *Love and death in medieval French and Occitan courtly literature. Martyrs to love*, Oxford, 2006.

GAUNT, Simon / KAY, Sarah (éd.), *The troubadours. An introduction*, Cambridge, 1999.

GLENN, Justin, « »Omne animal post coitum triste« . A note and a query », *AN&Q (American Notes and Queries)* 21, 1982, p. 49-51.

GOLD, Penny S., « The marriage of Mary and Joseph in the twelfth-century ideology of marriage », in : *Sexual practices and the medieval church*, éd. Vern L. Bullough / James A. Brundage, Buffalo, 1982, p. 102-117.

GOUIRAN, Gérard, « The classical period : from Raimbaut d'Aurenga to Arnaut Daniel », in : *The troubadours*, éd. Gaunt/Kay, 1999, p. 83-98.

GREEN, D. H., *Women and marriage in German medieval romance*, Cambridge, 2009.

GRUBER, Jörn, *Die Dialektik des Trobar*, Tübingen, 1983.

GRUBER, Jörn, « Singen und Schreiben. Hören und Lesen als Parameter der (Re-)Produktion und Rezeption des Occitanischen Minnesangs des 12. Jahrhunderts », *Zeitschrift für Literaturwissenschaft und Linguistik* 15, 1985, cahier 57/58, p. 35-51.

GUIETTE, Robert, « D'une poésie formelle en France », *Romanica Gandensia* 8, 1960, p. 9-23.

HAFERLAND Harald, *Hohe Minne. Zur Beschreibung der Minnekanzone*, Berlin, 2000.

HAUG, Walter, *Die höfische Liebe im Horizont der erotischen Diskurse des Mittelalters und der Frühen Neuzeit*, Berlin/New York, 2004.

HAUSMANN, Albrecht, *Reinmar der Alte als Autor. Untersuchungen zur Überlieferung und zur programmatischen Identität*, Tübingen/Basel, 1999.

HAUSMANN, Albrecht, « Die *vröide* und ihre Zeit. Zur performativen Funktion der Inszenierung von Gegenwart im hohen Minnesang », in : *Text und Handeln*, éd. Hausmann, 2004, p. 165-184.

HAUSMANN, Albrecht (éd.), *Text und Handeln. Zum kommunikativen Ort von Minnesang und antiker Lyrik*, Heidelberg, 2004.

HAUSMANN, Frank-Rutger, *Französisches Mittelalter. Lehrbuch Romanistik*, Stuttgart/Weimar, 1996.

HAUSTEIN, Jens, « Minne und Wissen um 1200 und im 13. Jahrhundert », in : *Der Begriff der Literatur. Transdisziplinäre Perspektiven*, éd. Alexander Löck / Jan Urbich, Berlin/New York, 2010, p. 345-370.

HÖFNER, Eckhard, « Parodie und Lachen. Zu Carmina Burana 222 und einem Gedicht des Raimbaut d'Aurenga », in : *Festschrift für Paul Klopsch*, éd. Udo Kindermann et al., Göppingen, 1988, p. 101-127.

HÜBNER, Gert, *Frauenpreis. Studien zur Funktion der laudativen Rede in der mittelhochdeutschen Minnekanzone*, 2 tomes, coll. Saecula spiritalia 34/35, Baden-Baden, 1996.

HÜBNER, Gert, « Minnesang als Kunst. Mit einem Interpretationsvorschlag zu Reinmar MF 162, 7 », in : *Text und Handeln*, éd. Hausmann, 2004, p. 139-164.

HULT, David, « Gaston Paris and the invention of courtly love », in : *Medievalism and the modernist temper*, éd. R. Howard Bloch / Stephen G. Nichols, Baltimore, 1996, p. 192-224.

HUOT, Sylvia, *The* Romance of the rose *and its medieval readers : interpretation, reception, manuscript transmission*, Cambridge, 1993.

HUTH, Lutz, *Dichterische Wahrheit als Thematisierung der Sprache in poetischer Kommunikation*, Hamburg, 1972.

ISSLER, Roland, « Früh- und Hochmittelalter », in : *Französische Literaturgeschichte*, 6e édition entièrement revue, éd. Jürgen Grimm / Susanne Hartwig, Stuttgart/Weimar, 2014, p. 7-84.

JACKSON, W. T. H., « Persona and audience in two medieval love lyrics », *Mosaic* 8, 4, 1975, p. 147-159.

JANZ-WENIG, Katrin (éd.), *Decem gradus amoris deutsch*, Berlin, 2017.

JUNG, Marc-René, *Études sur le poème allégorique en France au moyen-âge*, Bern, 1971.

KABLITZ, Andreas, « Von den Trobadors zu Wagners *Tannhäuser*. Der provenzalische Minnesang und die europäische Lyrik », in : *Europas Sprachenvielfalt und die Einheit seiner Literatur*, éd. A. Kablitz, Freiburg i. Br., 2016, p. 51-96.

KANE, George, *Chaucer and Langland. Historical and textual approaches*, Berkeley/Los Angeles, 1989.

KARNEIN, Alfred, « Liebe, Ehe und Ehebruch im minnedidaktischen Schrifttum », in : *Liebe – Ehe – Ehebruch in der Literatur des Mittelalters*, éd. Xenja von Ertzdorff / Marianne Wynn, Gießen, 1984, p. 148-160.

KARNEIN, Alfred, *De Amore in volkssprachlicher Literatur. Untersuchungen zur Andreas Capellanus-Rezeption in Mittelalter und Renaissance*, Heidelberg, 1985.

KARNEIN, Alfred, « Liebe, Ehe, Eifersucht in Predigt, Traktat und Minnelehre », in : *Amor est passio*, éd. Alfred Karnein / Friedrich Wolfzettel, Trieste, 1997, p. 115-131.

KASTEN, Ingrid, *Frauendienst bei Trobadors und Minnesängern im 12. Jahrhundert*, Heidelberg, 1986.

KASTEN, Ingrid, « Der *amour courtois* als ›überregionales‹ Kulturmuster », in : *Interregionalität der deutschen Literatur im europäischen Mittelalter*, éd. Hartmut Kugler, Berlin/New York, 1995, p. 161-174.

KAY, Sarah, *Subjectivity in troubadour poetry*, Cambridge, 1990.

KAY, Sarah, « The contradictions of courtly love and the origins of courtly poetry. The evidence of *lauzengiers* », *Journal of medieval and early modern studies* 26, 1996, p. 209-253.

KAY, Sarah, *Courtly contradictions. The emergence of the literary object in the twelfth century*, Stanford, 2001.

KELLERMANN, Wilhelm, « L'éclosion du lyrisme occidental. L'amour-vénération », in : *Entretiens sur la renaissance du 12e siècle*, éd. Maurice de Gandillac / Édouard Jeauneau, Paris/La Haye, 1968, p. 373-395.

KELLNER, Beate, « Gewalt und Minne. Zu Wahrnehmung, Körperkonzept und Ich-Rolle im Liedcorpus Heinrichs von Morungen », *Beiträge zur Geschichte der deutschen Sprache und Literatur* 119, 1997, p. 33-66.

KELLY, Henry Ansgar, *Love and marriage in the age of Chaucer*, Ithaca/London, 1975.

KENDRICK, Laura, *The game of love. Troubadour wordplay*, Berkeley, 1988.

KLEIN, Dorothea, « *Mauricius von Craûn* oder die Destruktion der Minne », *Zeitschrift für deutsches Altertum* 127, 1998, p. 271-294.

KLEIN, Dorothea (éd.), *Mauricius von Craûn. Mittelhochdeutsch/neuhochdeutsch, hg., übers. u. kommentiert*, Stuttgart, 1999 ;

KNAPP, Fritz Peter, « Die mittelalterliche Minnetheorie im Lichte der Religionssoziologie Max Webers », *Deutsche Vierteljahresschrift für Literaturwissenschaft und Geistesgeschichte* 83, 2009, p. 361-374.

KNALLER, Susanne, *Ein Wort aus der Fremde. Geschichte und Theorie des Begriffs Authentizität*, Heidelberg, 2007.

KNUUTTILA, Simo, *Emotions in ancient and medieval philosophy*, Oxford, 2004 ; réimpr. 2010.

KÖBELE, Susanne, « Rhetorik und Erotik. Minnesang als 'süßer Klang' », *Poetica* 46, 2014, p. 299-332.

KÖHLER, Erich, « Der Frauendienst der Trobadors, dargestellt an ihren Streitgedichten », 1960, réimpr. dans : KÖHLER, Erich *Trobadorlyrik und höfischer Roman*, Berlin, 1962, p. 89-113 et 255-265.

KÖHLER, Erich, « Observations historiques et sociologiques sur la poésie des troubadours », *Cahiers de Civilisation médiévale* 7, 1964, p. 27-51 ; en langue allemande in : KÖHLER, Erich, *Esprit und arkadische Freiheit. Aufsätze aus der Welt der Romania*, Frankfurt a. M., 1972, p. 9-27.

KÖHLER, Erich, « Les troubadours et la jalousie », in : *Mélanges de langue et de littérature au moyen-âge et de la Renaissance, offerts à Jean Frappier*, t. 1, Genève, 1970, p. 543-559.

KÖHLER, Erich, « Deliberations on a theory of the genre of the Old Provençal descort », in : *Italian literature. Roots and branches. Essays in honor of Thomas Goddard Bergin*, éd. Giose Rimanelli / Kenneth John Atchity, New Haven/ London, 1976, p. 1-13.

KOENIGSBERG, Richard A., « Culture and unconscious fantasy. Observations on courtly love », *Psychoanalytic Review* 54, 1, 1967, p. 36-50.

KOLB, Herbert, *Der Begriff der Minne und das Entstehen der höfischen Lyrik*, Tübingen, 1958.

KRISTEVA, Julia, *Histoire d'amour*, Paris, 1983.

KÜHNEL, Jürgen, « Heinrich von Morungen, die Höfische Liebe und das ›Unbehagen in der Kultur‹ », in : *Minne ist ein swaerez spil. Neue Untersuchungen zum Minnesang und zur Geschichte der Liebe im Mittelalter*, éd. Ulrich Müller, coll. Göppinger Arbeiten zur Germanistik 440, Göppingen, 1986, p. 253-282.

KUHN, Hugo, « Zur inneren Form des Minnesangs », 1949, repris dans : *Der deutsche Minnesang*, éd. Hans Fromm, coll. Wege der Forschung 15, Darmstadt, 1961, p. 167-179.

LACAN, Jacques, « L'amour courtois en anamorphose », in : *Le Séminaire de Jacques Lacan*, texte établi par Jacques-Alain Miller, « Livre VII : L'éthique de la psychanalyse », Paris, 1986, p. 167-189 (N° XI).

LAVIS, Georges, « Le jeu-parti français : jeu de réfutation, d'opposition et de concession », *Medioevo Romanzo* 16, 1991, p. 21-128.

LAZAR, Moshé, *Amour courtois et* Fin' Amors *dans la littérature du XIIe siècle*, Paris, 1964.

LEWENT, Kurt, « Abseits vom hohen Minnesang », *Studi medievali*, n. s. 9, 1936, p. 122-149.

LIEBERG, Godo, *Puella divina. Die Gestalt der göttlichen Geliebten bei Catull im Zusammenhang der antiken Dichtung*, Amsterdam, 1962.

LIEBERTZ-GRÜN, Ursula, *Zur Soziologie des ›amour courtois‹. Umrisse der Forschung*, Heidelberg, 1977.

LILJA, Saara, *The Roman elegists' attitude to women*, Helsinki, 1965.

LUCAS, Angela M. / LUCAS, Peter J., « The presentation of marriage and love in Chaucer's *Franklin's Tale* », *English Studies* 72, 1991, p. 501-512.

LUTZ, Eduard, *Die Psychologie Bonaventuras nach den Quellen dargestellt*, Münster, 1909.

MATHEIS, Eric, *Capital, value, and exchange in the Old Occitan and Old French* Tenson *(including the* Partimen *and the* Jeu-Part*)*, thèse, Columbia University, 2013 (https://doi.org/10.7916/D8 V69GJ7) [consulté le 22. 10. 2017].

MCCARTHY, Conor, « Love, marriage and law. Three Canterbury tales », *English Studies* 83, 2002, p. 504-518.

MCGLYNN, Margaret / MOLL, Richard J., « Chaste marriage in the middle ages », in : *Handbook of medieval sexuality*, éd. Vern L. Bullough / James A. Brundage, New York/London, 1996, p. 103-122.

MENEGHETTI, Maria Luisa, « Intertextuality and dialogism », in : *The troubadours*, éd. Gaunt/Kay, 1999, p. 181-196.

MERTENS, Volker, « "In Kürenbergers wîse". Überlegungen zu einer aufführungsbezogenen Interpretation des Minnesangs », in : *Littérature épique au moyen-âge. Hommage à Jean Fourquet pour son 100e anniversaire*, éd. Danielle Buschinger, Greifswald, 1999, p. 327-345.

MEYER, Carla / SCHNEIDER, Christian, « Der Codex Manesse und die Entdeckung der Liebe. Eine Einführung », in : *Der Codex Manesse und die Entdeckung der Liebe*, éd. Maria Effinger / Carla Meyer / Christian Schneider, Heidelberg, 2010, p. 9-23.

MÖLK, Ulrich, « Rezension zu Moshé Lazar, Amour courtois et *Fin'Amors* dans la littérature du XIIe siècle, Paris, 1964 », *Zeitschrift für romanische Philologie* 83, 1967, p. 428-430.

MÖLK, Ulrich, *Trobadorlyrik. Eine Einführung*, München/Zürich, 1982.

MONSON, Don A., « Lyrisme et sincérité : Sur une chanson de Bernart de Ventadorn », in : *Studia Occitanica in memoriam Paul Remy*, 2 tomes, éd. Hans-Keller Erich, Kalamazoo (MI), 1986, t. 1, p. 143-159.

MONSON, Don A., « The troubadour's lady, yet again », *Exemplaria* 14, 2, 2002a, p. 486-497.

MONSON, Don A., « The troubadour's lady, one last time », *Exemplaria* 14, 2, 2002b, p. 505-513.

MONTERO CARTELLE, Enrique, « *Omne animal post coitum triste* : de Aristoteles à S. Freud », *Revista de Estudios Latinos (RELat)* 1, 2001, p. 107-119.

MOOS, Peter von, « Die *Epistolae duorum amantium* und die säkulare Religion der Liebe. Methodenkritische Vorüberlegungen zu einem einmaligen Werk mittellateinischer Briefliteratur », *Studi medievali* 3, série 44, 2003, p. 1-115.

MOSHÖVEL, Andrea, *wîplîch man. Formen und Funktionen von ›Effemination‹ in deutschsprachigen Erzähltexten des 13. Jahrhunderts*, coll. Aventiuren 5, Göttingen, 2009.

MÜLLER, Isabel, *Wissen im Umbruch. Zur Inszenierung von Wissensdiskursen in der Dichtung Ausiàs Marchs*, Heidelberg, 2014.

MÜLLER, Jan-Dirk, « Performativer Selbstwiderspruch. Zu einer Redefigur bei Reinmar », *Beiträge zur Geschichte der deutschen Sprache und Literatur* 121, 1999, p. 379-405.

MÜLLER, Jan-Dirk, *Minnesang und Literaturtheorie*, éd. Ute von Bloh / Armin Schulz, Tübingen, 2001.

MÜLLER, Jan-Dirk, « Die Fiktion höfischer Liebe und die Fiktionalität des Minnesangs », in : *Text und Handeln*, éd. Hausmann, 2004, p. 47-64.

MÜLLER, Jan-Dirk, « Literarische und andere Spiele. Zum Fiktionalitätsproblem in vormoderner Literatur », *Poetica* 36, 2004, p. 281-311.

MÜLLER, Ulrich, « Die Ideologie der Hohen Minne eine ekklesiogene Kollektivneurose ? Überlegungen und Thesen zum Minnesang », in : *Minne ist ein swaerez spil. Neue Untersuchungen zum Minnesang und zur Geschichte der Liebe im Mittelalter*, éd. Ulrich Müller, Göppingen, 1986, p. 283-315.

NEUMANN, Winfried, *Zeitenwechsel. Weltliche Stoffe des 12. bis 14. Jahrhunderts in Meisterliedern und motivverwandten Dichtungen des Hans Sachs*, Heidelberg, 2005.

NEUMEISTER, Sebastian, *Das Spiel mit der höfischen Liebe. Das altprovenzalische Partimen*, coll. Beihefte zu Poetica 5, München, 1969.

NEUMEISTER, Sebastian, « Die dialogischen Gedichte in der altprovenzalischen Literatur », in : *Dialoggedicht. Studien zur poetischen Dialogizität*, éd. Christina Johanna Bischoff et al., coll. GRM, Beihefte 84, Heidelberg, 2017, p. 129-145.

NEWMAN, F. X. (éd.), *The meaning of courtly love*, Albany, 1968.

NOBLE, Peter S., *Love and marriage in Chrétien de Troyes*, Cardiff, 1982.

O'DONOGHUE, Bernard, « The reality of courtly love », in : *Writings on love in the English middle ages*, éd. Helen Cooney, New York, 2006, p. 7-24.

OOSTROM, Fritz Pieter van, *Court and culture. Dutch literature, 1350-1450*, Berkeley/Oxford, 1992.

PADEN, William D., « *Utrum copularentur ?* : Of *cors* », *L'esprit créateur* 19, 4, 1979, p. 70-83.

PADEN, William D., « The system of genre in troubadour lyric », in : *Medieval lyric. Genres in historical context*, éd. Paden, Urbana/Chicago, 2000, p. 21-67.

PADEN, William D., « The troubadour's lady, one more time », *Exemplaria* 14, 2, 2002a, p. 498-504.

PADEN, William D., « The troubadour's lady, a summing up », *Exemplaria* 14, 2, 2002b, p. 514-517.

PAEPE, N. de, « Over het wezen van de troubadours minne », *Spiegel der letteren* 7, 1963, p. 17-43.

PARKER, Alexander A., *The philosophy of love in Spanish literature 1480-1680*, éd. Terence O'Reilly, Edinburgh, 1985.

PATERSON, Linda, « Jeux poétiques et communication de valeurs : les *tensos* et *partimens* des troubadours », in : *Communicazione e propaganda nei secoli XII e XIII. Atti del Convegno internazionale, Messina 24-26 maggio 2007*, éd. Rossana Castano et al., Roma, 2007, p. 515-528.

PAYEN, Jean Charles, « La "mise en roman" du mariage dans la littérature française des XIIe et XIIIe siècles : de l'évolution idéologique à la typologie des genres », in : *Love and marriage in the twelfth century*, éd. Willy van Hoecke / Andries Welkenhuysen, Leuven, 1981, p. 219-235.

PELOUS, Jean-Michel, *Amour précieux, amour galant*, Paris, 1980.

PERCAN, Josip B., Femina dulce malum. *La donna nella letteratura medievale latina (secoli X-XIV)*, Roma, 2003.

PETER, Alexandra-Bettina, *Vom Selbstverlust zur Selbstfindung. Erzählte Eifersucht im Frankreich des 17. Jahrhunderts*, Tübingen, 2002.

PETERS, Ursula, « Die ›Gesellschaft‹ der höfischen Dichtung im Spiegel der Forschungsgeschichte », *Zeitschrift für deutsche Philologie* 128, 2009, p. 3-28.

PETERS, Ursula, « Das Forschungsproblem der Vasallitätsterminologie in der romanischen und deutschen Liebespoesie des Mittelalters », *Beiträge zur Geschichte der deutschen Sprache und Literatur* 137, 4, 2015, p. 623-659.

PETERS, Ursula, « Fürsten, Adel, Rittertum. Die höfische Dichtung vor dem Hintergrund der neueren Feudalismus-Debatte », in : *König, Reich und Fürsten im Mittelalter. Festschrift für Karl-Heinz Spieß*, éd. Oliver Auge, Stuttgart, 2017, p. 149-196.

PIROT, François, *Recherches sur les connaissances littéraires des troubadours des XIIe et XIIIe siècles*, Barcelona, 1972.

POLLMANN, Leo, *Die Liebe in der hochmittelalterlichen Literatur Frankreichs*, coll. Analecta Romanica 18, Frankfurt a. M., 1966.

PORTER, Pamela, *Courtly love in medieval manuscripts*, Toronto, 2003.

PULEGA, Andrea, *Amore cortese e modelli teologici. Guglielmo IX, Chrétien des Troyes, Dante*, Milano, 1995.

PUTZO, Christine, « *sît ich die nôt an mir weiz*. Zur narrativen Konfiguration des lyrischen *paradoxe amoureux* im ›Mauritius von Craûn‹ », in : *Höfische Wissensordnungen*, éd. Hans-Jochen Schiewer / Stefan Seeber, coll. Encomia Deutsch 2, Göttingen, 2012, p. 121-135.

RACITI, Gaetano, « Un opuscule inédit d'Adam de Perseigne. Le "Livre de l'amour mutuel" », *Cîteaux* 31, 1980, p. 297-341.

RANAWAKE, Silvia, « Gab es eine Reinmar-Fehde ? Zu der These von Walthers

Wendung gegen die Konvention der Hohen Minne », *Oxford German Studies* 13, 1982, p. 7-35.
REGAN, M., « *Amador* and *chantador*. The lover and the poet in the *cansos* of Bernart de Ventadorn », *Philological Quarterly* 53, 1974, p. 10-28.
REICHL, Karl, « Liebe als Krankheit. Mittelenglische Texte », in : *Liebe als Krankheit*, Mannheim, éd. Theo Stemmler, Tübingen, 1990, p. 187-220.
REUVEKAMP-FELBER, Timo, « Fiktionalität als Gattungsvoraussetzung. Die Dekonstrukion des Authentischen in der Genese der deutschen und romanischen Lyrik », in : *Text und Kultur. Mittelalterliche Kultur 1150-1450*, éd. Ursula Peters, Stuttgart/Weimar, 2001, p. 377-402.
REUVEKAMP-FELBER, Timo, « Kollektive Repräsentation als soziale Funktion von Minnesang ? Zur Pluralität und Variabilität der Ich-Figurationen in der Minnekanzone am Beispiel Friedrichs von Hausen », in : *Text und Handeln*, éd. Hausmann, 2004, p. 203-224.
RIEGER, Angelica, *Trobairitz. Der Beitrag der Frau in der altokzitanischen höfischen Lyrik*, Edition des Gesamtkorpus, Tübingen, 1991.
RIEGER, Angelica, « »Gran dezir hai de ben jazer« . Die Bettgeschichten der Trobadors », in : *Abkehr von Schönheit und Ideal in der Liebeslyrik*, éd. Fischer Carolin / Veit Carola, Stuttgart/Weimar, 2000, p. 48-65.
RIEGER, Dietmar, « Zur Stellung des Tagelieds in der Trobadorlyrik », *Zeitschrift für romanische Philologie* 87, 1971, p. 223-232.
RIEGER, Dietmar, *Gattungen und Gattungsbezeichnungen der Trobadorlyrik. Untersuchungen zum altprovenzalischen Sirventes*, coll. Beihefte zur Zeitschrift für romanische Philologie 148, Tübingen, 1976.
RIEGER, Dietmar, *Mittelalterliche Lyrik Frankreichs I. Lieder der Trobadors. Provenzalisch/deutsch, ausgewählt, übers. u. kommentiert*, Stuttgart, 1980.
RIEGER, Dietmar, *Mittelalterliche Lyrik Frankreichs II. Lieder der Trouvères. Französisch/Deutsch, ausgewählt, übers. u. kommentiert*, Stuttgart, 1983b.
RIEGER, Dietmar, « Die altprovenzalische Lyrik », in : *Lyrik des Mittelalters I. Probleme und Interpretationen*, éd. Heinz Bergner, Stuttgart, 1983a, p. 197-390.
RIEGER, Dietmar, « Hören und Lesen im Bereich der trobadoresken Lieddichtung », *Zeitschrift für romanische Philologie* 100, 1984, p. 78-91.
RIEGER, Dietmar, « Par devant lui chantent li jugleor. Mittelalterliche Dichtung im Kontext des ›Gesamtkunstwerks‹ der höfischen Mahlzeit », in : *Essen und Trinken in Mittelalter und Neuzeit*, éd. Irmgard Bitsch et al., Sigmaringen, 1987, p. 27-44.
RIEGER, Dietmar, « Formen trobadoresker Streitkultur », *Romanische Forschungen* 106, 1994, p. 1-27.
RIEGER, Dietmar, *Von der Minne zum Kommerz. Eine Geschichte des französischen Chansons bis zum Ausgang des 19. Jahrhunderts*, Tübingen, 2005.
RIEGER, Dietmar, « Norm und Störung. Zum Verhältnis *lyrischer* und *narrativer*

Verfahren in der mittelalterlichen Liebesdichtung Frankreichs », in : *Lyrische Narrationen – Narrative Lyrik. Gattungsinterferenzen in der mittelalterlichen Literatur*, éd. Hartmut Bleumer / Caroline Emmelius, Berlin/ New York, 2011, p. 103-121.

RIEGER, Dietmar, « Fleischeslust und Liebe. Stationen literarischer Semantisierung der *carnalis cupiditas* vom Mittelalter bis ins 18. Jahrhundert », in : *Liebessemantik. Frühneuzeitliche Darstellungen von Liebe in Italien und Frankreich*, éd. Kirsten Dickhaut, Wiesbaden, 2014, p. 331-389.

RIEGER, Dietmar, « »Ieu ai nom maistre certa« . Einige Überlegungen zu Authentifizierung und Autoritätsherstellung bei den Trobadors », in : *Autorschaft und Autorität in den romanischen Literaturen des Mittelalters*, éd. Susanne Friede / Michael Schwarze, Berlin/Boston, 2016, p. 41-55.

RINGGER, Kurt, « Die Troubadourlyrik im Spiegel der poetischen Gattungen », in : *Die französische Lyrik*, éd. Dieter Janik, Darmstadt, 1987, p. 1-61.

ROHRBACH, Gerdt, *Studien zur Erforschung des mittelhochdeutschen Tageliedes, ein sozialgeschichtlicher Beitrag*, Göppingen, 1986.

RUBIO, Francesco Pejenaute, « *Femina, dulce malum* : un »oxímoron« recurrente en la poesie latine medieval », *Archivum. Revista de la Facultad de Filología* 46/47, 1996/1997, p. 347-370.

RÜDIGER, Jan, *Aristokraten und Poeten. Die Grammatik einer Mentalität im tolosanischen Hochmittelalter*, Berlin, 2001.

RÜFFER, Jens, *Orbis Cisterciensis. Zur Geschichte der monastischen ästhetischen Kultur im 12. Jahrhundert*, Berlin, 1999.

SAOUMA, Brigitte, *Amour sacré, fin'amor. Bernard de Clairvaux et les troubadours*, coll. Philosophes médiévaux 60, Leuven/Paris, 2016.

SAVILLE, Jonathan, *The medieval erotic Alba, structure as meaning*, New York/ London, 1972.

SCHAEFER, Ursula, *Höfisch-ritterliche Dichtung und sozialhistorische Realität*, Frankfurt/Bern, 1977.

SCHLUMBOHM, Christa, *Jocus und Amor. Liebesdiskussionen vom mittelalterlichen « joc partit » bis zu den preziösen « questions d'amour »*, coll. Hamburger Romanistische Dissertationen 14, Hamburg, 1974.

SCHNELL, Rüdiger, *Zum Verhältnis von hoch- und spätmittelalterlicher Literatur. Versuch einer Kritik*, Berlin, 1978.

SCHNELL, Rüdiger, « Hohe und niedere Minne », *Zeitschrift für deutsche Philologie* 98, 1979, p. 19-52.

SCHNELL, Rüdiger, « Von der kanonistischen zur höfischen Ehekasuistik. Gautiers d'Arras *Ille et Galeron* », *Zeitschrift für romanische Philologie* 98, 1982b, p. 257-295.

SCHNELL, Rüdiger, *Andreas Capellanus. Zur Rezeption des römischen und kanonischen Rechts in ›De amore‹*, coll. Münstersche Mittelalter-Schriften 46, München, 1982a.

SCHNELL, Rüdiger, « Zur Entstehung des altprovenzalischen dilemmatischen Streitgedichts », *Germanisch-Romanische Monatsschrift* 33, 1983, p. 1-20.

SCHNELL, Rüdiger, *Causa amoris. Liebeskonzeption und Liebesdarstellung in der mittelalterlichen Literatur*, coll. Bibliotheca Germanica 27, Bern/München, 1985.

SCHNELL, Rüdiger, « L'amour courtois en tant que discours courtois sur l'amour (I) et (II) », *Romania* 110, 1989a [1992], p. 72-126 et p. 331-363.

SCHNELL, Rüdiger, « Mittelalter oder Neuzeit ? Medizingeschichte und Literaturhistorie. Apologie weiblicher Sexualität in Boccaccios ›Decameron‹ », in : *Gotes und der werlde hulde. Festschrift für Heinz Rupp zum 70. Geburtstag*, Bern, éd. Rüdiger Schnell, 1989b, p. 240-287.

SCHNELL, Rüdiger, « Die ›höfische Liebe‹ als ›höfischer‹ Diskurs über die Liebe », in : *Curialitas. Studien zu Grundfragen der höfisch-ritterlichen Kultur*, éd. Josef Fleckenstein, Göttingen, 1990, p. 231-301.

SCHNELL, Rüdiger, « Die ›höfische Liebe‹ als Gegenstand von Psychohistorie, Sozial- und Mentalitätsgeschichte. Eine Standortbestimmung », *Poetica* 23, 1991, p. 374-424.

SCHNELL, Rüdiger, « Unterwerfung und Herrschaft. Zum Liebesdiskurs im Hochmittelalter », in : *Modernes Mittelalter. Neue Bilder einer populären Epoche*, éd. Joachim Heinzle, Frankfurt a. M., 1994, p. 103-133.

SCHNELL, Rüdiger, « Die Frau als Gefährtin (*socia*) des Mannes », in : *Geschlechterbeziehungen und Textfunktionen. Studien zu Eheschriften der Frühen Neuzeit*, éd. Rüdiger Schnell, coll. Frühe Neuzeit 40, Tübingen, 1998a, p. 119-170.

SCHNELL, Rüdiger, *Frauendiskurs, Männerdiskurs und Ehediskurs. Textsorten und Geschlechterkonzepte in Mittelalter und Früher Neuzeit*, coll. Geschichte und Geschlechter 23, Frankfurt a. M. / New York, 1998b.

SCHNELL, Rüdiger, « Frauenlied, Manneslied und Wechsel im deutschen Minnesang. Überlegungen zu ›gender‹ und Gattung », *Zeitschrift für deutsches Altertum* 128, 1999, p. 127-184.

SCHNELL, Rüdiger, « Liebe und Freiheit. Ein literarischer Entwurf des männlichen Adels », in : *Mittelalterliche Menschenbilder*, éd. Martina Neumeyer, Regensburg, 2000, p. 35-78.

SCHNELL, Rüdiger, « Vom Sänger zum Autor. Konsequenzen der Schriftlichkeit des deutschen Minnesangs », in : *Text und Kultur. Mittelalterliche Literatur 1150-1450*, éd. Ursula Peters, Stuttgart/Weimar, 2001, p. 96-149.

SCHNELL, Rüdiger, *Sexualität und Emotionalität in der vormodernen Ehe*, Köln, 2002.

SCHNELL, Rüdiger, « Text und Kontext. Erzählschemata, Diskurse und das Imaginäre um 1200 », *Poetica* 40, 2008, p. 97-138.

SCHNELL, Rüdiger, « Rezension zu Lesel Dawson, *Lovesickness and Gender in Early Modern English Literature*, Oxford 2008 », *INTAMS review* 16, 2, 2010, p. 225 *sq.*

SCHNELL, Rüdiger, « Gender und Gesellschaft. Hartmanns ›Erec‹ im Kontext zeitgenössischer Diskurse », *Zeitschrift für deutsches Altertum* 140, 2011, p. 306-334.

SCHNELL, Rüdiger, « Minnesang I : Die Anfänge des deutschen Minnesangs (ab ca. 1150/1170) », in : *Lyrische Werke* (GLMF = Germania Litteraria Medievalis Francigena, Band III), éd. Volker Mertens / Anton Touber, Berlin/New York, 2012, p. 25-82.

SCHNELL, Rüdiger, « Minnesang II : Der deutsche Minnesang von Friedrich von Husen bis Heinrich von Morungen (ca. 1170-1190/1200) », in : *Lyrische Werke* (Germania Litteraria Medievalis Francigena, Band III), éd. Volker Mertens / Anton Touber, Berlin/New York, 2012, p. 83-182.

SCHNELL, Rüdiger, « Minnesang und Sangspruch im 13. Jahrhundert. Gattungsdifferenzen und Gattungsinterferenzen », *Wolfram-Studien* 21, 2013, p. 287-347.

SCHNELL, Rüdiger, *Haben Gefühle eine Geschichte ? Aporien einer ›History of emotions‹*, Göttingen, 2015.

SCHNELL, Rüdiger, « Der Dritte. Psychoanalytische, sozialgeschichtliche und poetologische Aspekte », in : *Handbuch Minnesang*, éd. Beate Kellner / Volker Mertens / Susanne Reichlin, Berlin/Boston, 2021, p. 364-378.

SCHOCKENHOFF, Eberhard, « Die Lehre von den *passiones animae* in der Anthropologie des Thomas von Aquin », in : *Passiones animae. Die ›Leidenschaften der Seele‹ in der mittelalterlichen Theologie und Philosophie*, éd. Christian Schäfer / Martin Thurner, 2e édition complétée, Berlin, 2013, p. 151-170.

SCHULTZ, James A., « Performance and performativity in Minnesang », *Zeitschrift für deutsche Philologie* 128, 2009, p. 373-397.

SCHWEIKLE, Günther, « Die Fehde zwischen Walther von der Vogelweide und Reinmar dem Alten. Ein Beispiel germanistischer Legendenbildung », *Zeitschrift für deutsches Altertum* 115, 1986, p. 235-253.

SELIG, Maria, « Mündlichkeit und Schriftlichkeit im Bereich der trobadoresken Lieddichtung », in : *Mündlichkeit – Schriftlichkeit – Weltbildwandel*, éd. Werner Röcke / Ursula Schaefer, Tübingen, 1996, p. 9-37.

SICHERT, Margit, *Die mittelenglische Pastourelle*, Tübingen, 2001.

SPENCE, Sarah, « Rhetoric and hermeneutics », in : *The troubadours*, éd. Gaunt/Kay, 1999, p. 164-180.

SPITZER, Leo, *L'amour lointain de Jaufré Rudel et le sens de la poésie des troubadours*, 1944, repris dans : SPITZER, Léo, *Romanistische Literaturstudien 1936-1956*, Tübingen, 1959, p. 363-417.

STEFFENS, Georg, « Die altfranzösische Liederhandschrift der Bodleiana in Oxford, Douce 308 », *Archiv für das Studium der neueren Sprachen und Literaturen* 194, 1900, p. 331-354.

STOELLGER, Philipp, *Passivität aus Passion*, coll. Hermeneutische Untersuchungen zur Theologie 56, Tübingen, 2010.

STROHSCHNEIDER, Peter, « Aufführungssituation : Zur Kritik eines Zentralbegriffs kommunikationsanalytischer Minnesangforschung », in : *Germanistik, Deutschunterricht und Kulturpolitik. Vorträge des Augsburger Germanistentags 1991*, éd. Johannes Janota, t. 3, Tübingen, 1993, p. 56-71.

STROHSCHNEIDER, Peter, « »nu sehet wie der singet !« Vom Hervortreten des Sängers im Minnesang », in : *›Aufführung‹ und ›Schrift‹ in Mittelalter und Früher Neuzeit*, éd. Jan-Dirk Müller, Stuttgart/Weimar, 1996, p. 7-30.

TERVOOREN, Helmut, « Die ›Aufführung‹ als Interpretament mittelhochdeutscher Lyrik », in : *›Aufführung‹ und ›Schrift‹ in Mittelalter und früher Neuzeit*, éd. Jan-Dirk Müller, Stuttgart/Weimar, 1996, p. 48-66.

THOMAS, Jacques, « Un art d'aimer du XIIIe siècle », *Revue belge de philologie et d'histoire* 36, 1958, p. 786-811.

TRACHSLER, Richard, « Parler d'amour. Les stratégies de séduction dans *Joufroi de Poitiers* », *Romania* 113, 1992-1995, p. 118-139.

UITTI, Karl D., « Remarks on Old French narrative. Courtly love and poetic form », *Romance Philology* 26, 1972, p. 77-93.

UNZEITIG, Monika, « Sängerkonkurrenz in der provenzalischen Trobadorlyrik und im mittelhochdeutschen Minnesang », in : *Eros und Literatur. Liebe in Texten von der Antike bis zum Cyberspace. Festschrift für Gert Sautermeister*, éd. Christiane Solte-Gresser et al., Bremen, 2005, p. 35-51.

URBAN Bernd, « Psychoanalytische Interpretation mittelalterlicher Literatur. Forschungsüberblick und Forschungsimpulse », in : *Psychologie in der Mediävistik*, éd. Jürgen Kühnel et al., coll. Göppinger Arbeiten zur Germanistik 431, Göppingen, 1985, p. 361-377.

UTLEY, Francis L., « Must we abandon the concept of courtly love ? », *Medievalia et Humanistica*, n. s. 3, 1972, p. 299-324.

WACHINGER, Burghart, « Rezension zu Hugo Kuhn, Liebe und Gesellschaft, éd. Wolfgang Walliczek, Stuttgart, 1980 », *Beiträge zur Geschichte der deutschen Sprache und Literatur* 107, 1985, p. 299-306.

WACK, Mary F., « The measure of pleasure. Peter of Spain on men, women and lovesickness », *Viator* 17, 1986, p. 173-196.

WALTHER, Helmut G., « Utopische Gesellschaftskritik oder satirische Ironie ? Jean de Meung und die Lehre des Aquinaten über die Entstehung menschlicher Herrschaft », in : *Soziale Ordnungen im Selbstverständnis des Mittelalters*, éd. Albert Zimmermann, coll. Miscellanea Mediaevalia XII 1, Berlin/New York, 1979, p. 84-105.

WAPNEWSKI, Peter, « Rezension zu H. Furstner, Studien zur Wesensbestimmung der Höfischen Minne, Groningen/Djakarta, 1956 », *Euphorion* 51, 1957, p. 452-461.

WARNING, Rainer, « Lyrisches Ich und Öffentlichkeit bei den Trobadors », in : *Deutsche Literatur im Mittelalter. Kontakte und Perspektiven. Hugo Kuhn zum Gedenken*, éd. Christoph Cormeau, Stuttgart, 1979, p. 120-159.

WARNING, Rainer, « Pastourelle und Mädchenlied », in : *Festschrift für Walter*

Haug und Burghart Wachinger, éd. Johannes Janota et al., t. 2, Tübingen, 1992, p. 709-723.

WECHSSLER, Eduard, *Das Kulturproblem des Minnesangs, I : Minnesang und Christentum*, Halle a. S., 1909.

WEHRLI, Max, *Geschichte der deutschen Literatur vom frühen Mittelalter bis zum Ende des 16. Jahrhunderts*, Stuttgart, 1980.

WEHRLI, Max, *Deutsche Lyrik des Mittelalters*, Zürich, [7]1988.

WIND, Bartina H., « Ce jeu subtil, l'amour courtois », in : *Mélanges offerts à Rita Lejeune*, éd. Fred Dethier, Gembloux, 1969, t. 2, p. 1257-1261.

WOLF, Alois, « Die Anfänge des Minnesangs und die Troubadourdichtung », in : *Minnesang in Österreich*, éd. Helmut Birkhan, Wien, 1983, p. 197-244.

WOLFZETTEL, Friedrich, « Überlegungen zum Stellenwert der (nord-)französischen Pastourelle des Mittelalters. Gattungsfunktion – gesellschaftlicher Ort – mythische Struktur », in : *Beiträge zur sprachlichen, literarischen und kulturellen Vielfalt in den Philologien. Festschrift für Rupprecht Rohr zum 70. Geburtstag*, éd. Gabriele Birken-Silverman / Gerda Rössler, Stuttgart, 1992, p. 552-567.

WOLLOCK, Jennifer G., *Rethinking chivalry and courtly love*, Santa Barbara, 2011.

WOOD, Lucas, « The art of clerkly love. Drouart la Vache translates Andreas Capellanus », *Medievalia et Humanistica*, n. s. 40, 2015, p. 113-149.

ŽIŽEK, Slavoj, *Die Metastasen des Genießens. Sechs erotisch-politische Versuche*, éd. Peter Engelmann, Wien, 1996, p. 45-59.

ZINK, Michel, *La pastourelle. Poésie et folklore au moyen-âge*, Paris/Montreal, 1972.

ZINK, Michel, *Les troubadours. Une histoire poétique*, Saint-Amand-Montrond (Cher), 2013.

ZOTZ, Nicola, « Die Schlussstrophe im mittelalterlichen deutschen Liebeslied », in : *Deutsche Liebeslyrik im 15. und 16. Jahrhundert*, éd. Gert Hübner, coll. Chloe 37, Amsterdam/New York, 2005, p. 147-168.

ZUMTHOR, Paul, « De la circularité du chant (à propos des trouvères des XIIe et XIIIe siècles) », *Poétique* 2, 1970, p. 129-140.

ZUMTHOR, Paul, *Essai de poétique médiévale*, Paris, 1972.

ZUMTHOR, Paul, *La lettre et la voix. De la littérature médiévale*, Paris, 1987.

INDEX DES AUTEURS ET DES ŒUVRES

TABLE DES MATIÈRES

IMPRIM'VERT®

Achevé d'imprimer par Corlet,
Condé-en-Normandie (Calvados), en octobre 2021
N° d'impression : 173376 - dépôt légal : octobre 2021
Imprimé en France